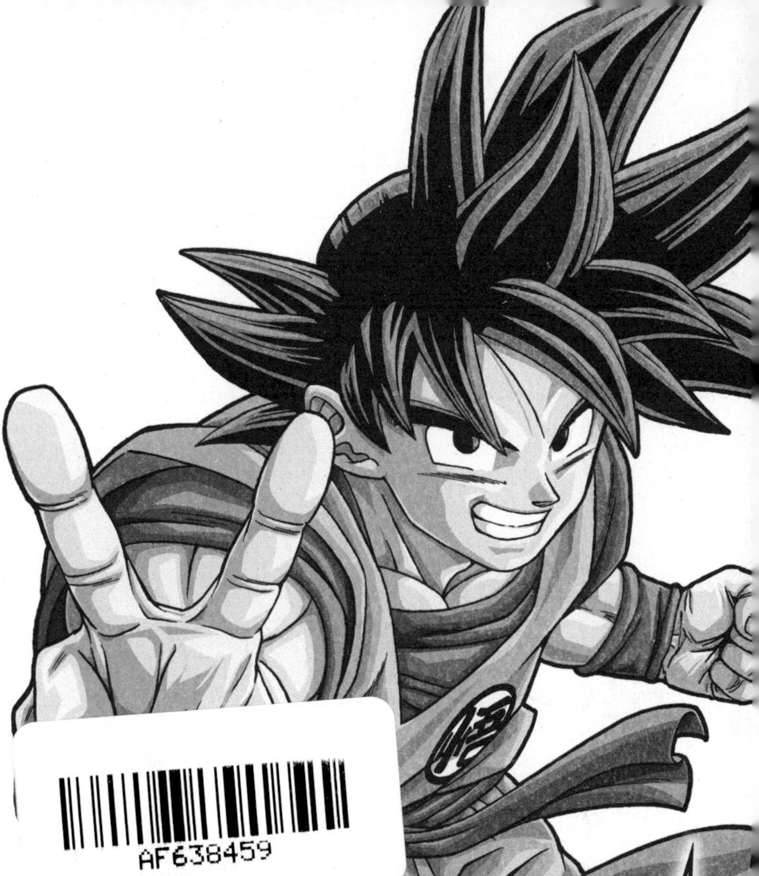

AF638459

DRAGON BALL SUPER

DAS STÄRKSTE LEHRER-SCHÜLER-TEAM

22

KONZEPT & STORY: AKIRA TORIYAMA   MANGA: TOYOTAROU

DIE CHARAKTERE

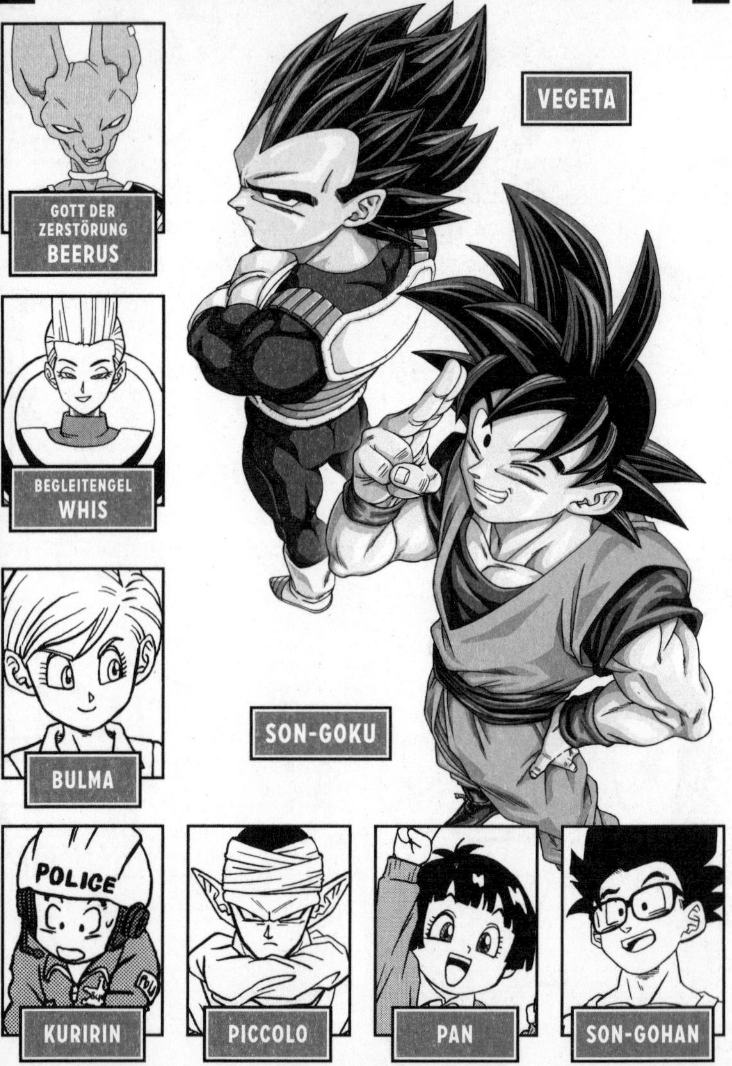

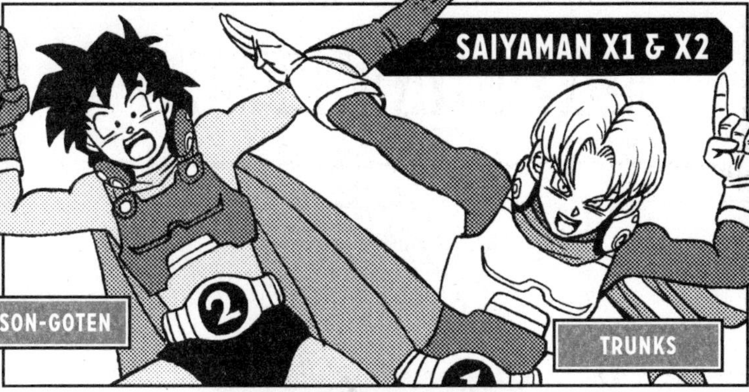

RED-RIBBON-ARMEE

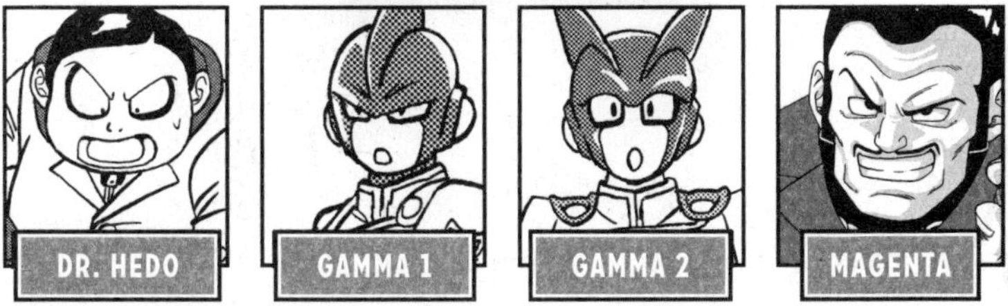

WAS BISHER GESCHAH...

Eines Tages begab sich Son-Goku auf die Suche nach den Dragon Balls. Denn hat man alle sieben zusammen, erscheint der Drache Shenlong und erfüllt einen Wunsch. Nachdem ihm dies einmal gelungen ist, trainiert er beim Herrn der Schildkröten, besiegt Majin Boo und bringt Frieden auf die Erde.
Inzwischen hat Son-Goku den Ultra-Instinkt erlernt und trifft auf den Cerealianer Granolah. Als dieser erfährt, dass Son-Gokus Vater Bardock ihn einmal gerettet hat, stellt er sich gegen Elec und Gas, die schließlich von Freezer pulverisiert werden. Son-Goku und Vegeta beschließen, ihr Training zu intensivieren. Währenddessen sind Trunks und Son-Goten auf der Erde als Superhelden aktiv, als auf einmal Roboter aus der Stadt verschwinden! Sie besiegen die Übeltäter, treffen jedoch auf einen weiteren Cyborg, Beta 1. Und Dr. Hedo schließt sich mit der Red-Ribbon-Armee zusammen...
Piccolo kann den Angriff von Cyborg Gamma 2 zurückschlagen und ihn bis in sein Versteck verfolgen. Dort findet er heraus, dass Dr. Hedo und Magenta die Fertigstellung von Cell Max anstreben!

DRAGON BALL SUPER 22

DAS STÄRKSTE LEHRER-SCHÜLER-TEAM

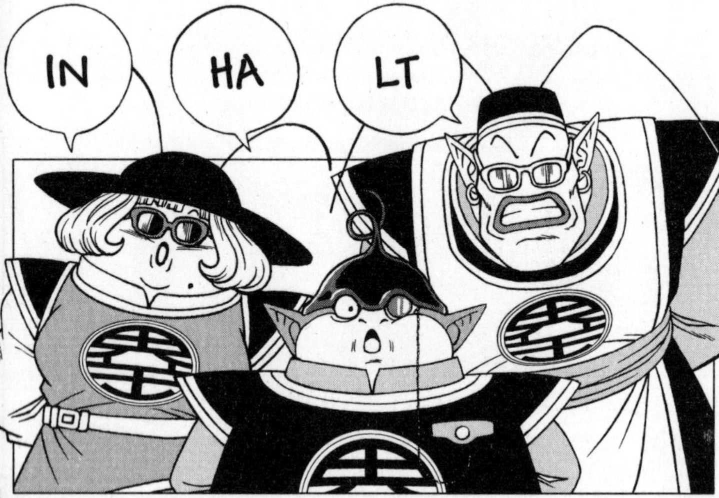

DRAGON BALL 超 SUPER

KAPITEL 93: DIE PAN-ENTFÜHRUNGSSTRATEGIE

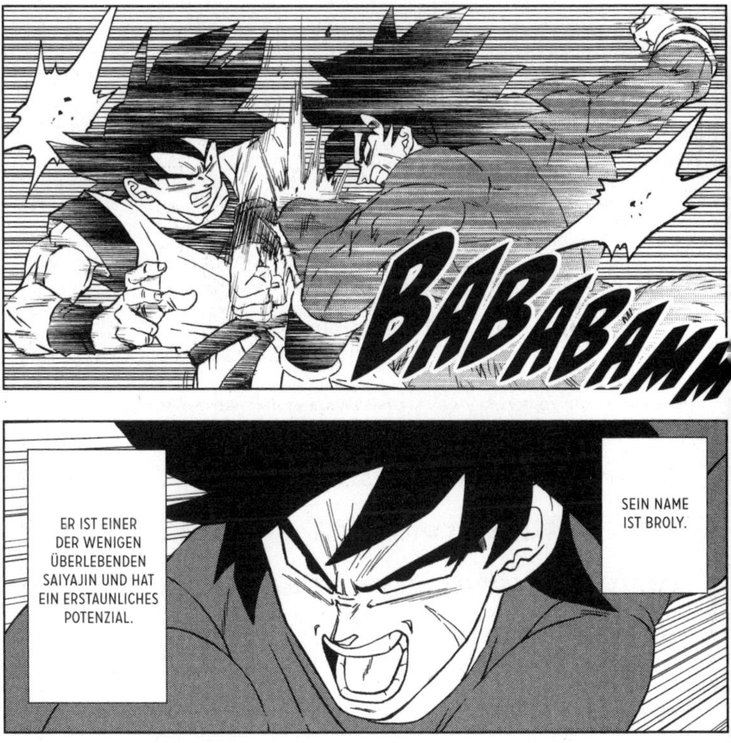

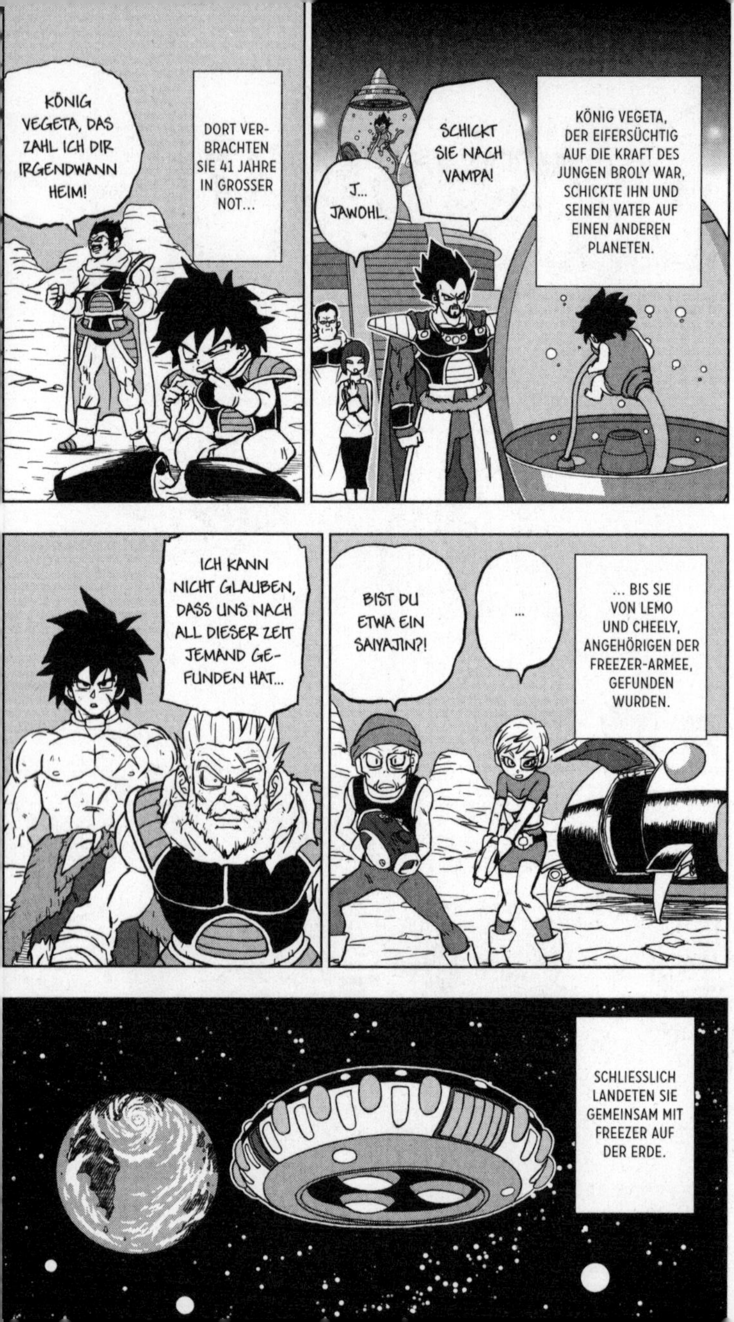
KÖNIG VEGETA, DER EIFERSÜCHTIG AUF DIE KRAFT DES JUNGEN BROLY WAR, SCHICKTE IHN UND SEINEN VATER AUF EINEN ANDEREN PLANETEN.
SCHICKT SIE NACH VAMPA!
J... JAWOHL.
DORT VERBRACHTEN SIE 41 JAHRE IN GROSSER NOT...
KÖNIG VEGETA, DAS ZAHL ICH DIR IRGENDWANN HEIM!
... BIS SIE VON LEMO UND CHEELY, ANGEHÖRIGEN DER FREEZER-ARMEE, GEFUNDEN WURDEN.
...
BIST DU ETWA EIN SAIYAJIN?!
ICH KANN NICHT GLAUBEN, DASS UNS NACH ALL DIESER ZEIT JEMAND GEFUNDEN HAT...
SCHLIESSLICH LANDETEN SIE GEMEINSAM MIT FREEZER AUF DER ERDE.

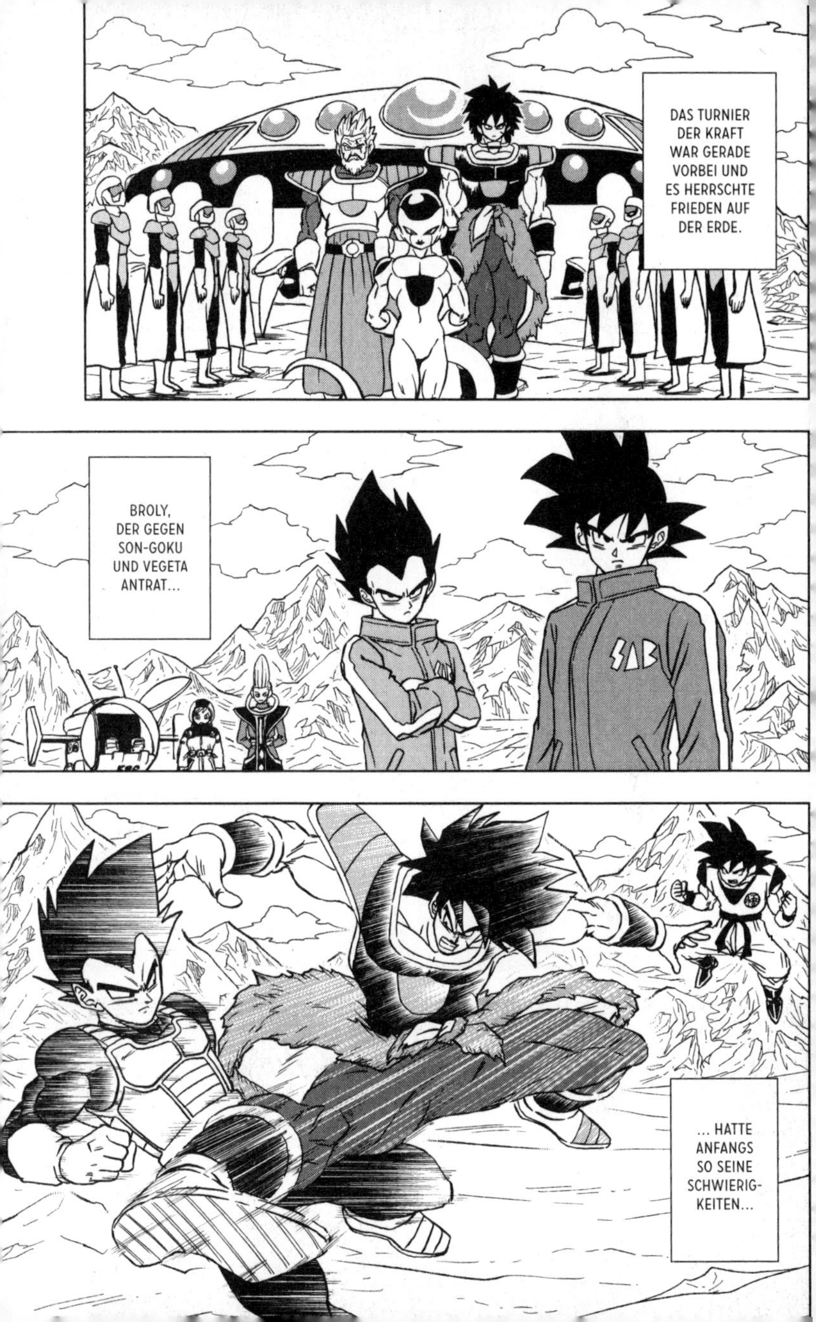
DAS TURNIER DER KRAFT WAR GERADE VORBEI UND ES HERRSCHTE FRIEDEN AUF DER ERDE.
BROLY, DER GEGEN SON-GOKU UND VEGETA ANTRAT...
... HATTE ANFANGS SO SEINE SCHWIERIG-KEITEN...

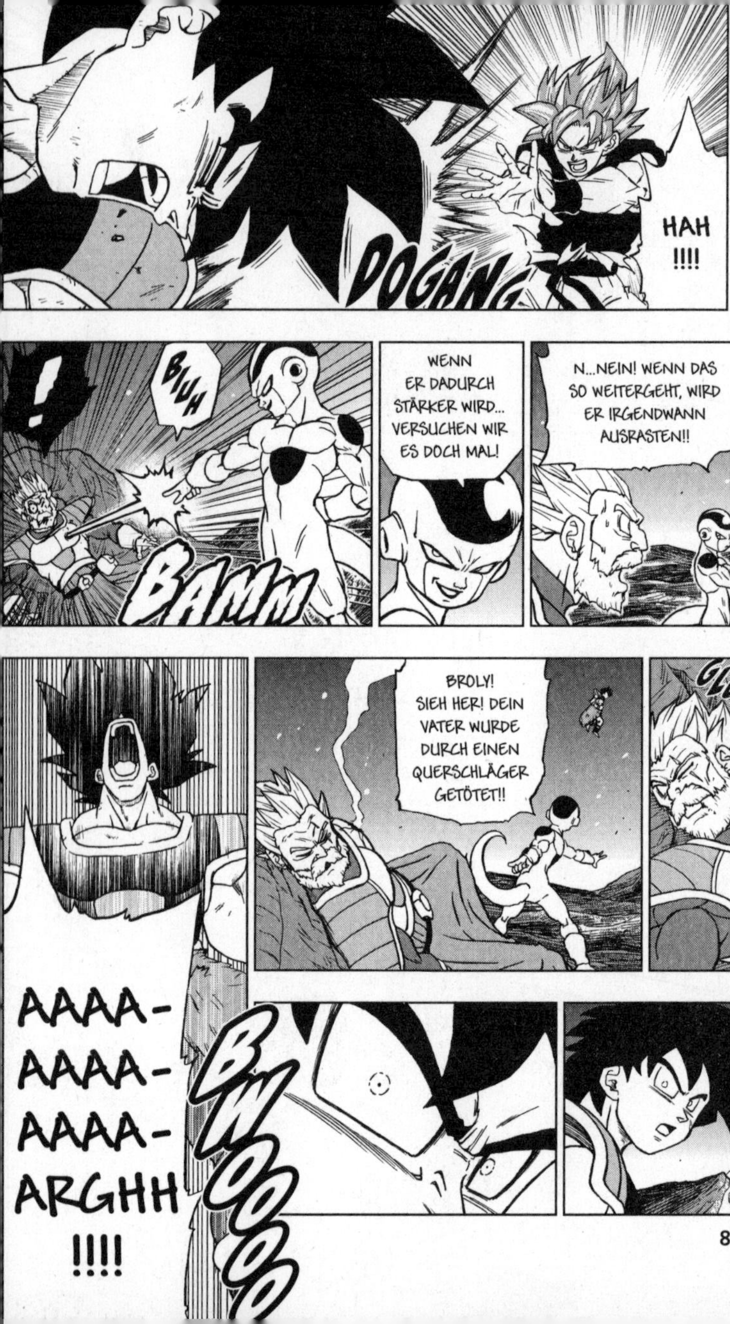
HAH !!!!
DOGANG
N...NEIN! WENN DAS SO WEITERGEHT, WIRD ER IRGENDWANN AUSRASTEN!!
WENN ER DADURCH STÄRKER WIRD... VERSUCHEN WIR ES DOCH MAL!
BIUH
BAMM
GLUMP
BROLY! SIEH HER! DEIN VATER WURDE DURCH EINEN QUERSCHLÄGER GETÖTET!!
AAAA-AAAA-AAAA-ARGHH !!!!
BWOOOO

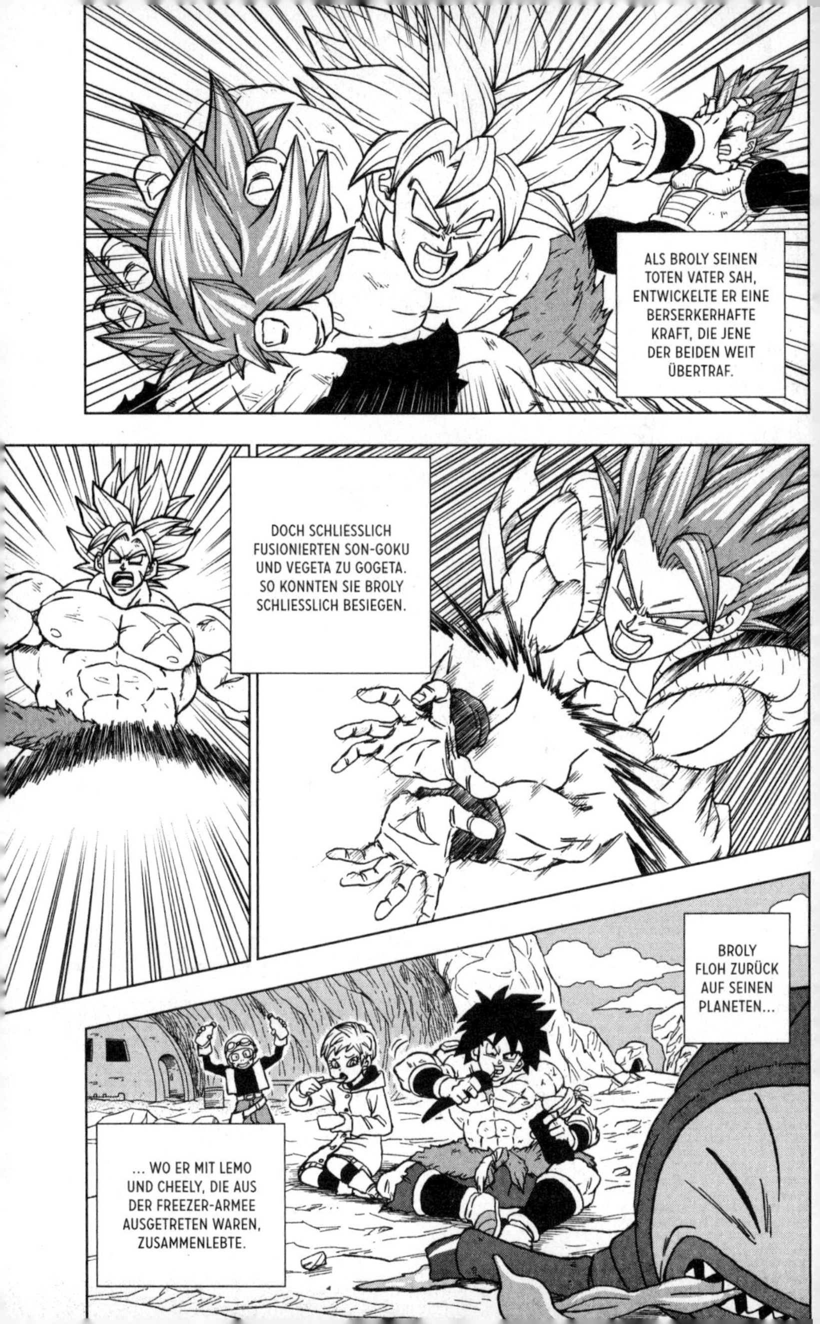
ALS BROLY SEINEN TOTEN VATER SAH, ENTWICKELTE ER EINE BERSERKERHAFTE KRAFT, DIE JENE DER BEIDEN WEIT ÜBERTRAF.
DOCH SCHLIESSLICH FUSIONIERTEN SON-GOKU UND VEGETA ZU GOGETA. SO KONNTEN SIE BROLY SCHLIESSLICH BESIEGEN.
BROLY FLOH ZURÜCK AUF SEINEN PLANETEN...
... WO ER MIT LEMO UND CHEELY, DIE AUS DER FREEZER-ARMEE AUSGETRETEN WAREN, ZUSAMMENLEBTE.

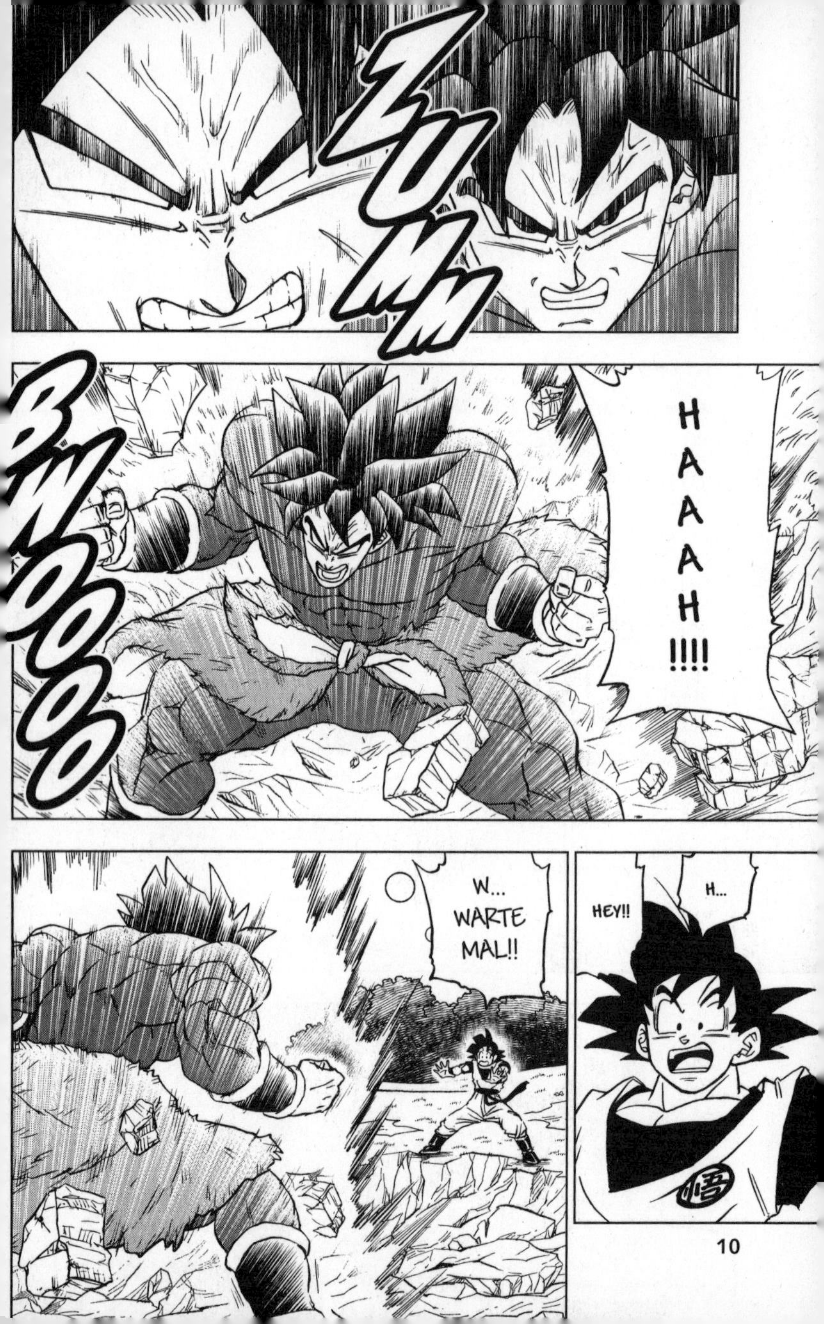
ZUMM
BAWOOOO
HAAAAH!!!!
W... WARTE MAL!!
H... HEY!!

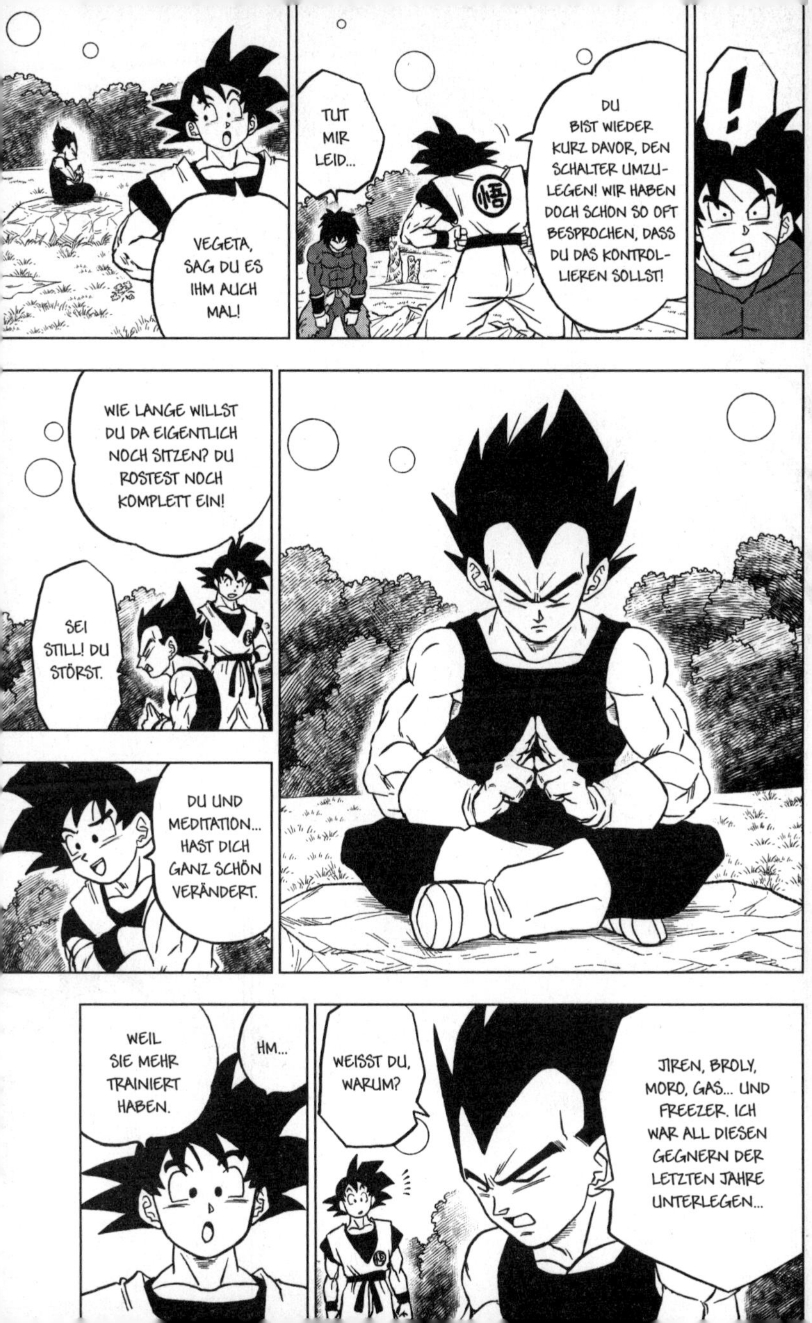

!
DU BIST WIEDER KURZ DAVOR, DEN SCHALTER UMZULEGEN! WIR HABEN DOCH SCHON SO OFT BESPROCHEN, DASS DU DAS KONTROLLIEREN SOLLST!
TUT MIR LEID...
VEGETA, SAG DU ES IHM AUCH MAL!
WIE LANGE WILLST DU DA EIGENTLICH NOCH SITZEN? DU ROSTEST NOCH KOMPLETT EIN!
SEI STILL! DU STÖRST.
DU UND MEDITATION... HAST DICH GANZ SCHÖN VERÄNDERT.
JIREN, BROLY, MORO, GAS... UND FREEZER. ICH WAR ALL DIESEN GEGNERN DER LETZTEN JAHRE UNTERLEGEN...
WEISST DU, WARUM?
HM...
WEIL SIE MEHR TRAINIERT HABEN.

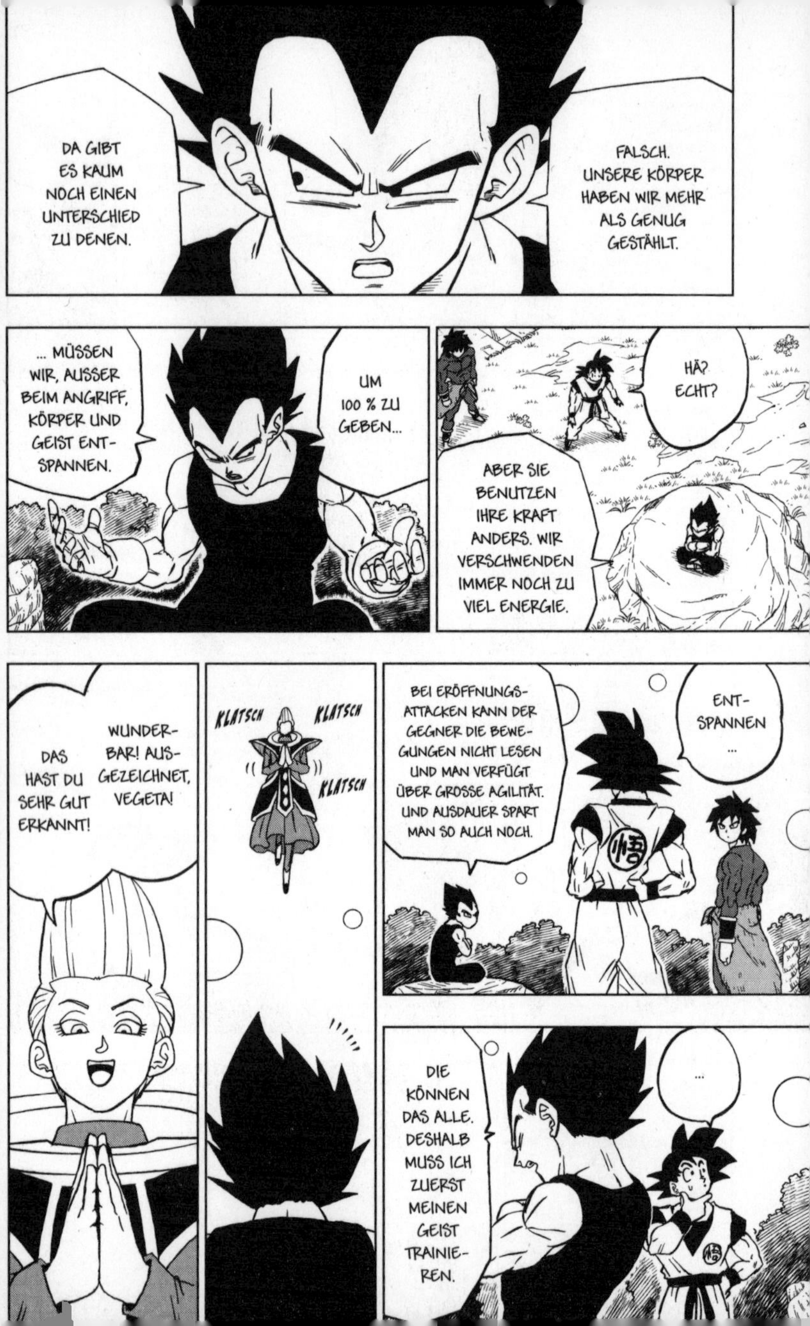
FALSCH. UNSERE KÖRPER HABEN WIR MEHR ALS GENUG GESTÄHLT.
DA GIBT ES KAUM NOCH EINEN UNTERSCHIED ZU DENEN.
HÄ? ECHT?
ABER SIE BENUTZEN IHRE KRAFT ANDERS. WIR VERSCHWENDEN IMMER NOCH ZU VIEL ENERGIE.
UM 100 % ZU GEBEN...
... MÜSSEN WIR, AUSSER BEIM ANGRIFF, KÖRPER UND GEIST ENTSPANNEN.
ENTSPANNEN ...
BEI ERÖFFNUNGSATTACKEN KANN DER GEGNER DIE BEWEGUNGEN NICHT LESEN UND MAN VERFÜGT ÜBER GROSSE AGILITÄT. UND AUSDAUER SPART MAN SO AUCH NOCH.
...
DIE KÖNNEN DAS ALLE. DESHALB MUSS ICH ZUERST MEINEN GEIST TRAINIEREN.
KLATSCH
KLATSCH
KLATSCH
WUNDERBAR! AUSGEZEICHNET, VEGETA!
DAS HAST DU SEHR GUT ERKANNT!

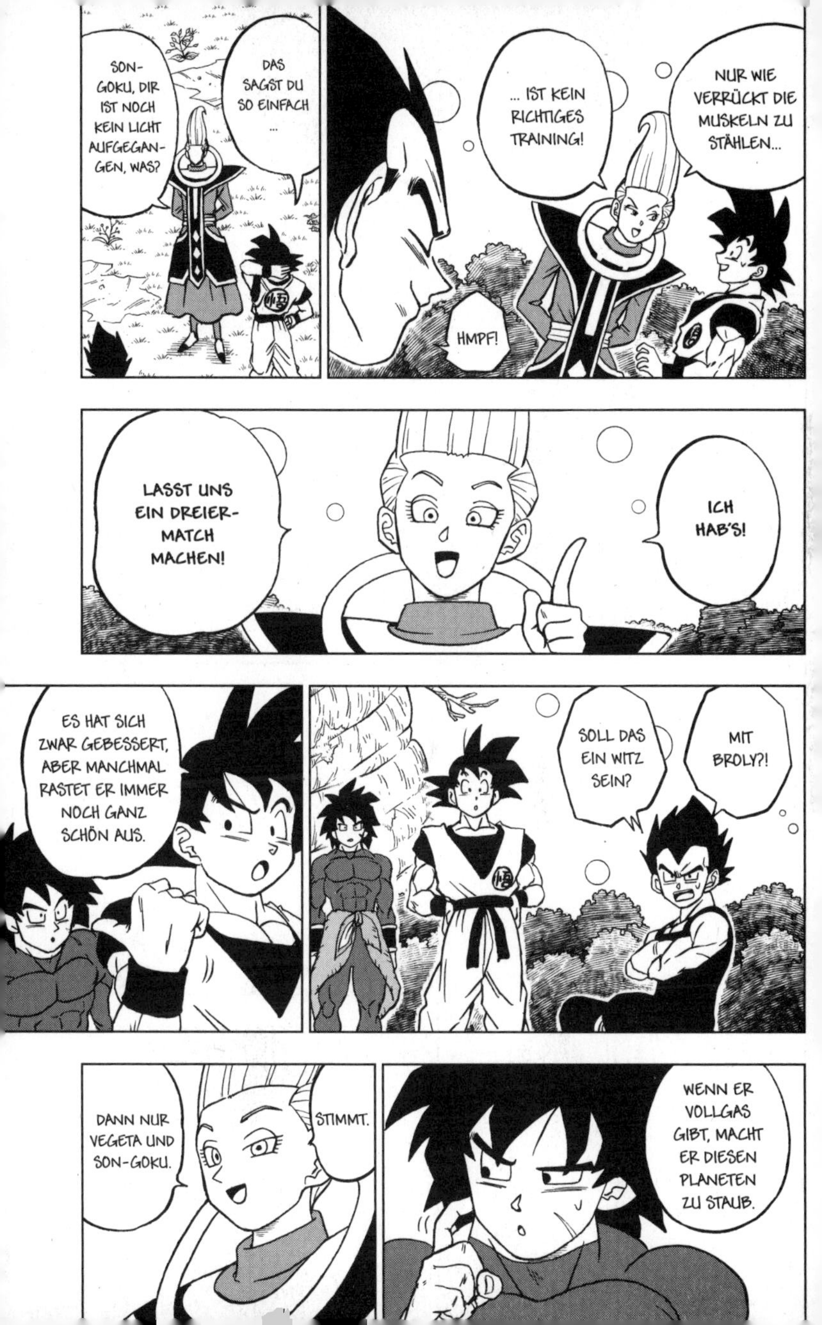
NUR WIE VERRÜCKT DIE MUSKELN ZU STÄHLEN...
... IST KEIN RICHTIGES TRAINING!
HMPF!
DAS SAGST DU SO EINFACH ...
SON-GOKU, DIR IST NOCH KEIN LICHT AUFGEGANGEN, WAS?
ICH HAB'S!
LASST UNS EIN DREIER-MATCH MACHEN!
MIT BROLY?!
SOLL DAS EIN WITZ SEIN?
ES HAT SICH ZWAR GEBESSERT, ABER MANCHMAL RASTET ER IMMER NOCH GANZ SCHÖN AUS.
WENN ER VOLLGAS GIBT, MACHT ER DIESEN PLANETEN ZU STAUB.
STIMMT.
DANN NUR VEGETA UND SON-GOKU.

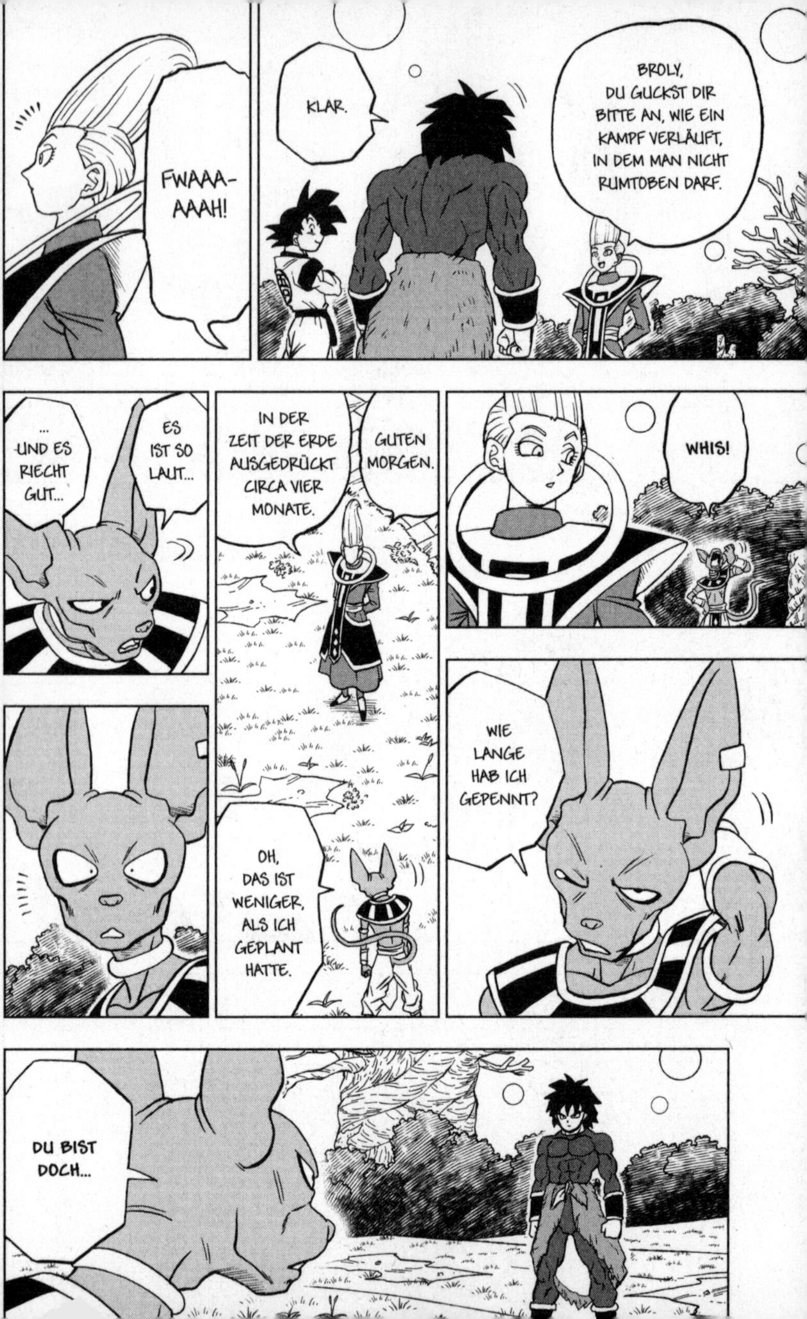
BROLY, DU GUCKST DIR BITTE AN, WIE EIN KAMPF VERLÄUFT, IN DEM MAN NICHT RUMTOBEN DARF.
KLAR.
FWAAAA-AAAH!
WHIS!
GUTEN MORGEN.
WIE LANGE HAB ICH GEPENNT?
IN DER ZEIT DER ERDE AUSGEDRÜCKT CIRCA VIER MONATE.
OH, DAS IST WENIGER, ALS ICH GEPLANT HATTE.
ES IST SO LAUT...
... UND ES RIECHT GUT...
DU BIST DOCH...

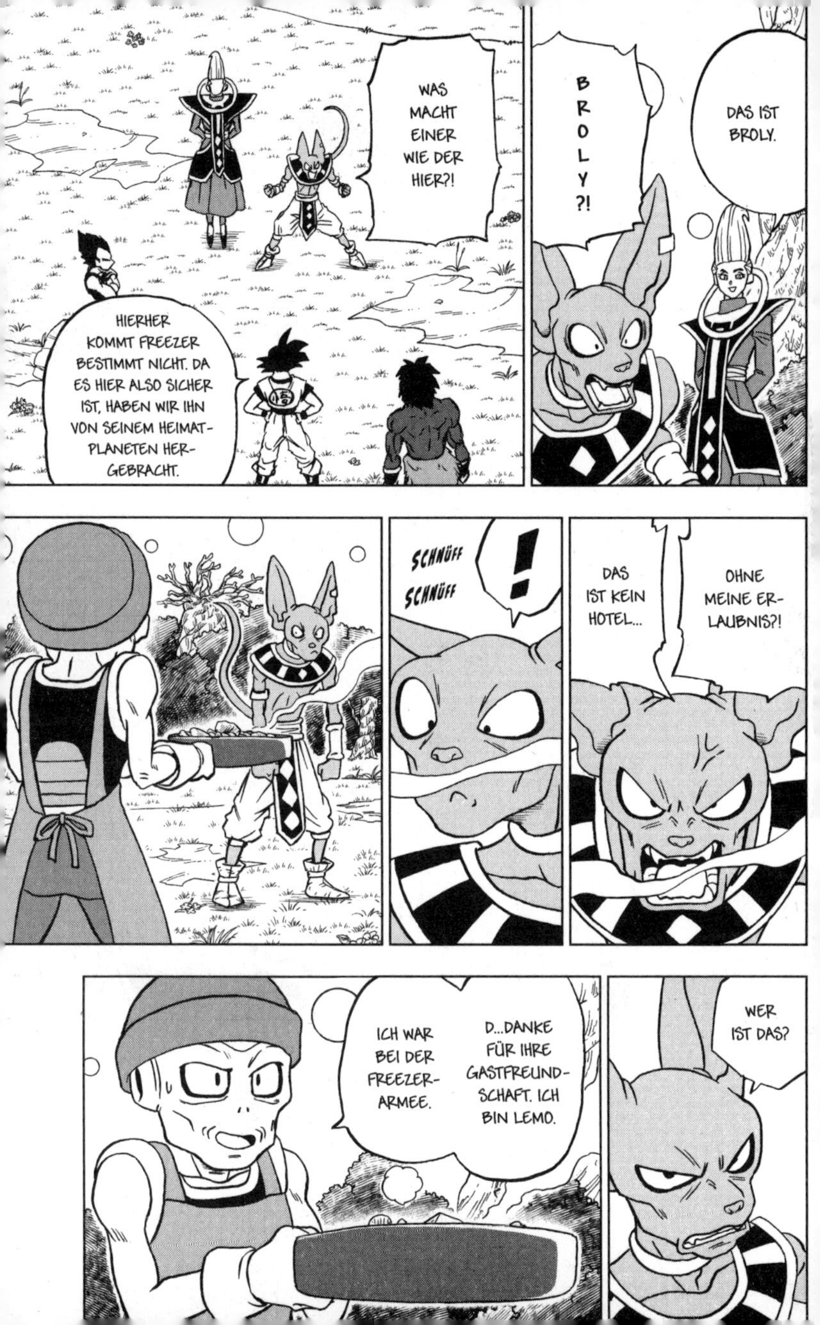
DAS IST BROLY.
BROLY?!
WAS MACHT EINER WIE DER HIER?!
HIERHER KOMMT FREEZER BESTIMMT NICHT. DA ES HIER ALSO SICHER IST, HABEN WIR IHN VON SEINEM HEIMATPLANETEN HERGEBRACHT.
OHNE MEINE ERLAUBNIS?!
DAS IST KEIN HOTEL...
!
SCHNÜFF SCHNÜFF
WER IST DAS?
D...DANKE FÜR IHRE GASTFREUNDSCHAFT. ICH BIN LEMO.
ICH WAR BEI DER FREEZER-ARMEE.

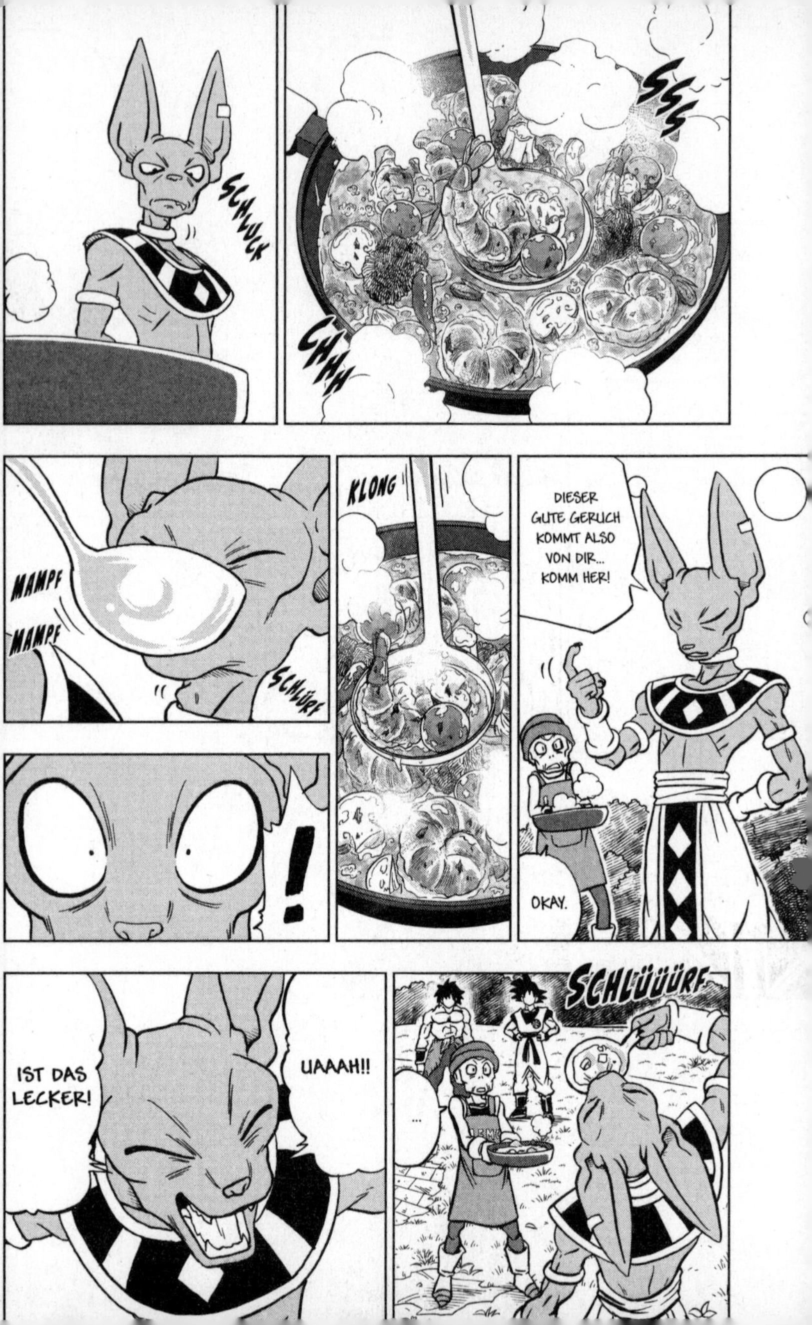
SCHLUCK
SSS
CHHH
MAMPF
MAMPF
SCHLÜRF
!
KLONG
DIESER GUTE GERUCH KOMMT ALSO VON DIR... KOMM HER!
OKAY.
IST DAS LECKER!
UAAAH!!
SCHLÜÜÜRF
...

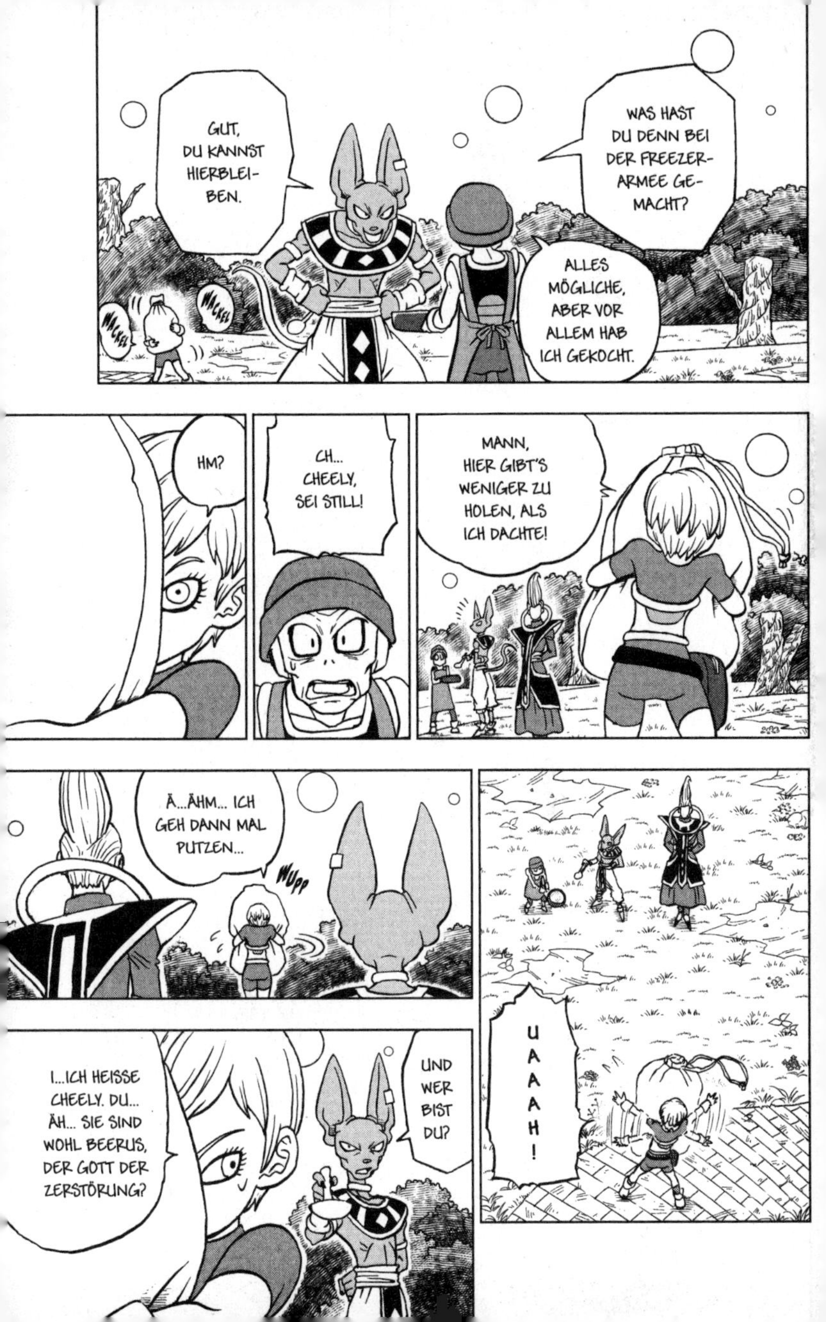
GUT, DU KANNST HIERBLEI-BEN.
WAS HAST DU DENN BEI DER FREEZER-ARMEE GE-MACHT?
ALLES MÖGLICHE, ABER VOR ALLEM HAB ICH GEKOCHT.
WACKEL
WACKEL
HM?
CH... CHEELY, SEI STILL!
MANN, HIER GIBT'S WENIGER ZU HOLEN, ALS ICH DACHTE!
Ä...ÄHM... ICH GEH DANN MAL PUTZEN...
WUPP
UAAAH!
I...ICH HEISSE CHEELY. DU... ÄH... SIE SIND WOHL BEERUS, DER GOTT DER ZERSTÖRUNG?
UND WER BIST DU?

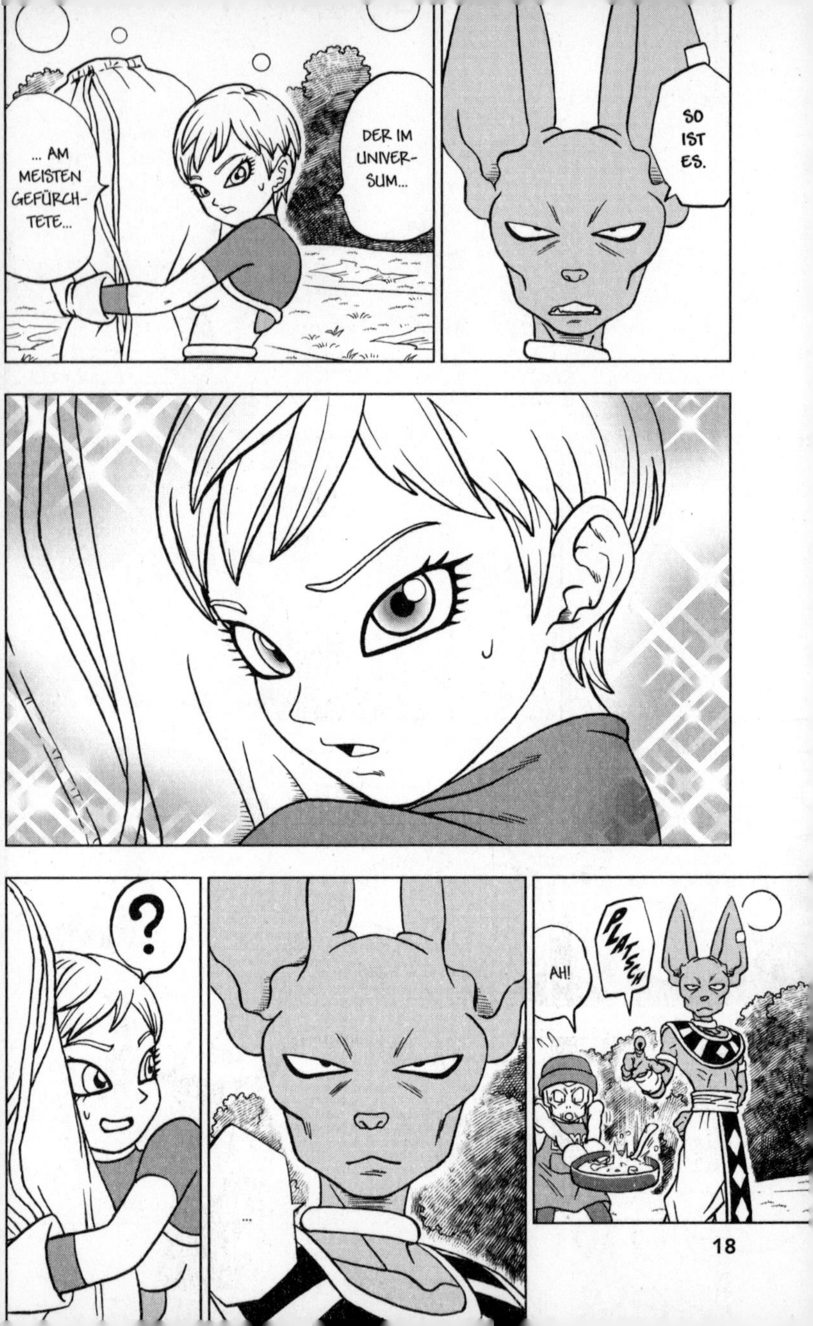

SO IST ES.
DER IM UNIVERSUM...
... AM MEISTEN GEFÜRCHTETE...
PLATSCH
AH!
...
?

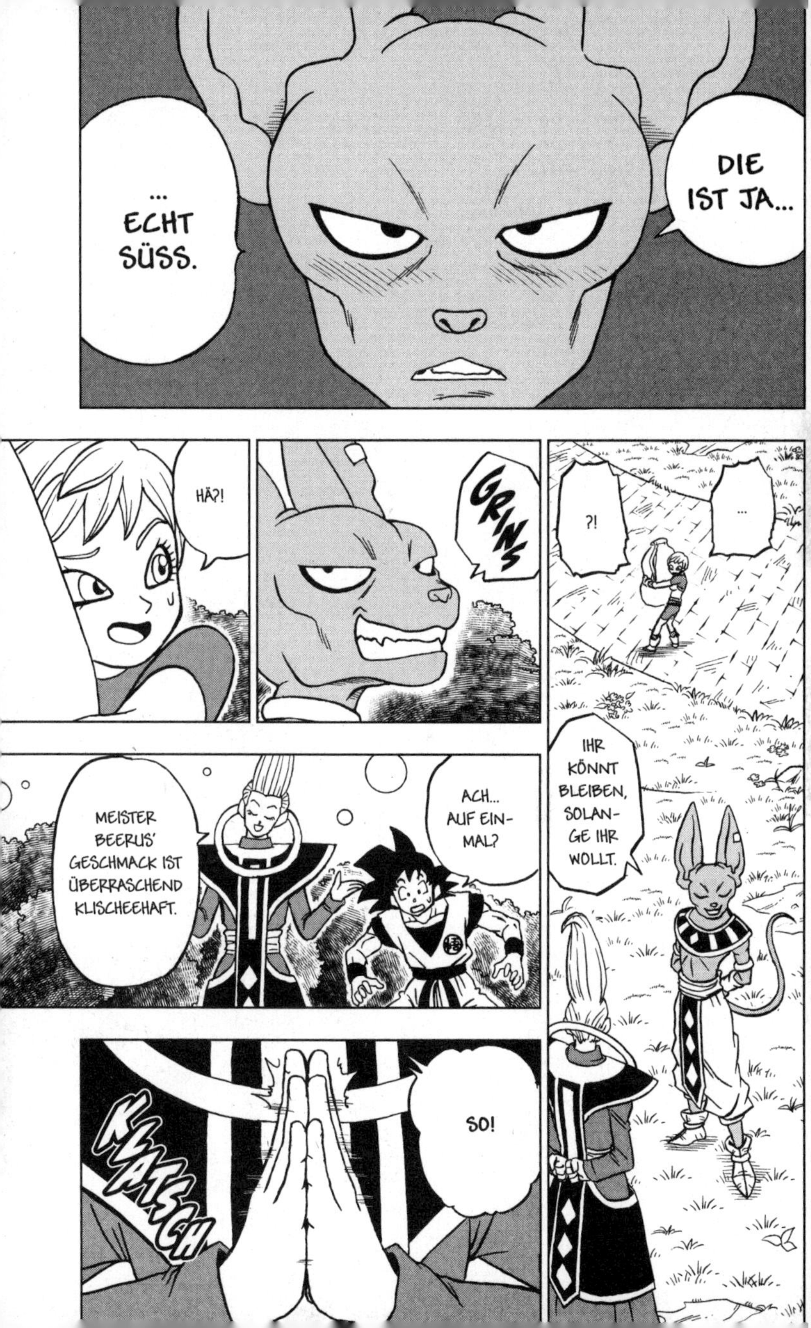
DIE IST JA...
... ECHT SÜSS.
...
?!
IHR KÖNNT BLEIBEN, SOLANGE IHR WOLLT.
GRINS
HÄ?!
ACH... AUF EINMAL?
MEISTER BEERUS' GESCHMACK IST ÜBERRASCHEND KLISCHEEHAFT.
SO!
KLATSCH

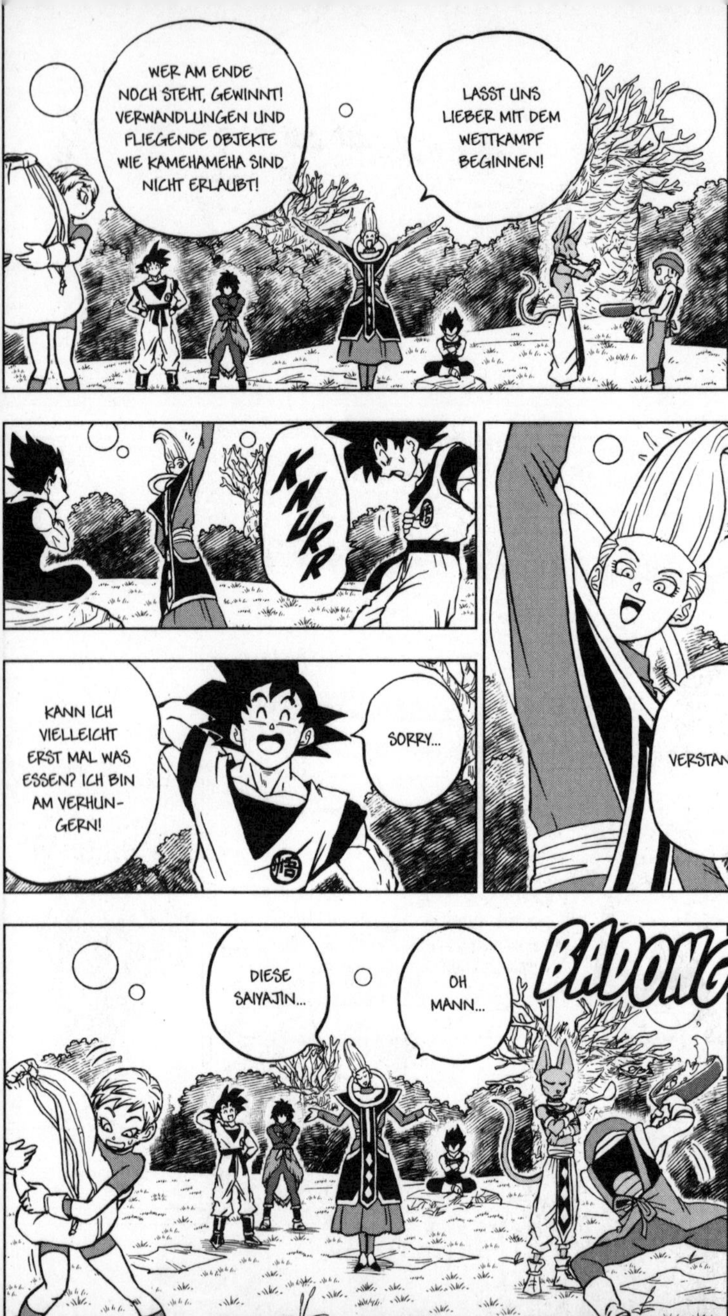
LASST UNS LIEBER MIT DEM WETTKAMPF BEGINNEN!
WER AM ENDE NOCH STEHT, GEWINNT! VERWANDLUNGEN UND FLIEGENDE OBJEKTE WIE KAMEHAMEHA SIND NICHT ERLAUBT!
VERSTANDEN?
KNURR
SORRY...
KANN ICH VIELLEICHT ERST MAL WAS ESSEN? ICH BIN AM VERHUN-GERN!
BADONG
OH MANN...
DIESE SAIYAJIN...

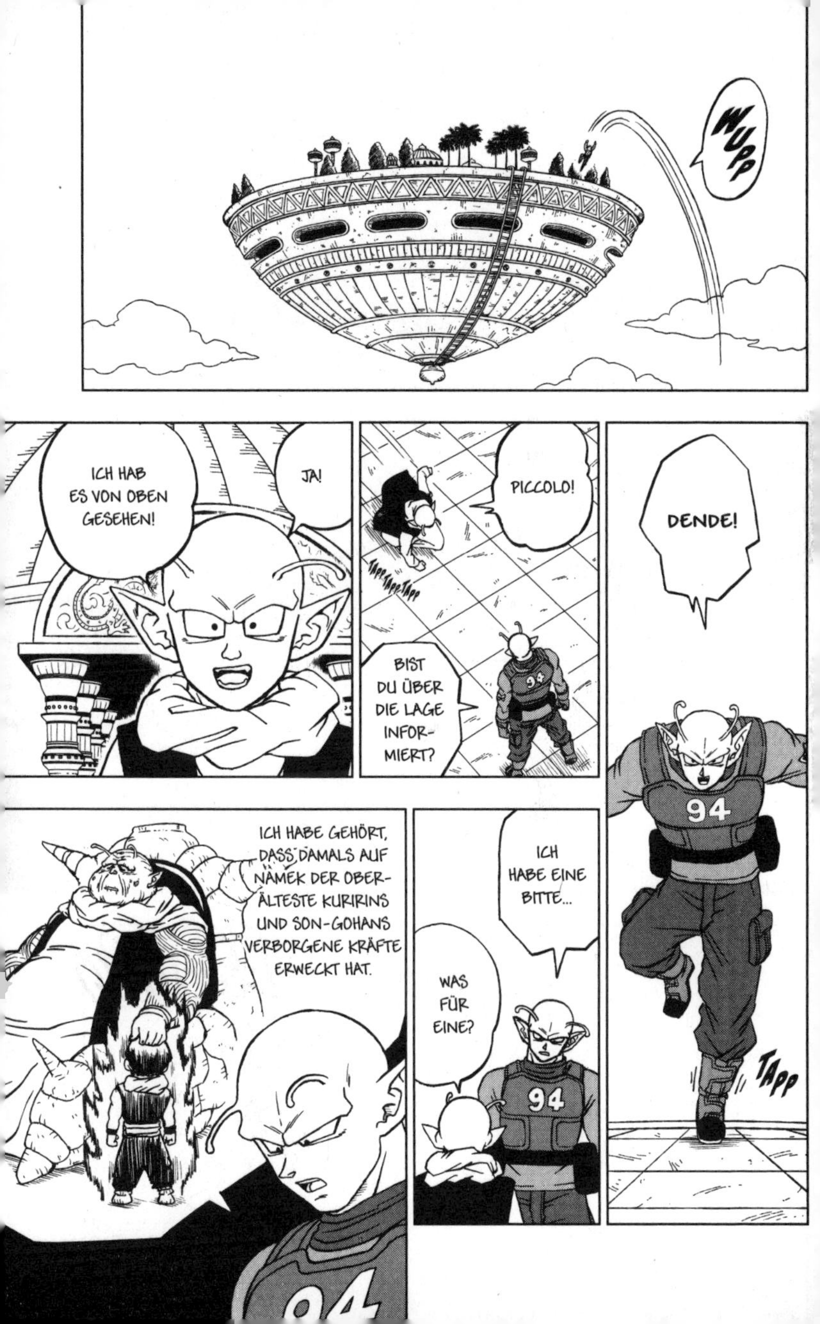
WUPP
JA!
ICH HAB ES VON OBEN GESEHEN!
PICCOLO!
TAPP TAPP TAPP
BIST DU ÜBER DIE LAGE INFORMIERT?
DENDE!
TAPP
ICH HABE EINE BITTE...
WAS FÜR EINE?
ICH HABE GEHÖRT, DASS DAMALS AUF NAMEK DER OBERÄLTESTE KURIRINS UND SON-GOHANS VERBORGENE KRÄFTE ERWECKT HAT.

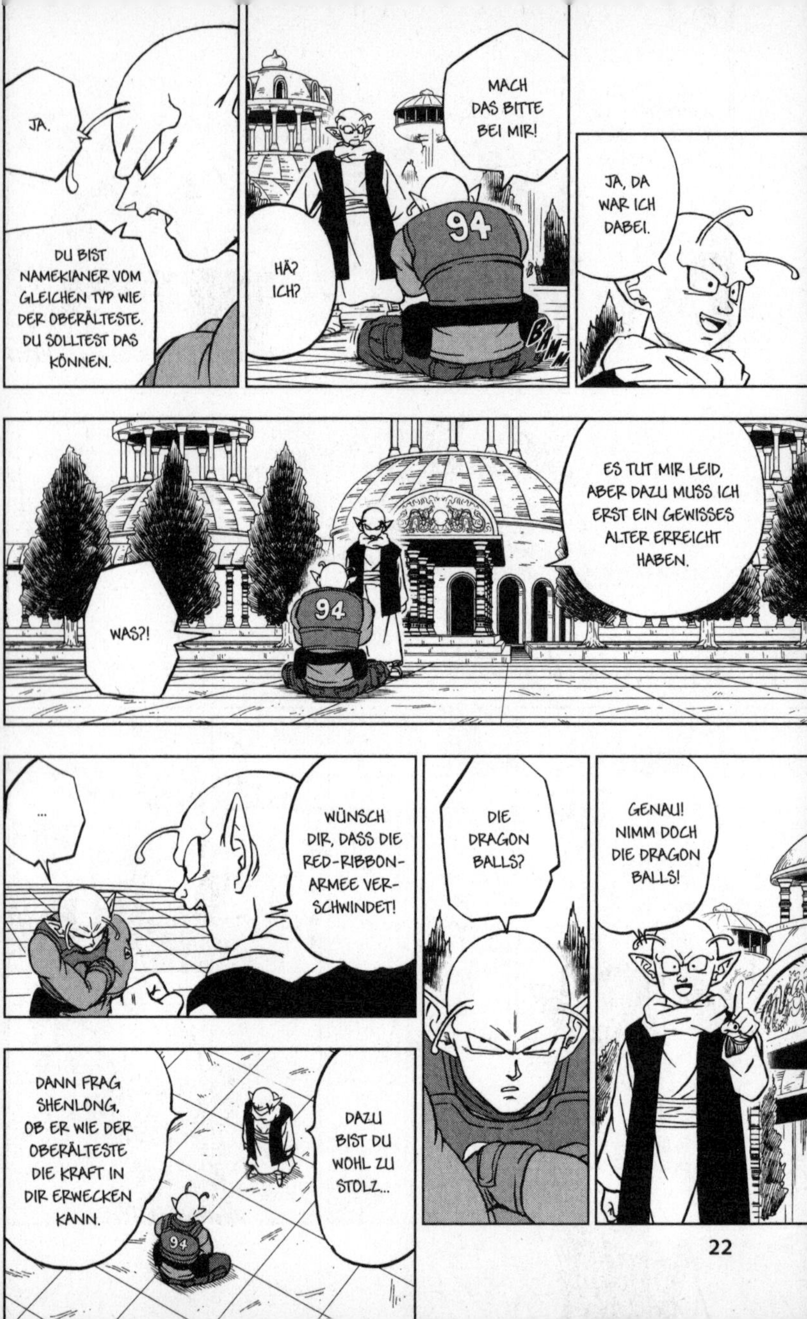
JA, DA WAR ICH DABEI.
MACH DAS BITTE BEI MIR!
HÄ? ICH?
BAMM
JA.
DU BIST NAMEKIANER VOM GLEICHEN TYP WIE DER OBERÄLTESTE. DU SOLLTEST DAS KÖNNEN.
ES TUT MIR LEID, ABER DAZU MUSS ICH ERST EIN GEWISSES ALTER ERREICHT HABEN.
WAS?!
GENAU! NIMM DOCH DIE DRAGON BALLS!
DIE DRAGON BALLS?
WÜNSCH DIR, DASS DIE RED-RIBBON-ARMEE VERSCHWINDET!
...
DAZU BIST DU WOHL ZU STOLZ...
DANN FRAG SHENLONG, OB ER WIE DER OBERÄLTESTE DIE KRAFT IN DIR ERWECKEN KANN.

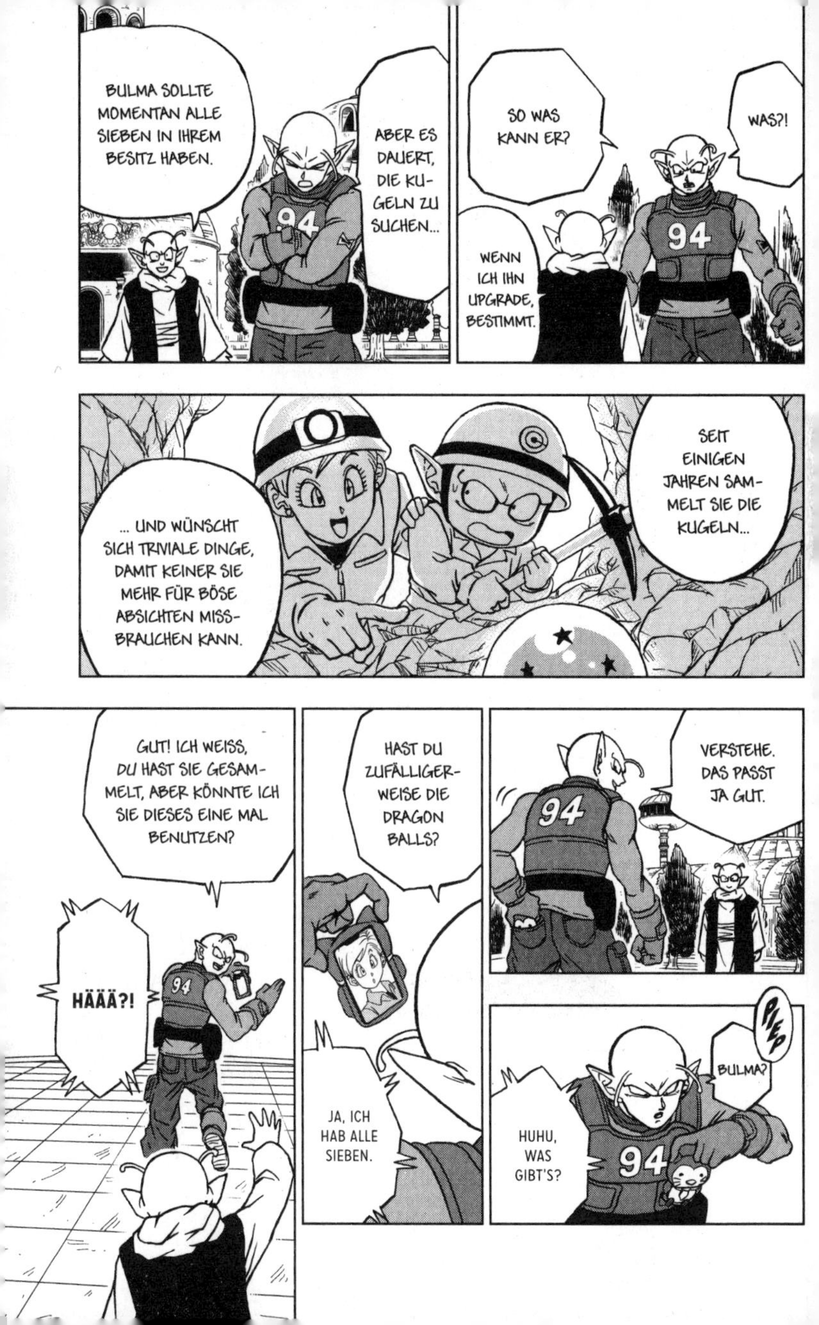
WAS?!
SO WAS KANN ER?
WENN ICH IHN UPGRADE, BESTIMMT.
ABER ES DAUERT, DIE KUGELN ZU SUCHEN...
BULMA SOLLTE MOMENTAN ALLE SIEBEN IN IHREM BESITZ HABEN.
SEIT EINIGEN JAHREN SAMMELT SIE DIE KUGELN...
... UND WÜNSCHT SICH TRIVIALE DINGE, DAMIT KEINER SIE MEHR FÜR BÖSE ABSICHTEN MISSBRAUCHEN KANN.
VERSTEHE. DAS PASST JA GUT.
PIEP
BULMA?
HUHU, WAS GIBT'S?
HAST DU ZUFÄLLIGERWEISE DIE DRAGON BALLS?
JA, ICH HAB ALLE SIEBEN.
GUT! ICH WEISS, DU HAST SIE GESAMMELT, ABER KÖNNTE ICH SIE DIESES EINE MAL BENUTZEN?
HÄÄÄ?!

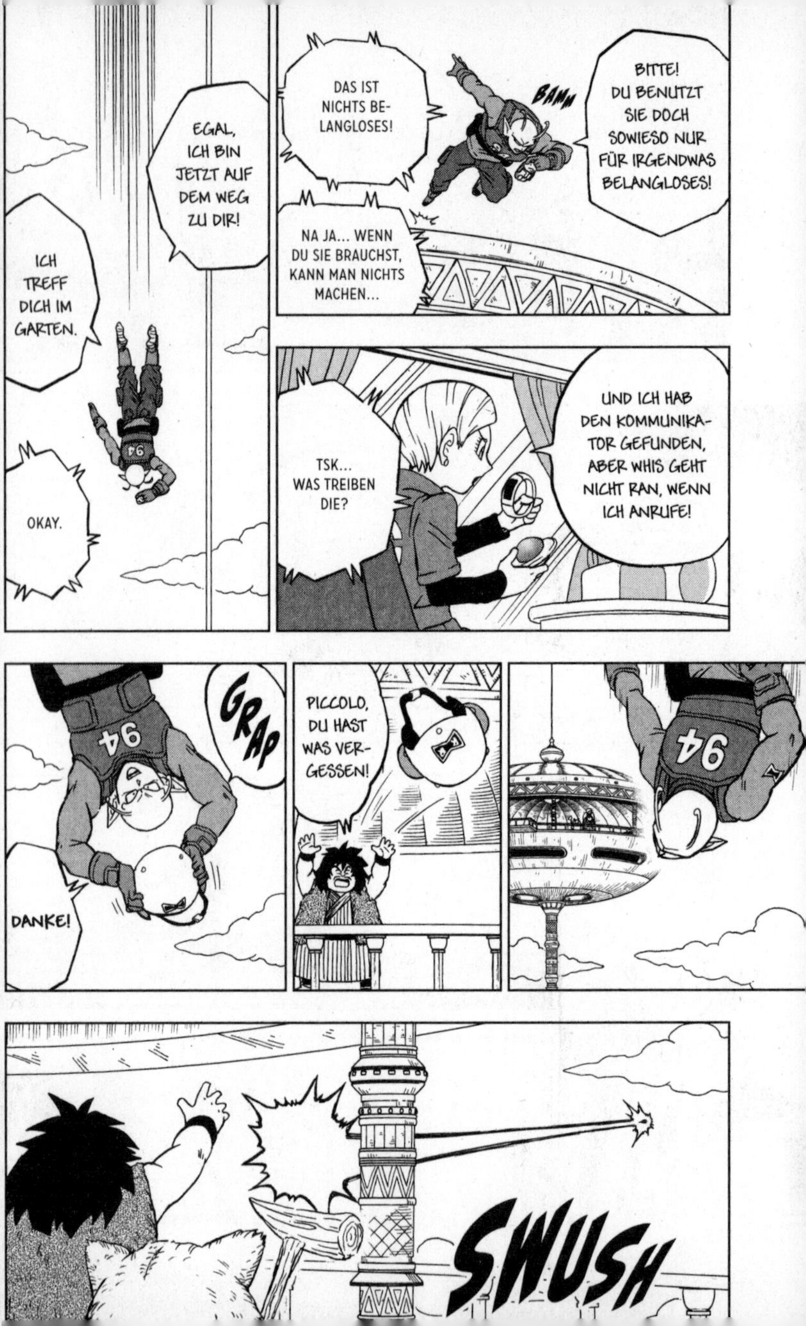
BITTE! DU BENUTZT SIE DOCH SOWIESO NUR FÜR IRGENDWAS BELANGLOSES!
BAMM
DAS IST NICHTS BE-LANGLOSES!
NA JA... WENN DU SIE BRAUCHST, KANN MAN NICHTS MACHEN...
UND ICH HAB DEN KOMMUNIKA-TOR GEFUNDEN, ABER WHIS GEHT NICHT RAN, WENN ICH ANRUFE!
TSK... WAS TREIBEN DIE?
EGAL, ICH BIN JETZT AUF DEM WEG ZU DIR!
ICH TREFF DICH IM GARTEN.
OKAY.
PICCOLO, DU HAST WAS VER-GESSEN!
GRAP
DANKE!
SWUSH

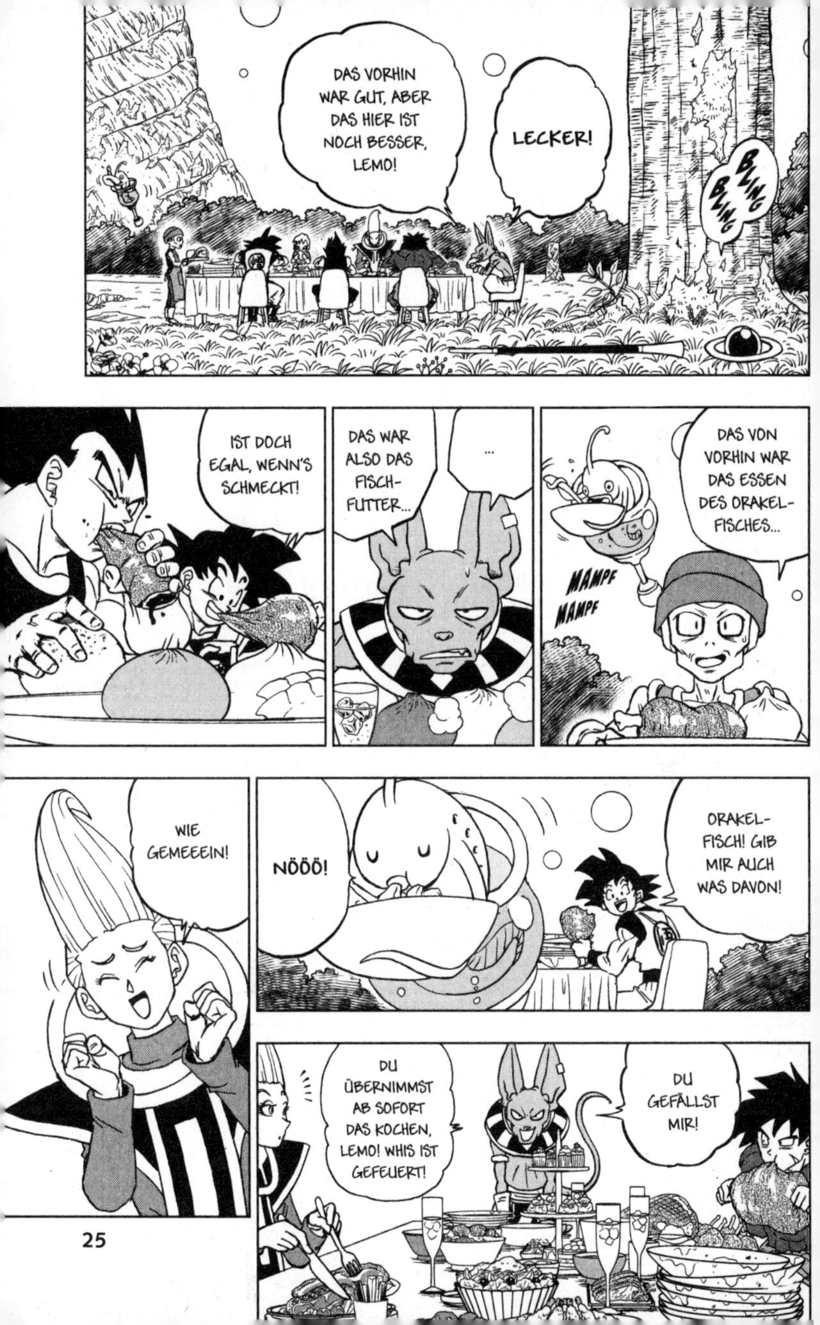
BLING BLING
LECKER!
DAS VORHIN WAR GUT, ABER DAS HIER IST NOCH BESSER, LEMO!
DAS VON VORHIN WAR DAS ESSEN DES ORAKEL-FISCHES...
MAMPF MAMPF
...
DAS WAR ALSO DAS FISCH-FUTTER...
IST DOCH EGAL, WENN'S SCHMECKT!
ORAKEL-FISCH! GIB MIR AUCH WAS DAVON!
NÖÖÖ!
DU GEFÄLLST MIR!
DU ÜBERNIMMST AB SOFORT DAS KOCHEN, LEMO! WHIS IST GEFEUERT!
WIE GEMEEEIN!

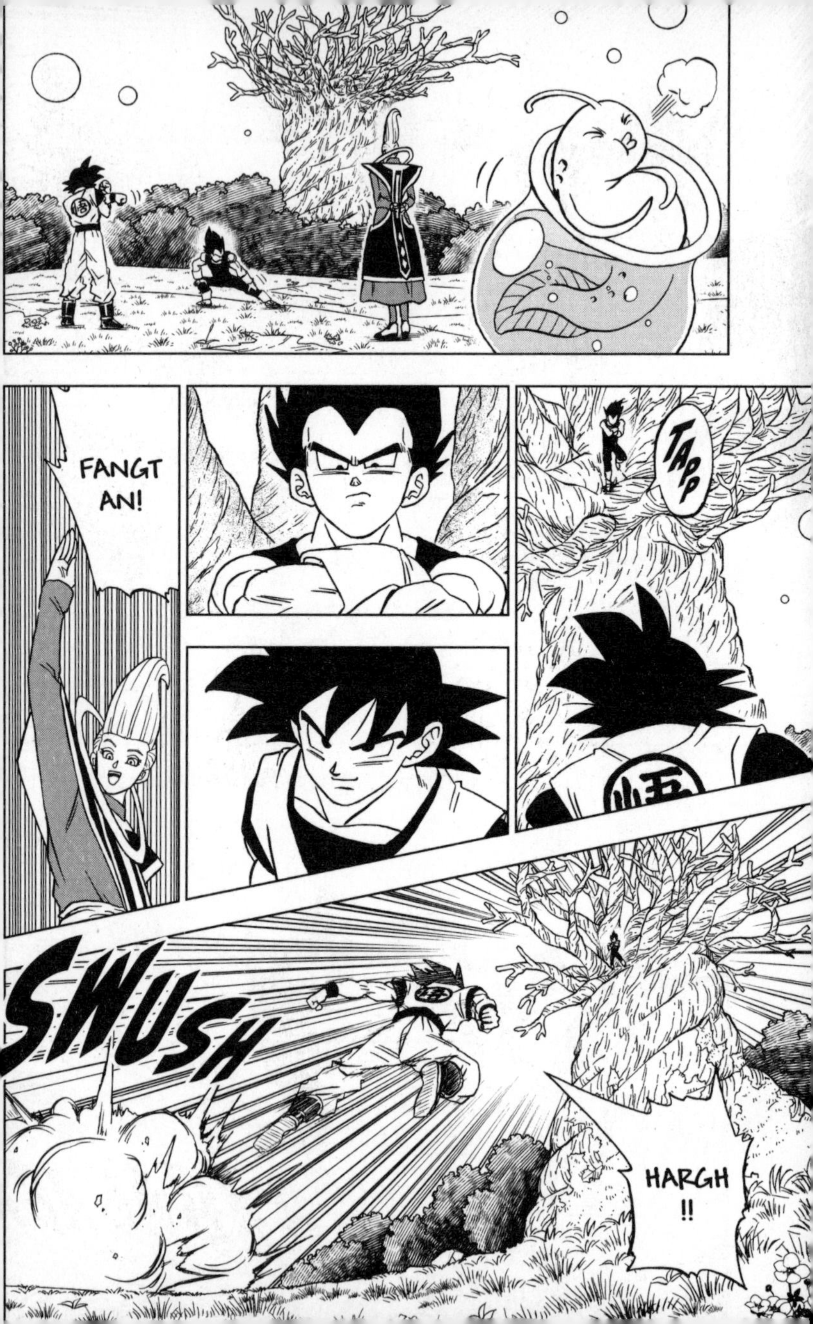
FANGT AN!
TAPP
SWUSH
HARGH !!

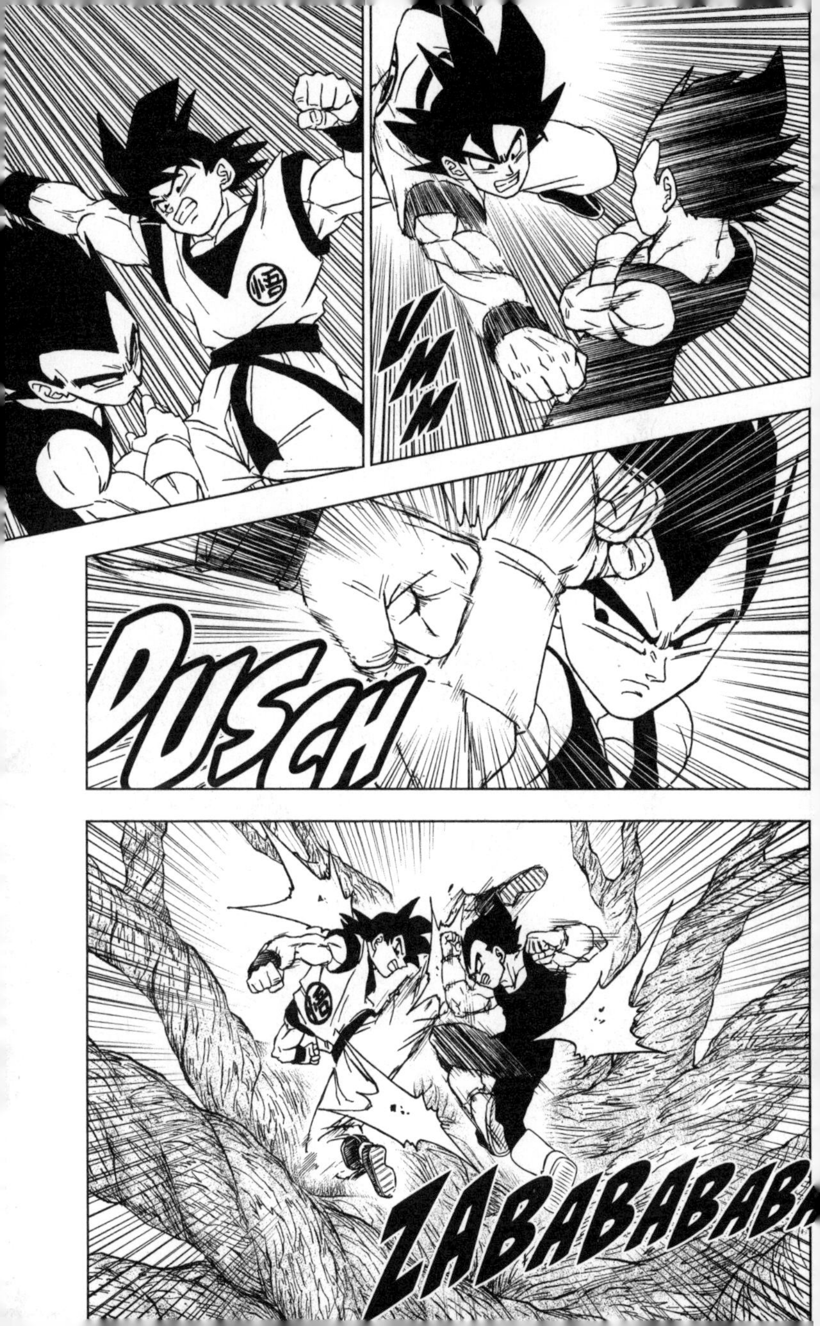
DUSCH
ZABABABAB

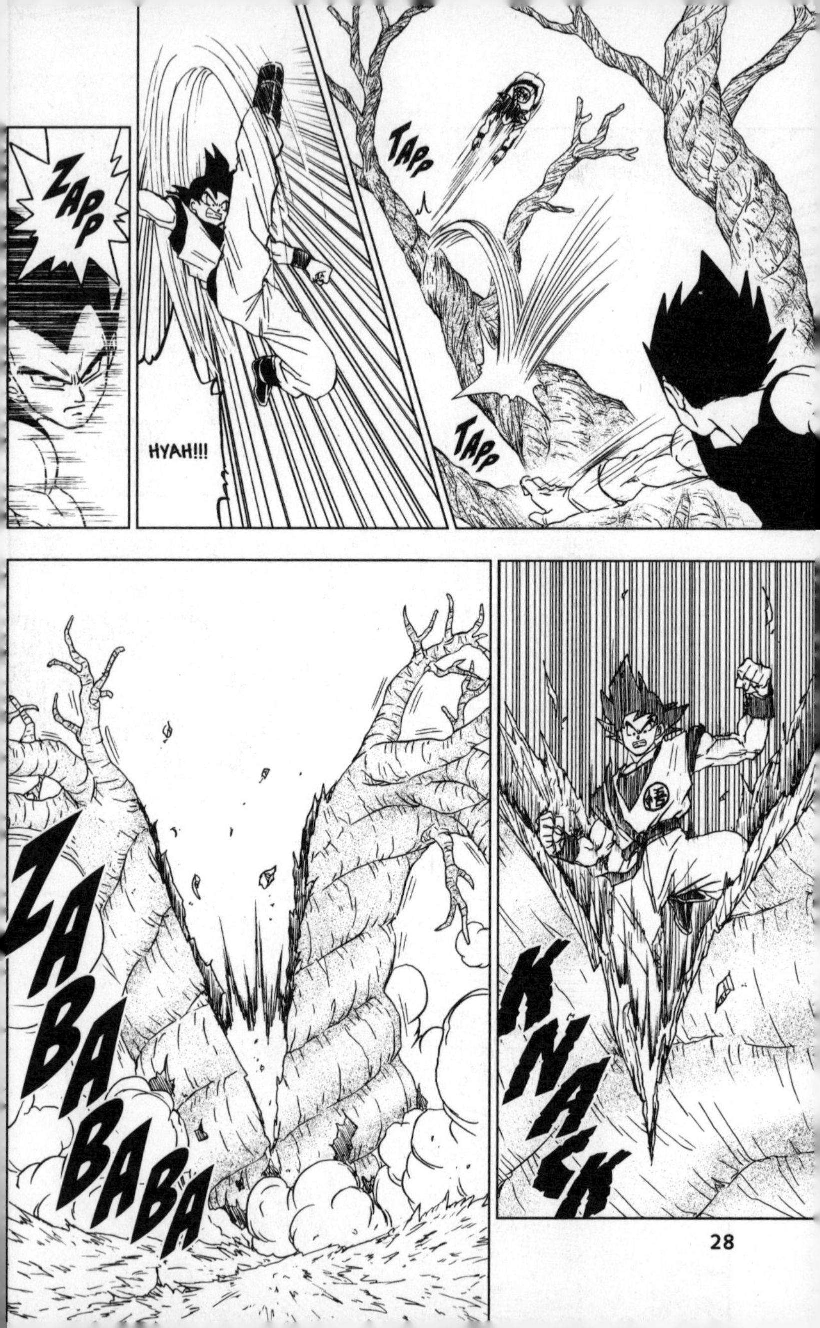
TAPP
TAPP
HYAH!!!
ZAPP
KNACK
ZABABABA

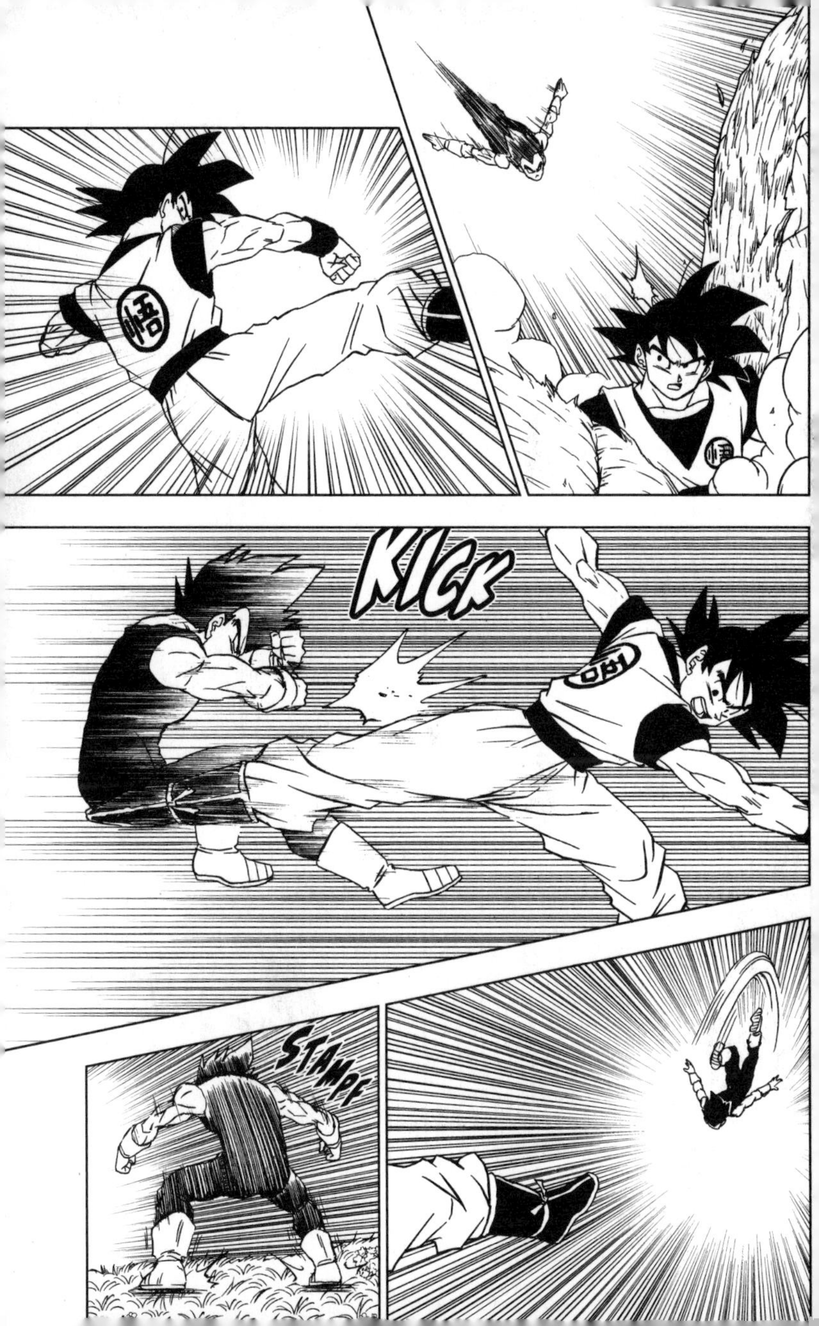
KICK
STAMPF

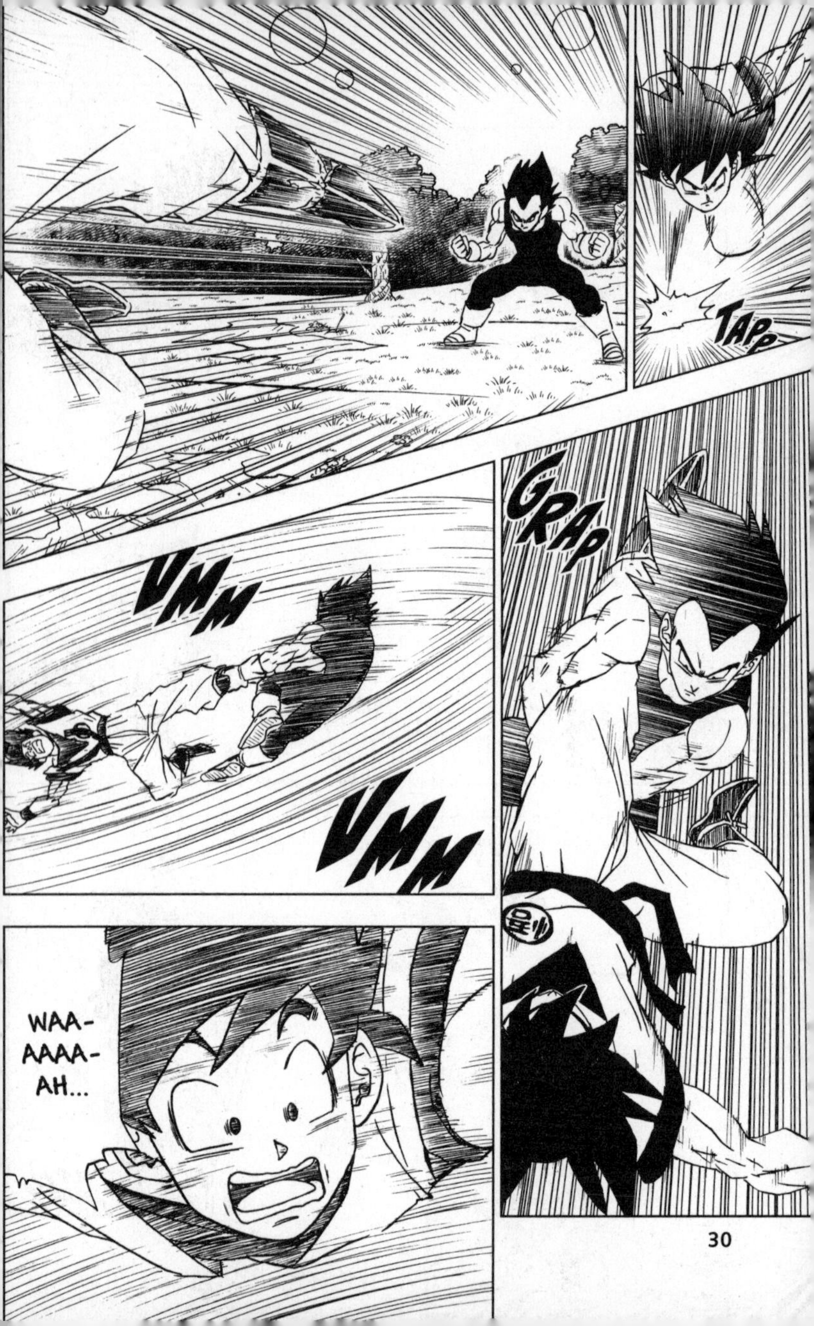
TAPP
GRAP
UMM
UMM
WAA-
AAAA-
AH...

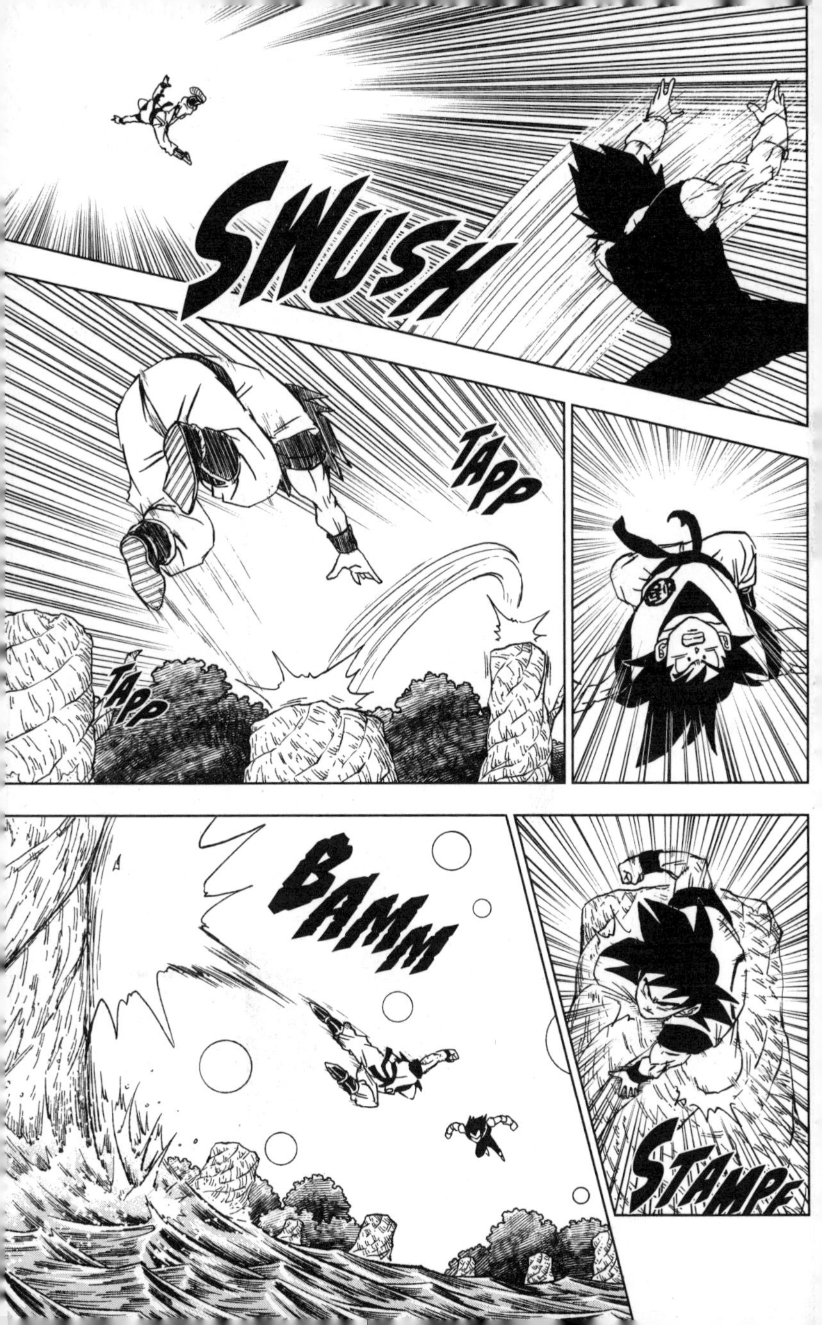
SWUSH
TAPP
TAPP
BAMM
STAMPF

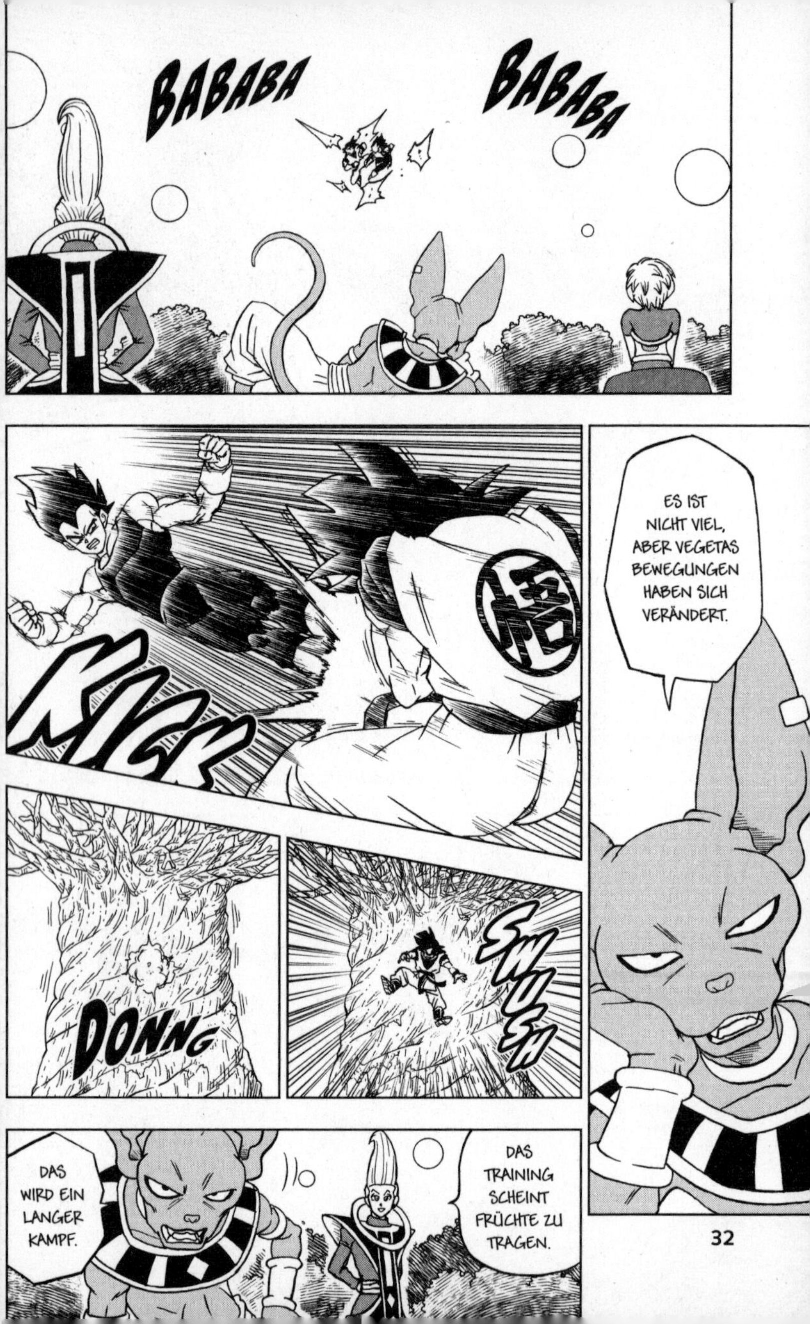
BABABA
BABABA
ES IST NICHT VIEL, ABER VEGETAS BEWEGUNGEN HABEN SICH VERÄNDERT.
KICK
SWUSH
DONNG
DAS TRAINING SCHEINT FRÜCHTE ZU TRAGEN.
DAS WIRD EIN LANGER KAMPF.

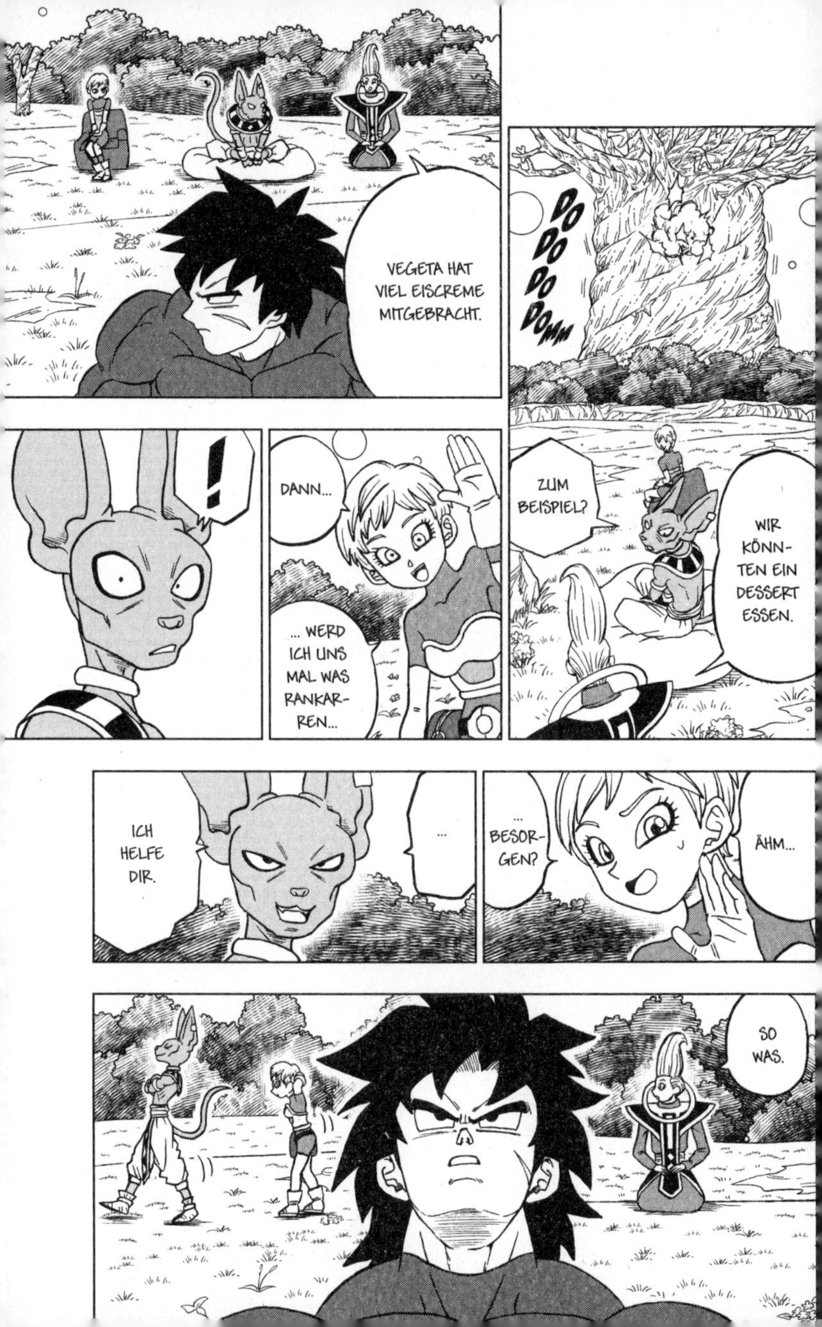
DODODODOMM
WIR KÖNNTEN EIN DESSERT ESSEN.
ZUM BEISPIEL?
VEGETA HAT VIEL EISCREME MITGEBRACHT.
!
DANN...
... WERD ICH UNS MAL WAS RANKARREN...
ÄHM...
... BESORGEN?
...
ICH HELFE DIR.
SO WAS.

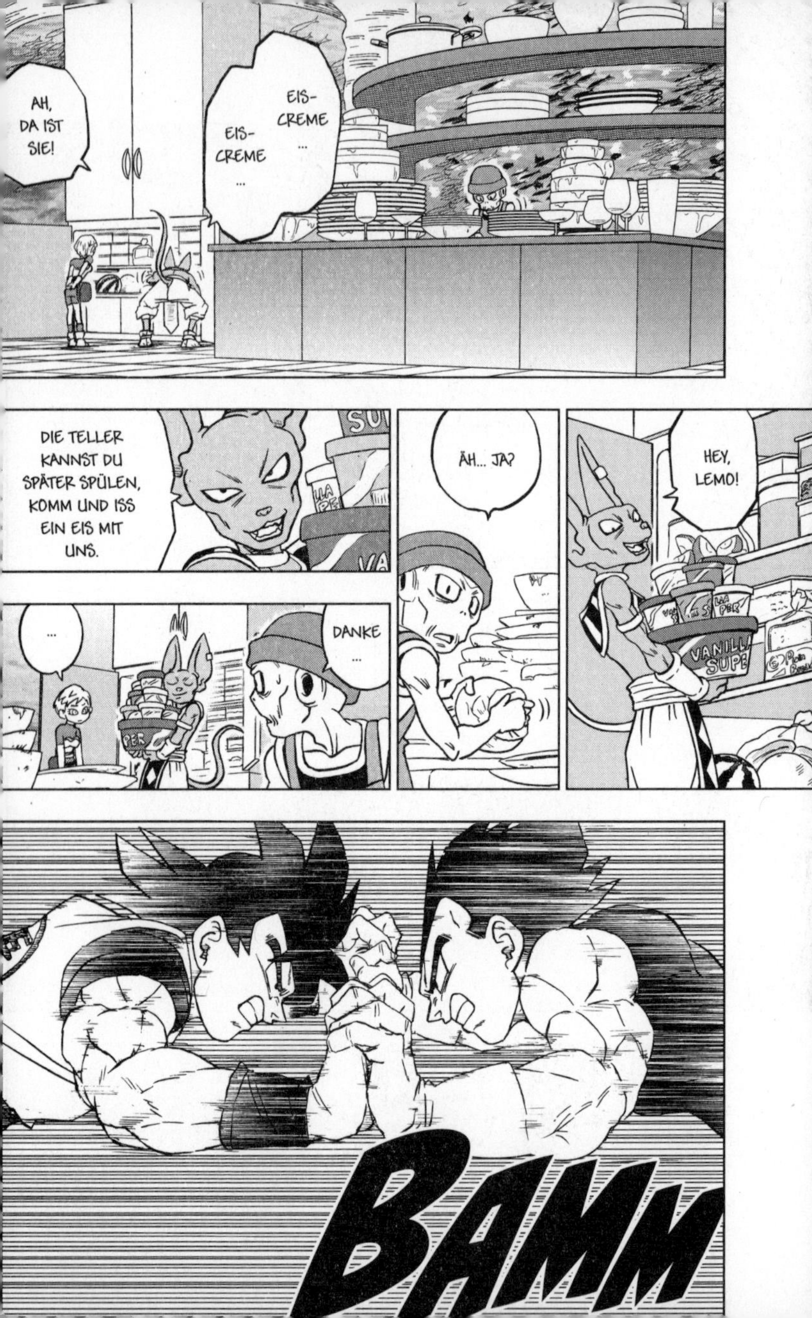
Eis-
creme
...
Eis-
creme
...
Ah,
da ist
sie!
Hey,
Lemo!
Äh... ja?
Die Teller
kannst du
später spülen,
komm und iss
ein Eis mit
uns.
Danke
...
...
BAMM

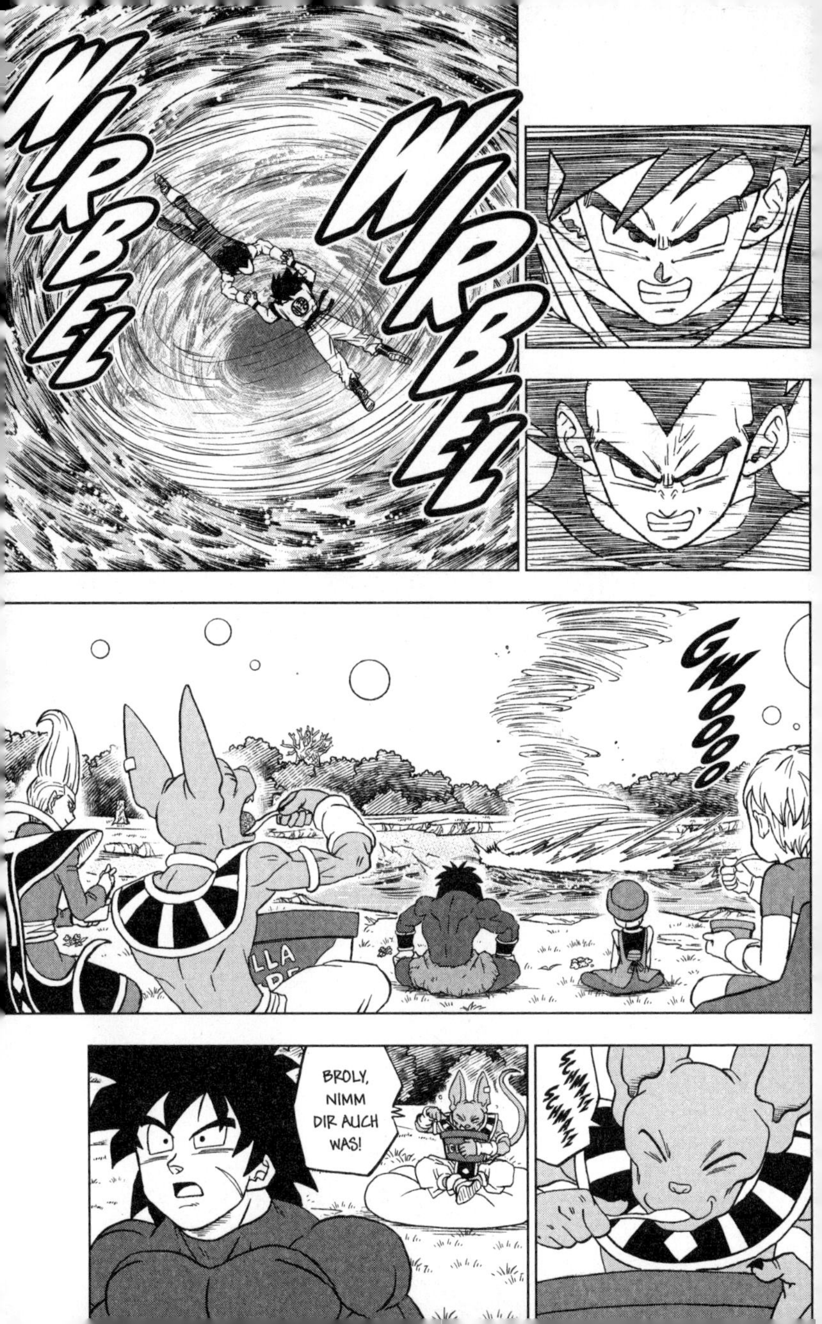
WIRBEL
WIRBEL
GWOOOOO
BROLY, NIMM DIR AUCH WAS!
SCHMAM SCHMAM

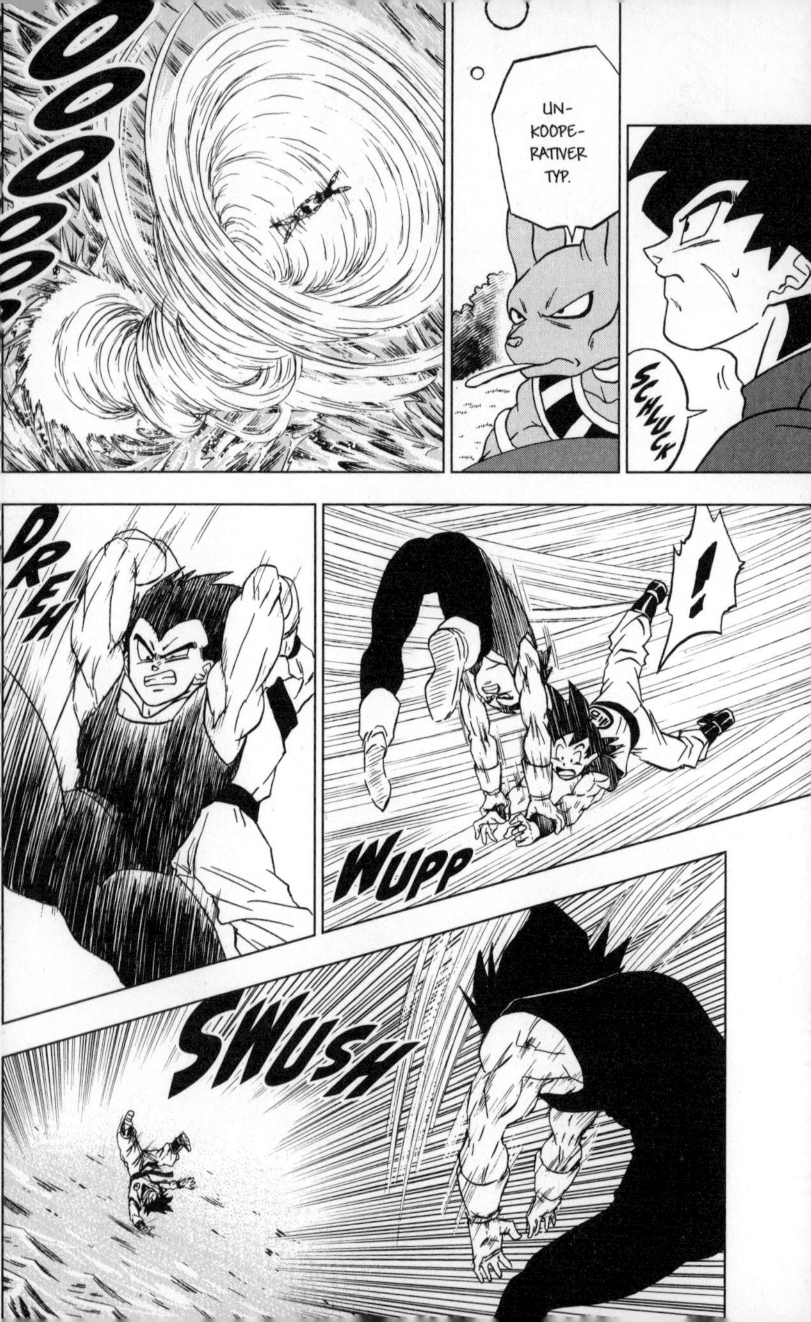

SCHLUCK
UN-
KOOPE-
RATIVER
TYP.
OOOOOO
!
WUPP
DREH
SWUSH

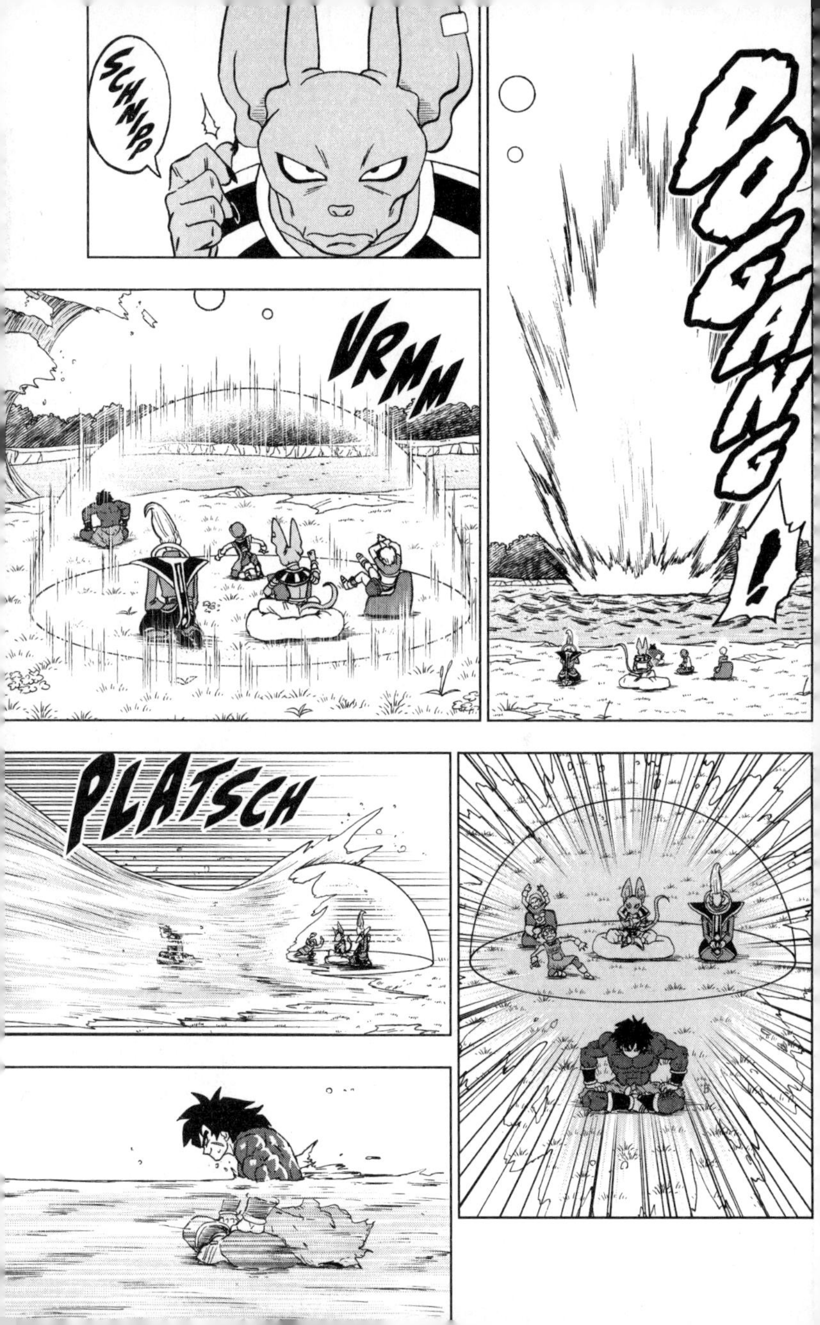
DOGANG!
SCHNIPP
VRMM
PLATSCH

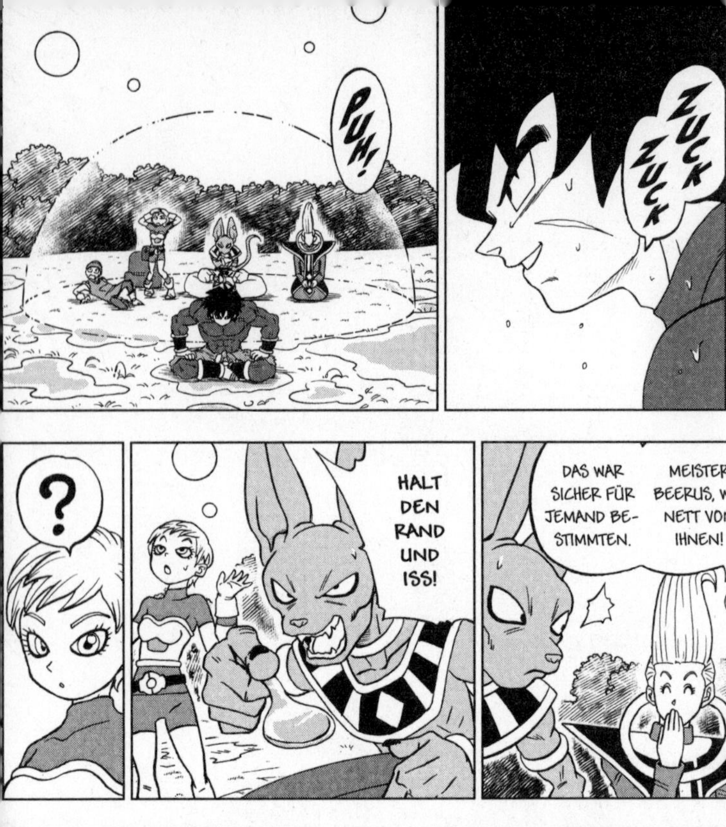
ZUCK ZUCK ZUCK
PUH!
MEISTER BEERUS, WIE NETT VON IHNEN!
DAS WAR SICHER FÜR JEMAND BESTIMMTEN.
HALT DEN RAND UND ISS!
?
CAPSULE CORP.

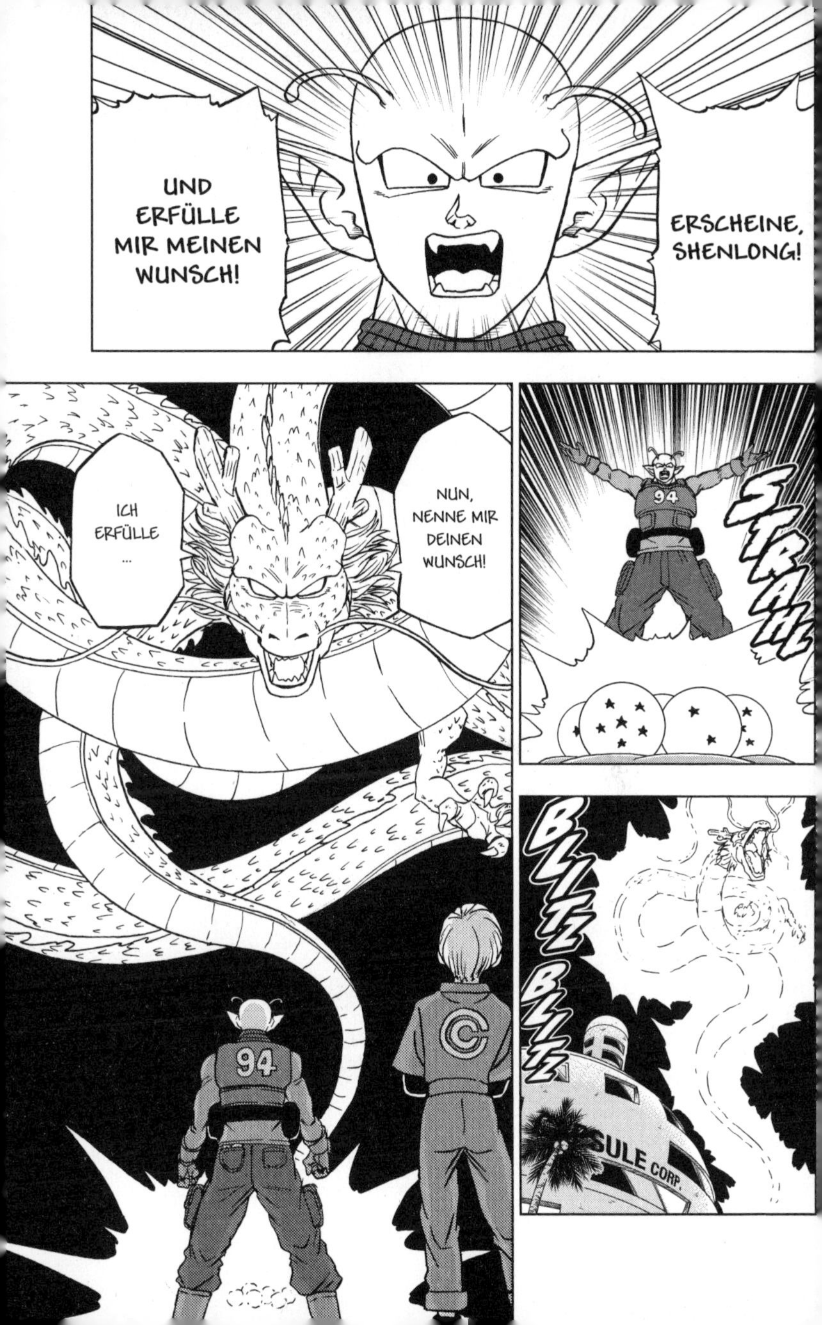
ERSCHEINE, SHENLONG!
UND ERFÜLLE MIR MEINEN WUNSCH!
STRAHL
BLITZ
BLITZ
NUN, NENNE MIR DEINEN WUNSCH!
ICH ERFÜLLE ...
SULE CORP.

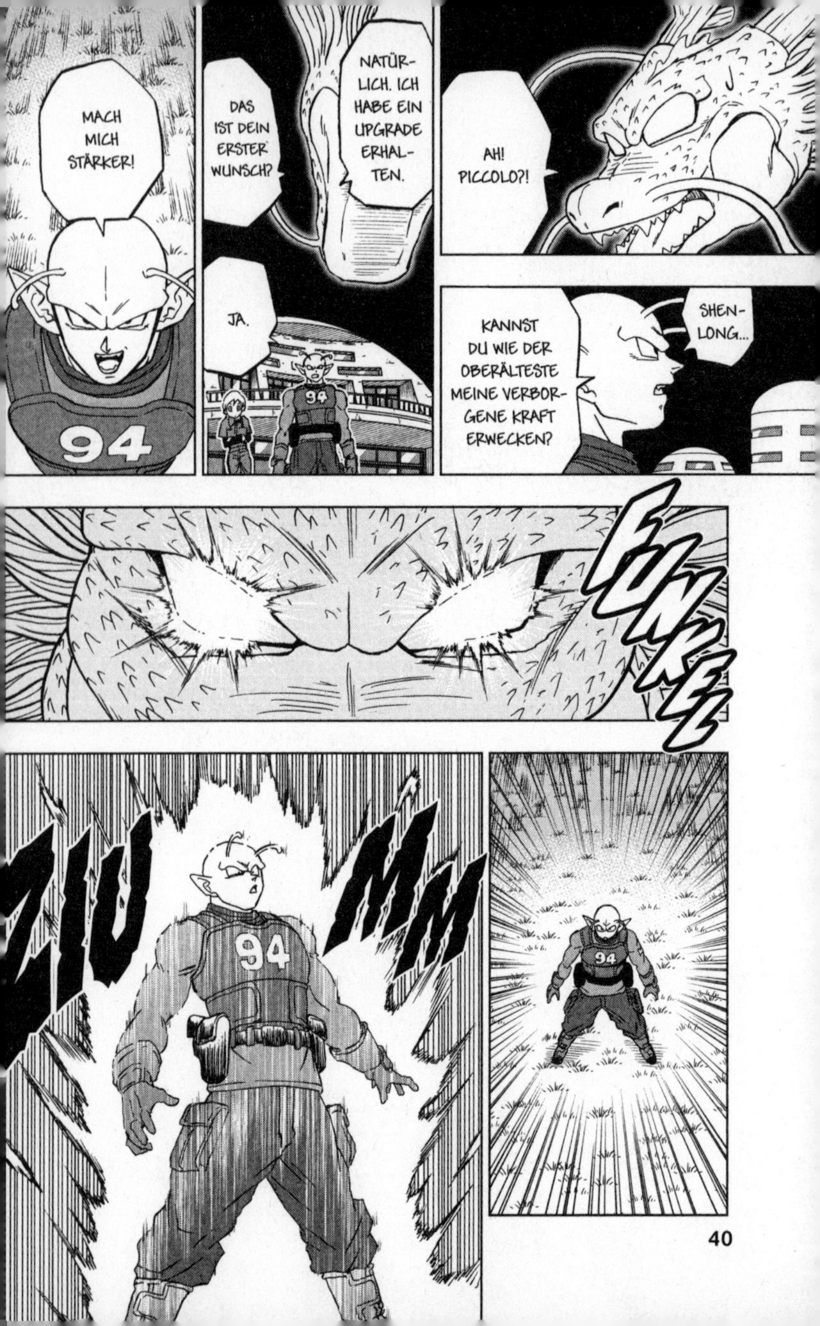
AH! PICCOLO?!
NATÜRLICH. ICH HABE EIN UPGRADE ERHALTEN.
SHENLONG...
KANNST DU WIE DER OBERÄLTESTE MEINE VERBORGENE KRAFT ERWECKEN?
DAS IST DEIN ERSTER WUNSCH?
JA.
MACH MICH STÄRKER!
FUNKEL
ZUMM

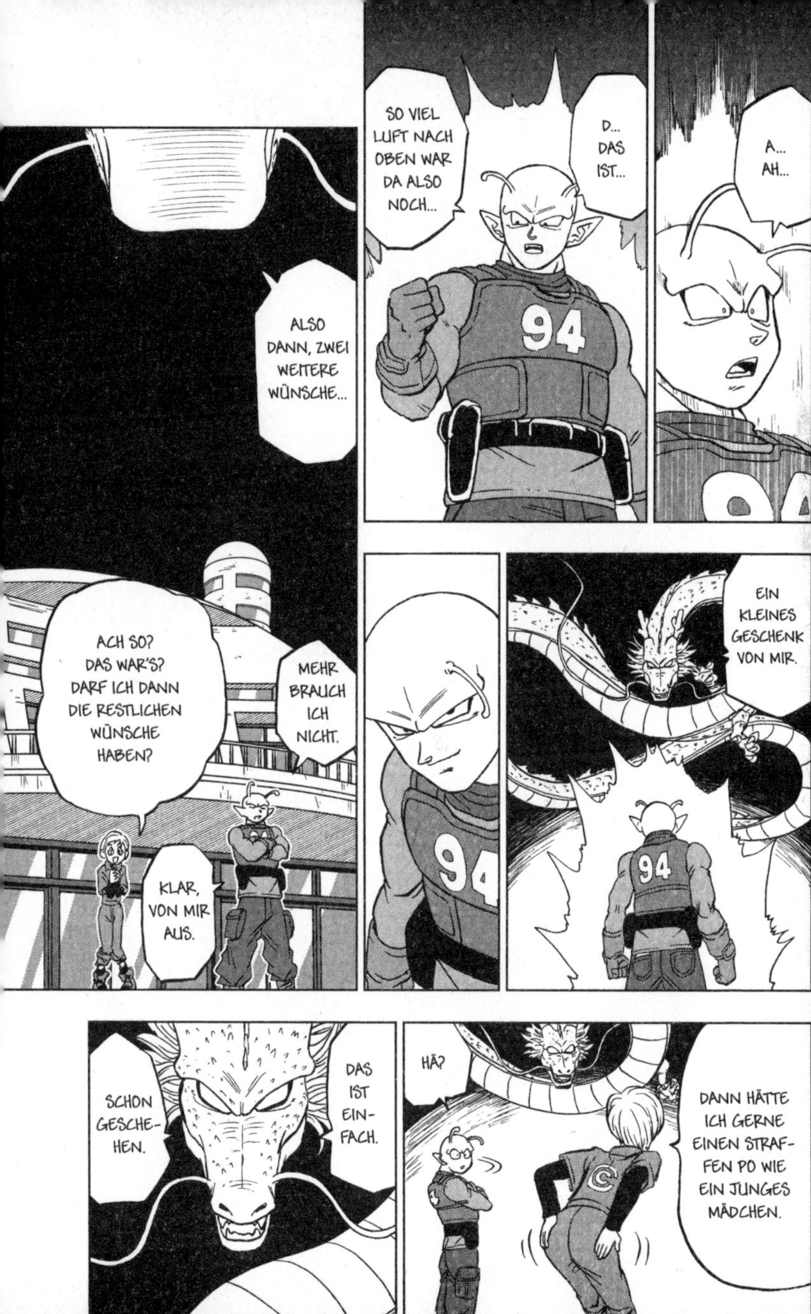
A... AH...
D... DAS IST...
SO VIEL LUFT NACH OBEN WAR DA ALSO NOCH...
ALSO DANN, ZWEI WEITERE WÜNSCHE...
EIN KLEINES GESCHENK VON MIR.
MEHR BRAUCH ICH NICHT.
ACH SO? DAS WAR'S? DARF ICH DANN DIE RESTLICHEN WÜNSCHE HABEN?
KLAR, VON MIR AUS.
DANN HÄTTE ICH GERNE EINEN STRAF-FEN PO WIE EIN JUNGES MÄDCHEN.
HÄ?
DAS IST EIN-FACH.
SCHON GESCHE-HEN.

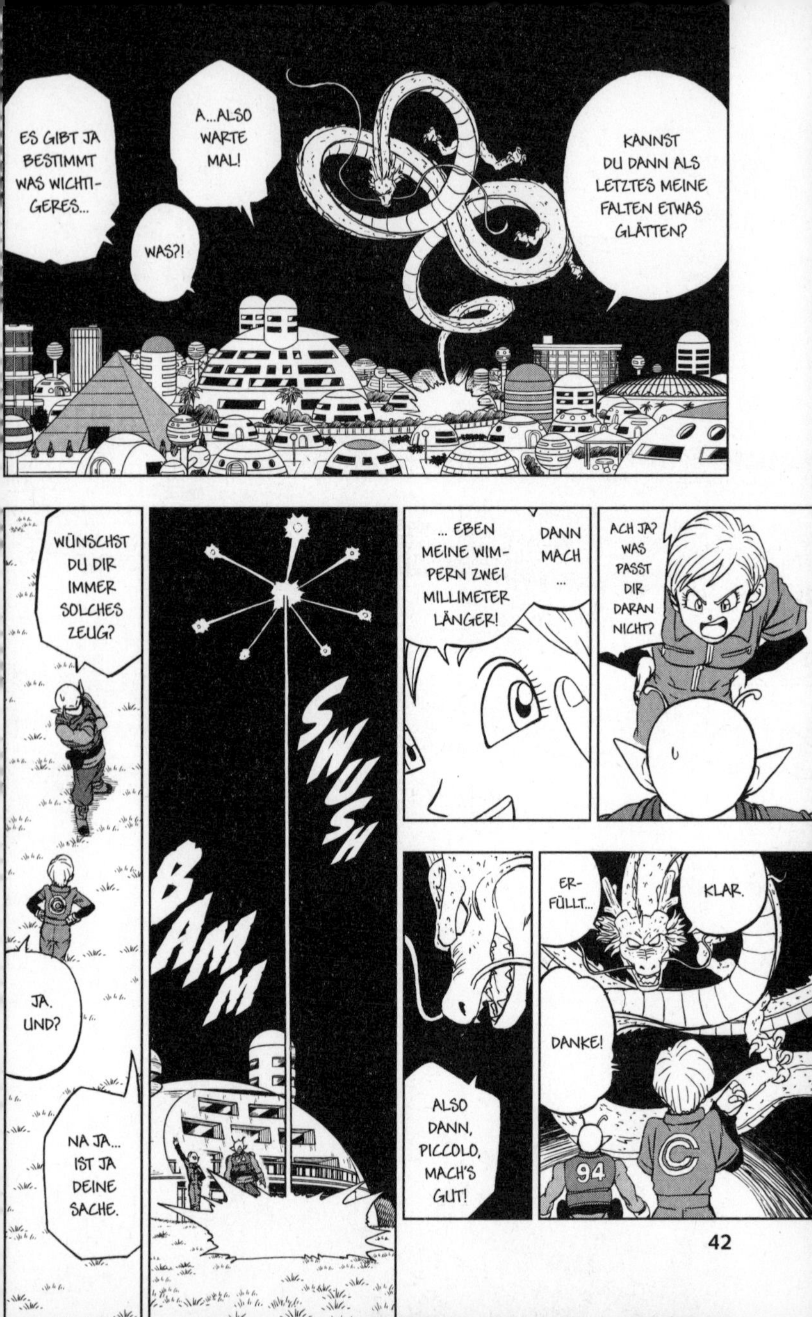
KANNST DU DANN ALS LETZTES MEINE FALTEN ETWAS GLÄTTEN?
A...ALSO WARTE MAL!
WAS?!
ES GIBT JA BESTIMMT WAS WICHTIGERES...
ACH JA? WAS PASST DIR DARAN NICHT?
DANN MACH ...
... EBEN MEINE WIMPERN ZWEI MILLIMETER LÄNGER!
KLAR.
ERFÜLLT...
DANKE!
ALSO DANN, PICCOLO, MACH'S GUT!
SWUSH
BAMM
WÜNSCHST DU DIR IMMER SOLCHES ZEUG?
JA. UND?
NA JA... IST JA DEINE SACHE.

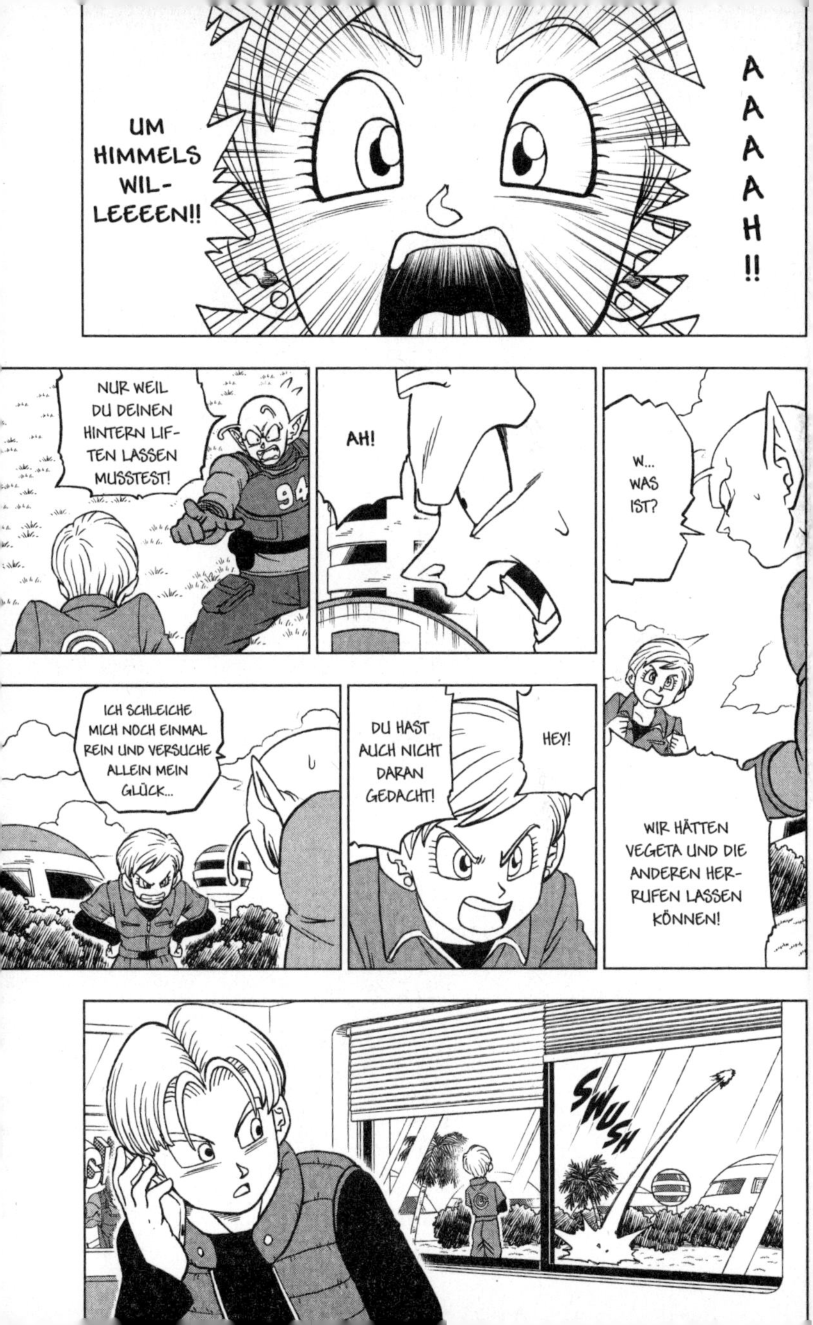
AAAAAH!!
UM HIMMELS WIL-LEEEEN!!
W... WAS IST?
AH!
NUR WEIL DU DEINEN HINTERN LIF-TEN LASSEN MUSSTEST!
WIR HÄTTEN VEGETA UND DIE ANDEREN HER-RUFEN LASSEN KÖNNEN!
HEY!
DU HAST AUCH NICHT DARAN GEDACHT!
ICH SCHLEICHE MICH NOCH EINMAL REIN UND VERSUCHE ALLEIN MEIN GLÜCK...
SWUSH

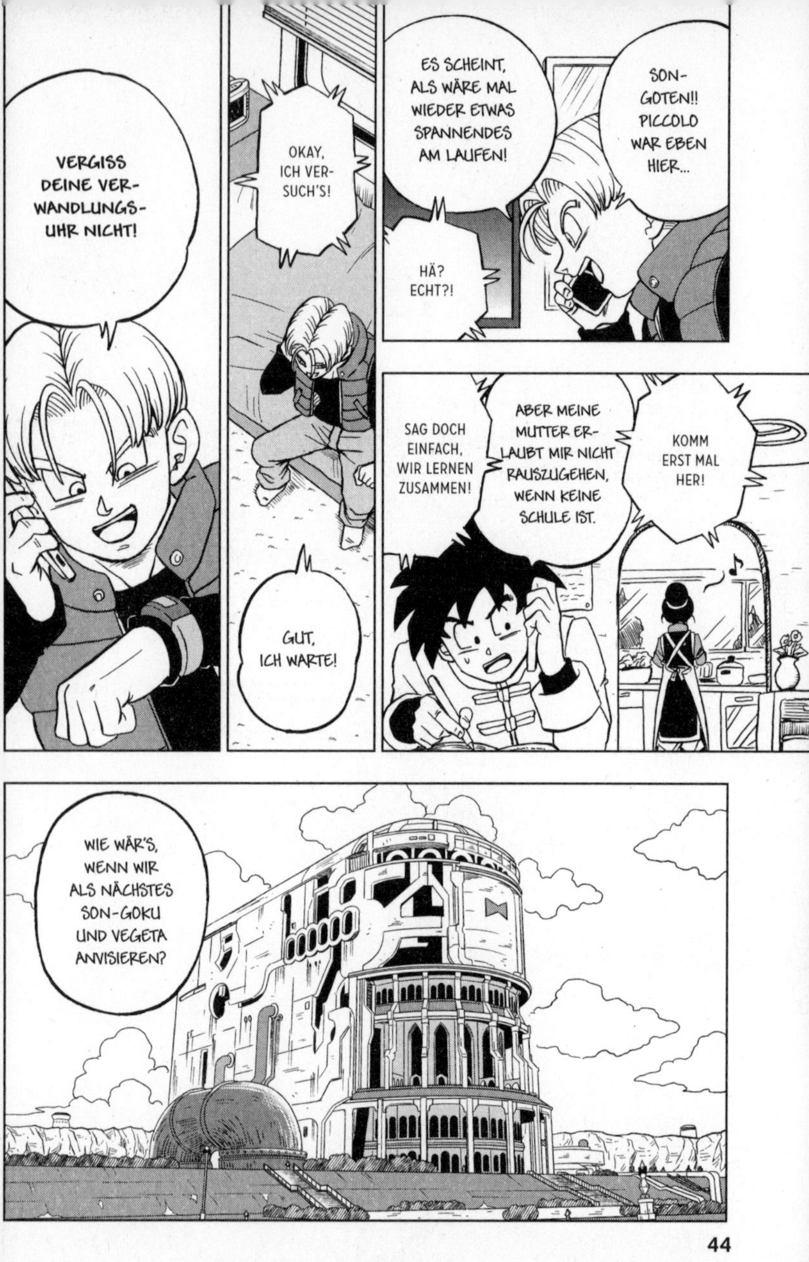
SON-GOTEN!! PICCOLO WAR EBEN HIER...
ES SCHEINT, ALS WÄRE MAL WIEDER ETWAS SPANNENDES AM LAUFEN!
HÄ? ECHT?!
KOMM ERST MAL HER!
ABER MEINE MUTTER ERLAUBT MIR NICHT RAUSZUGEHEN, WENN KEINE SCHULE IST.
SAG DOCH EINFACH, WIR LERNEN ZUSAMMEN!
OKAY, ICH VERSUCH'S!
GUT, ICH WARTE!
VERGISS DEINE VERWANDLUNGSUHR NICHT!
WIE WÄR'S, WENN WIR ALS NÄCHSTES SON-GOKU UND VEGETA ANVISIEREN?

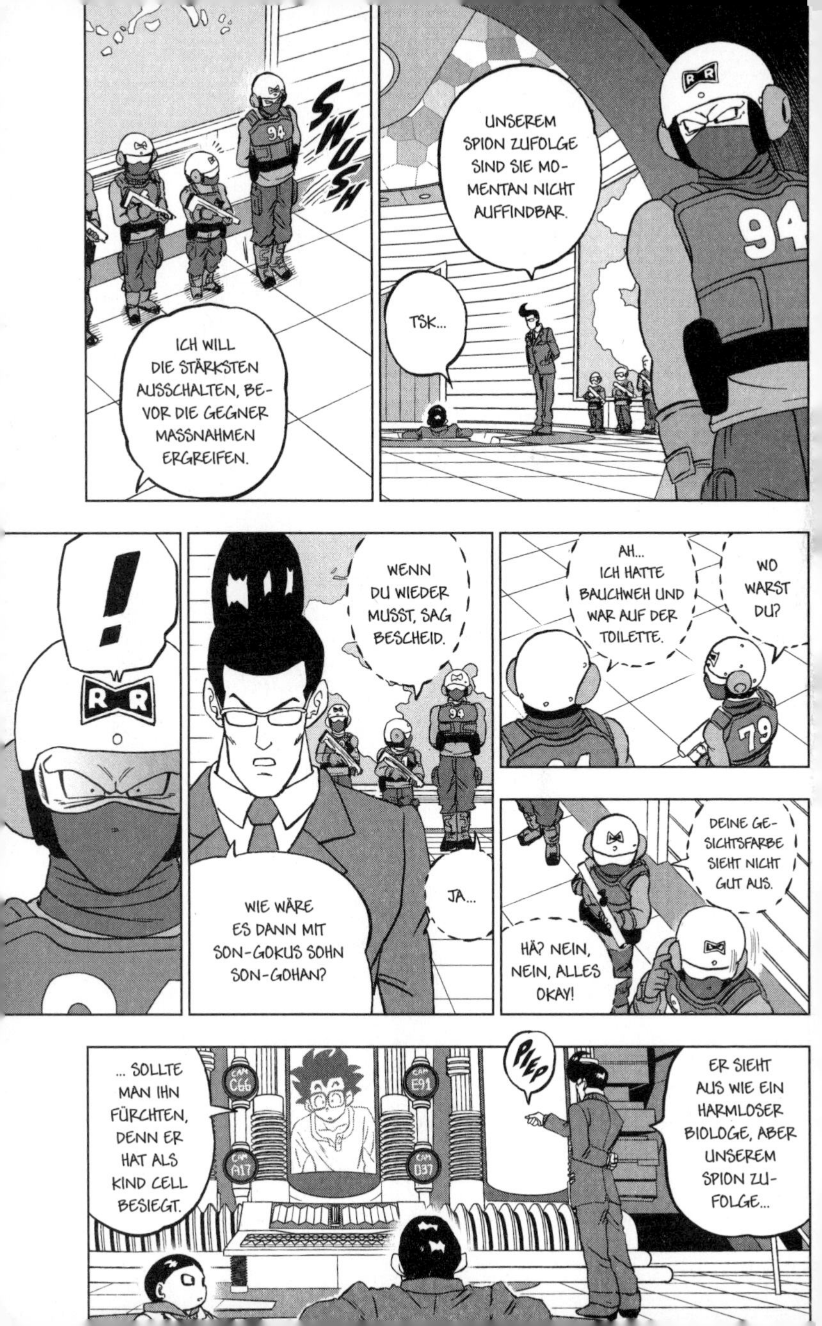
UNSEREM SPION ZUFOLGE SIND SIE MOMENTAN NICHT AUFFINDBAR.
TSK...
SWUSH
ICH WILL DIE STÄRKSTEN AUSSCHALTEN, BEVOR DIE GEGNER MASSNAHMEN ERGREIFEN.
WO WARST DU?
AH... ICH HATTE BAUCHWEH UND WAR AUF DER TOILETTE.
WENN DU WIEDER MUSST, SAG BESCHEID.
JA...
!
DEINE GESICHTSFARBE SIEHT NICHT GUT AUS.
HÄ? NEIN, NEIN, ALLES OKAY!
WIE WÄRE ES DANN MIT SON-GOKUS SOHN SON-GOHAN?
ER SIEHT AUS WIE EIN HARMLOSER BIOLOGE, ABER UNSEREM SPION ZUFOLGE...
PIEP
... SOLLTE MAN IHN FÜRCHTEN, DENN ER HAT ALS KIND CELL BESIEGT.

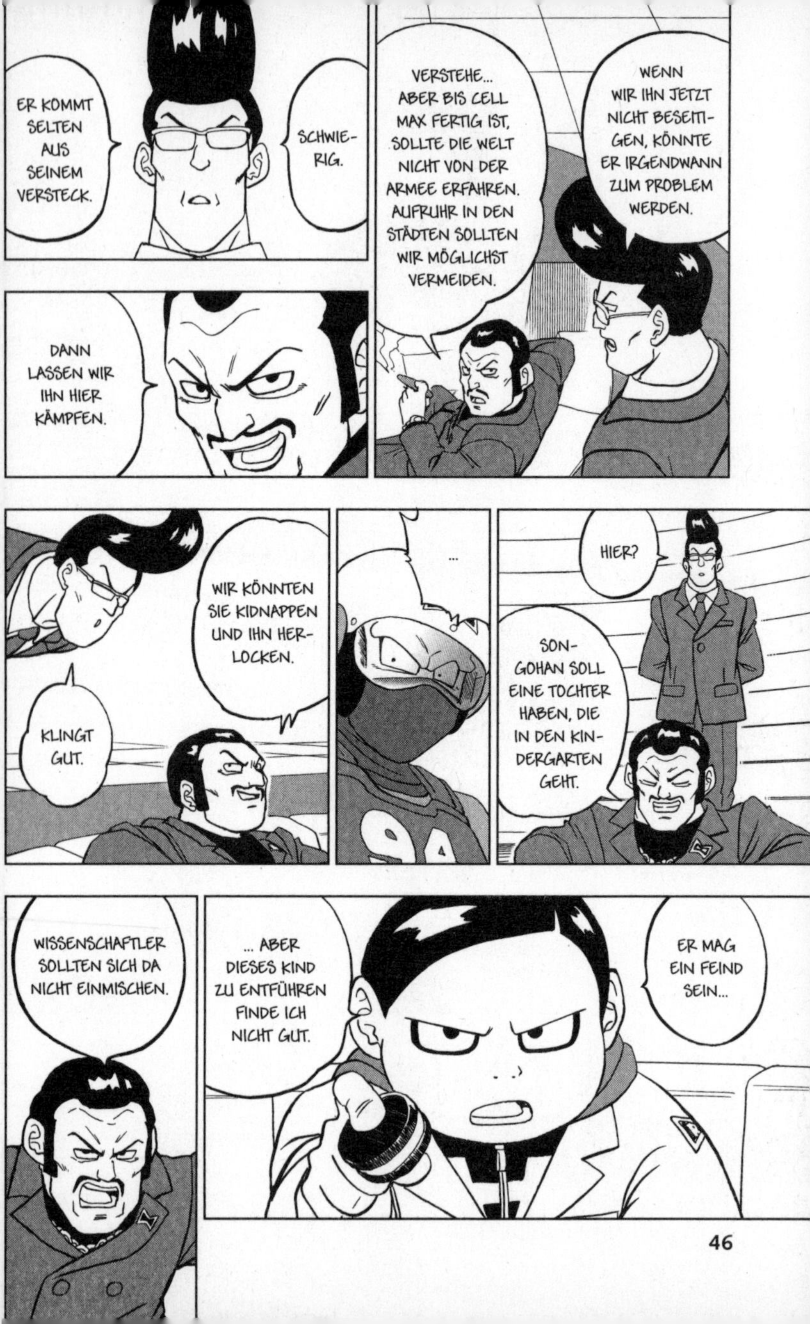
WENN WIR IHN JETZT NICHT BESEITI-GEN, KÖNNTE ER IRGENDWANN ZUM PROBLEM WERDEN.
VERSTEHE... ABER BIS CELL MAX FERTIG IST, SOLLTE DIE WELT NICHT VON DER ARMEE ERFAHREN. AUFRUHR IN DEN STÄDTEN SOLLTEN WIR MÖGLICHST VERMEIDEN.
SCHWIE-RIG.
ER KOMMT SELTEN AUS SEINEM VERSTECK.
DANN LASSEN WIR IHN HIER KÄMPFEN.
HIER?
SON-GOHAN SOLL EINE TOCHTER HABEN, DIE IN DEN KIN-DERGARTEN GEHT.
...
WIR KÖNNTEN SIE KIDNAPPEN UND IHN HER-LOCKEN.
KLINGT GUT.
ER MAG EIN FEIND SEIN...
... ABER DIESES KIND ZU ENTFÜHREN FINDE ICH NICHT GUT.
WISSENSCHAFTLER SOLLTEN SICH DA NICHT EINMISCHEN.

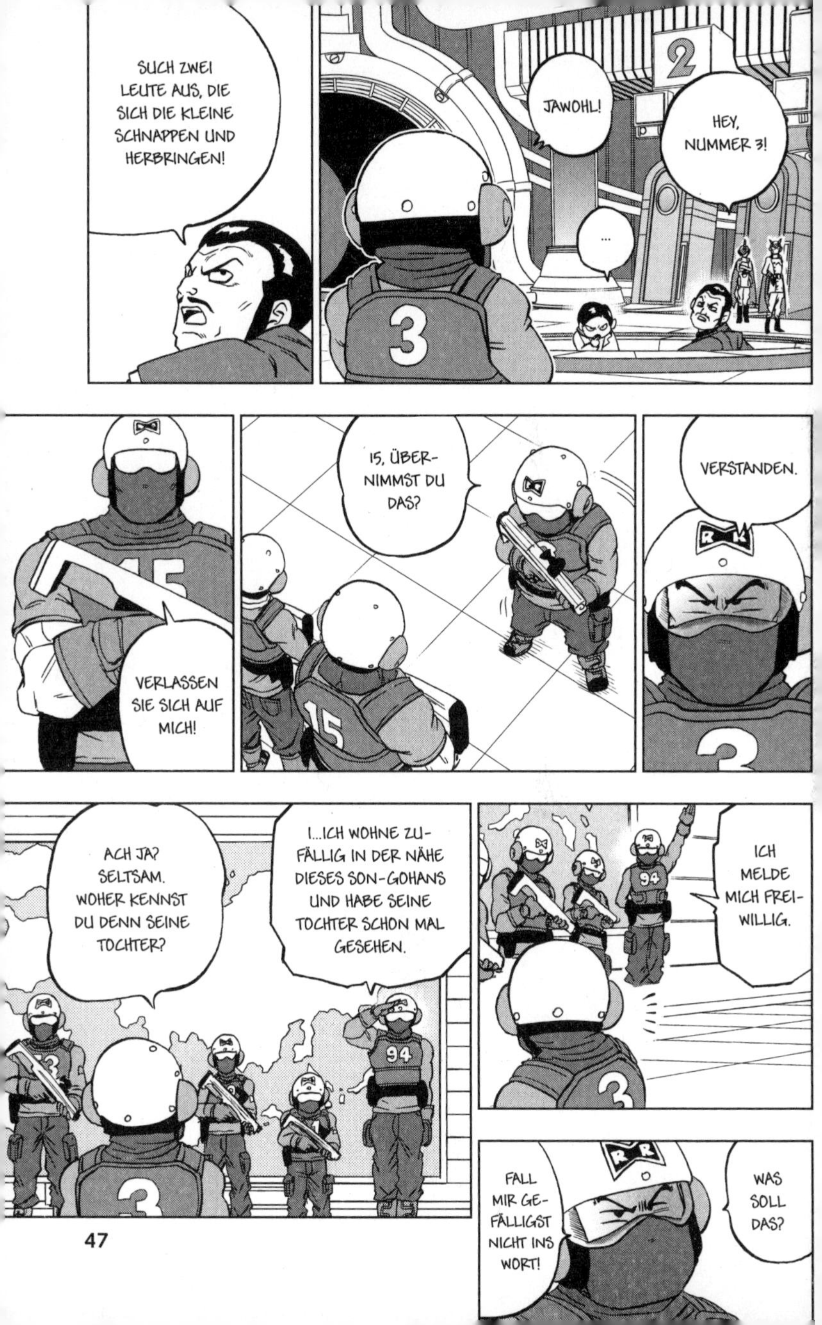
SUCH ZWEI LEUTE AUS, DIE SICH DIE KLEINE SCHNAPPEN UND HERBRINGEN!
JAWOHL!
HEY, NUMMER 3!
...
15, ÜBER-NIMMST DU DAS?
VERLASSEN SIE SICH AUF MICH!
VERSTANDEN.
ICH MELDE MICH FREI-WILLIG.
ACH JA? SELTSAM. WOHER KENNST DU DENN SEINE TOCHTER?
I...ICH WOHNE ZU-FÄLLIG IN DER NÄHE DIESES SON-GOHANS UND HABE SEINE TOCHTER SCHON MAL GESEHEN.
WAS SOLL DAS?
FALL MIR GE-FÄLLIGST NICHT INS WORT!

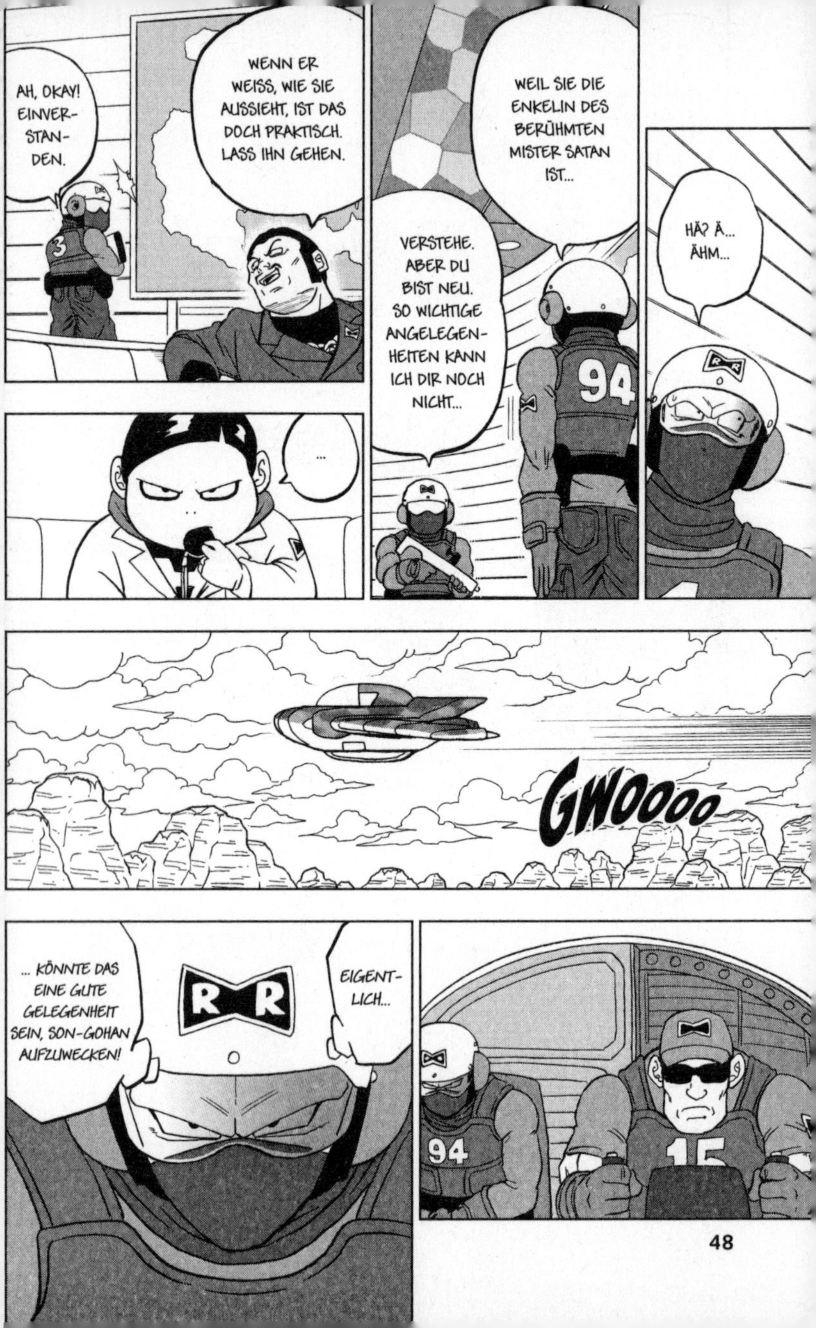

HÄ? Ä...
ÄHM...
WEIL SIE DIE ENKELIN DES BERÜHMTEN MISTER SATAN IST...
VERSTEHE. ABER DU BIST NEU. SO WICHTIGE ANGELEGEN-HEITEN KANN ICH DIR NOCH NICHT...
WENN ER WEISS, WIE SIE AUSSIEHT, IST DAS DOCH PRAKTISCH. LASS IHN GEHEN.
AH, OKAY! EINVER-STAN-DEN.
...
GWOOOO
EIGENT-LICH...
... KÖNNTE DAS EINE GUTE GELEGENHEIT SEIN, SON-GOHAN AUFZUWECKEN!

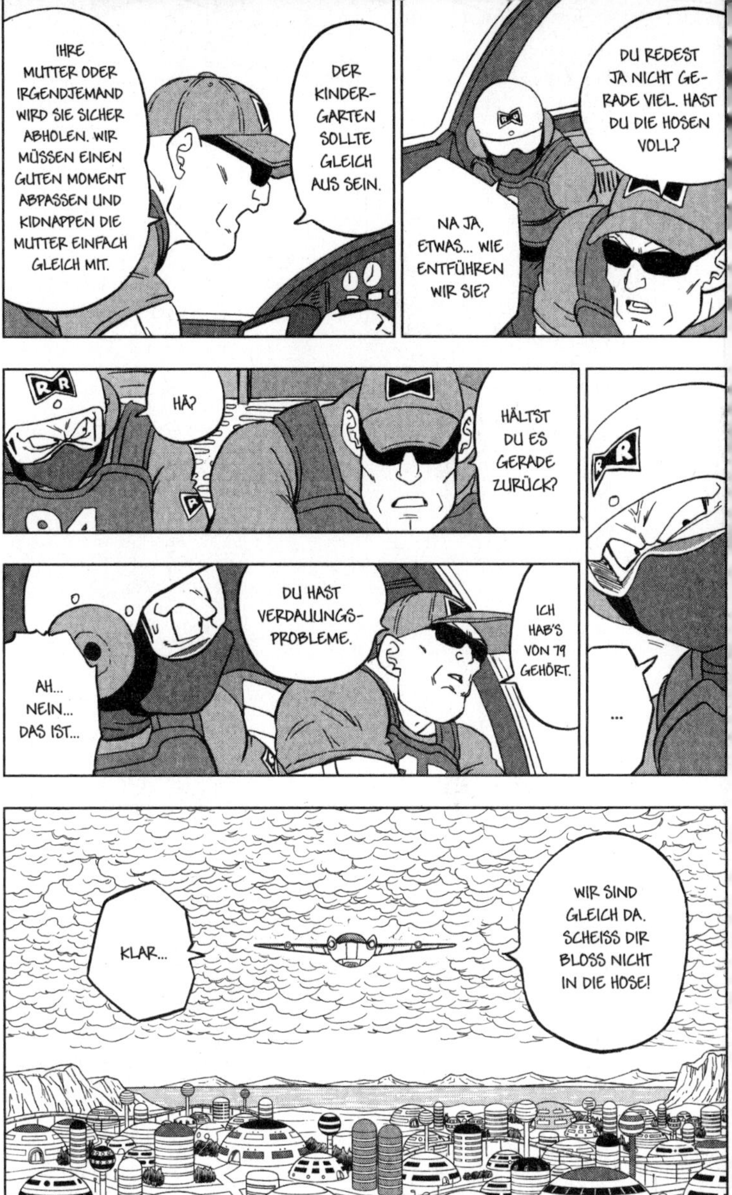
DU REDEST JA NICHT GERADE VIEL. HAST DU DIE HOSEN VOLL?
NA JA, ETWAS... WIE ENTFÜHREN WIR SIE?
DER KINDERGARTEN SOLLTE GLEICH AUS SEIN.
IHRE MUTTER ODER IRGENDJEMAND WIRD SIE SICHER ABHOLEN. WIR MÜSSEN EINEN GUTEN MOMENT ABPASSEN UND KIDNAPPEN DIE MUTTER EINFACH GLEICH MIT.
HÄLTST DU ES GERADE ZURÜCK?
HÄ?
ICH HAB'S VON 79 GEHÖRT.
DU HAST VERDAUUNGSPROBLEME.
AH... NEIN... DAS IST...
...
WIR SIND GLEICH DA. SCHEISS DIR BLOSS NICHT IN DIE HOSE!
KLAR...

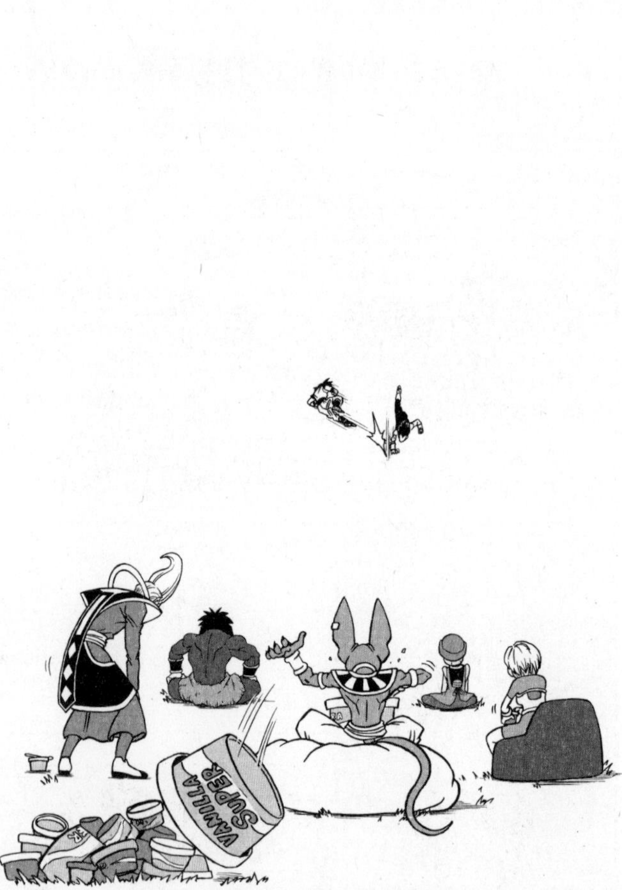
SUPER
VANILLA

DRAGON BALL SUPER

KAPITEL 94: WACH AUF, SON-GOHAN!

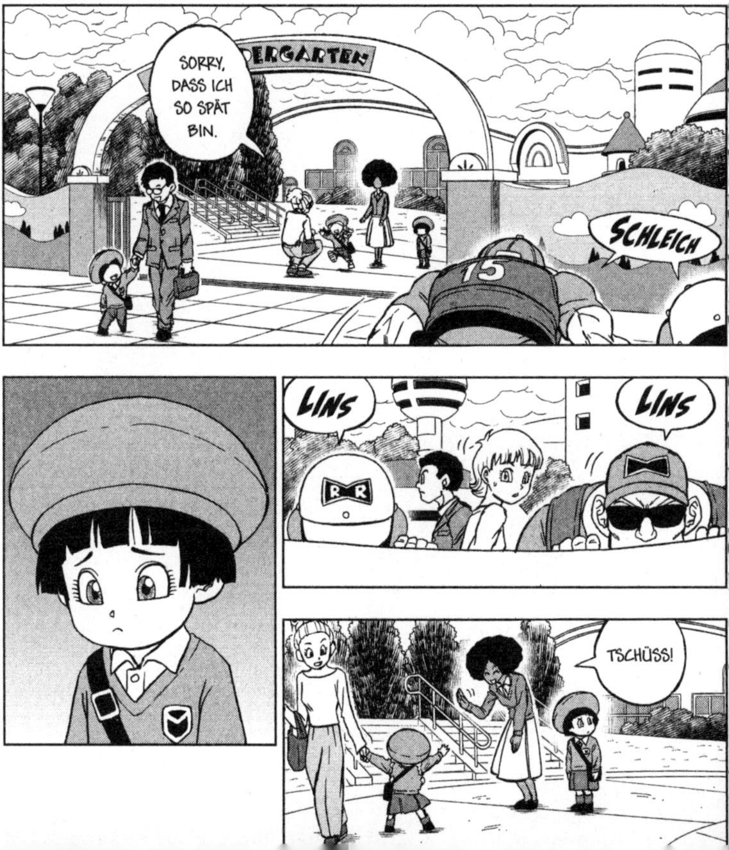

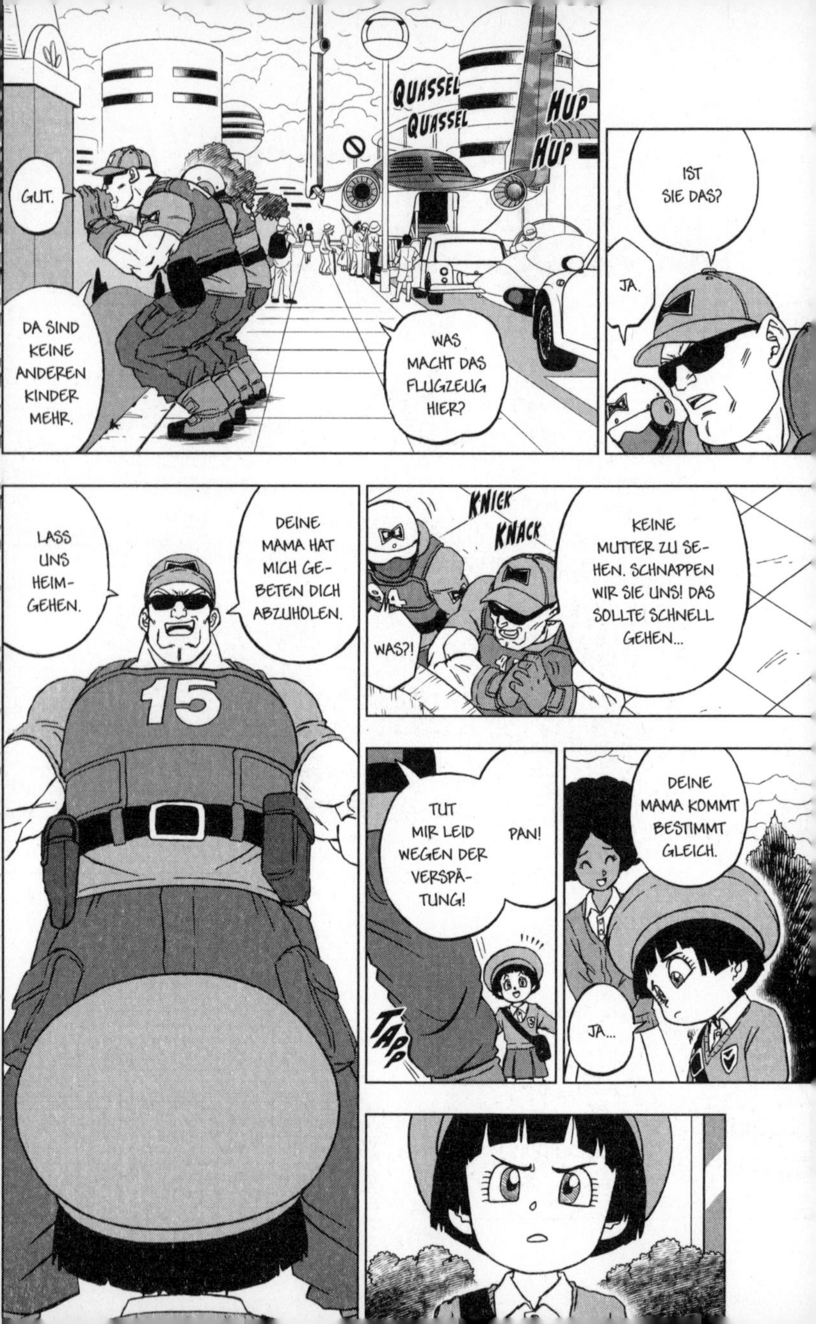
QUASSEL
QUASSEL
HUP
HUP
WAS MACHT DAS FLUGZEUG HIER?
DA SIND KEINE ANDEREN KINDER MEHR.
GUT.
IST SIE DAS?
JA.
KNICK
KNACK
KEINE MUTTER ZU SEHEN. SCHNAPPEN WIR SIE UNS! DAS SOLLTE SCHNELL GEHEN...
WAS?!
DEINE MAMA KOMMT BESTIMMT GLEICH.
JA...
PAN!
TUT MIR LEID WEGEN DER VERSPÄTUNG!
TAPP
DEINE MAMA HAT MICH GEBETEN DICH ABZUHOLEN.
LASS UNS HEIMGEHEN.

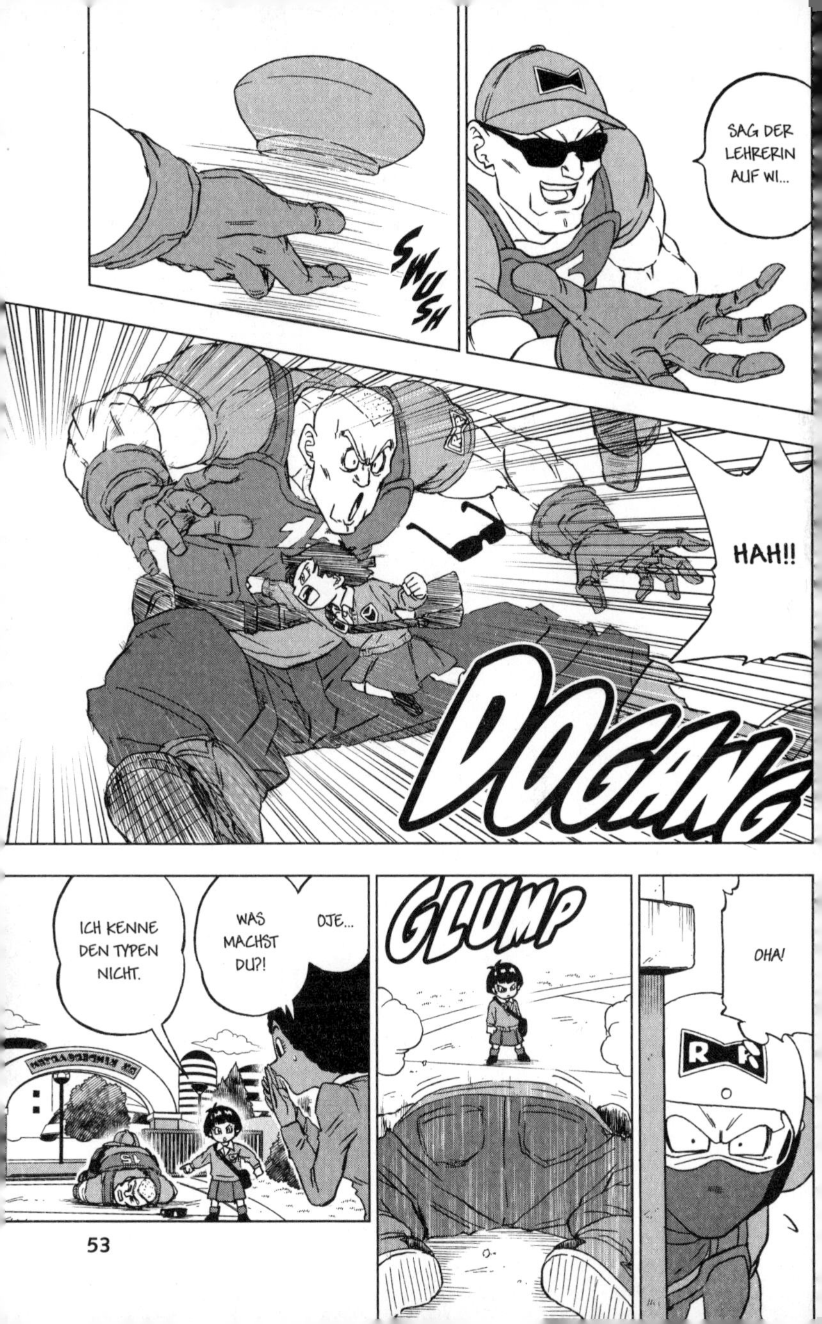
SAG DER LEHRERIN AUF WI...
SWUSH
HAH!!
DOGANG
OJE...
WAS MACHST DU?!
ICH KENNE DEN TYPEN NICHT.
GLUMP
OHA!

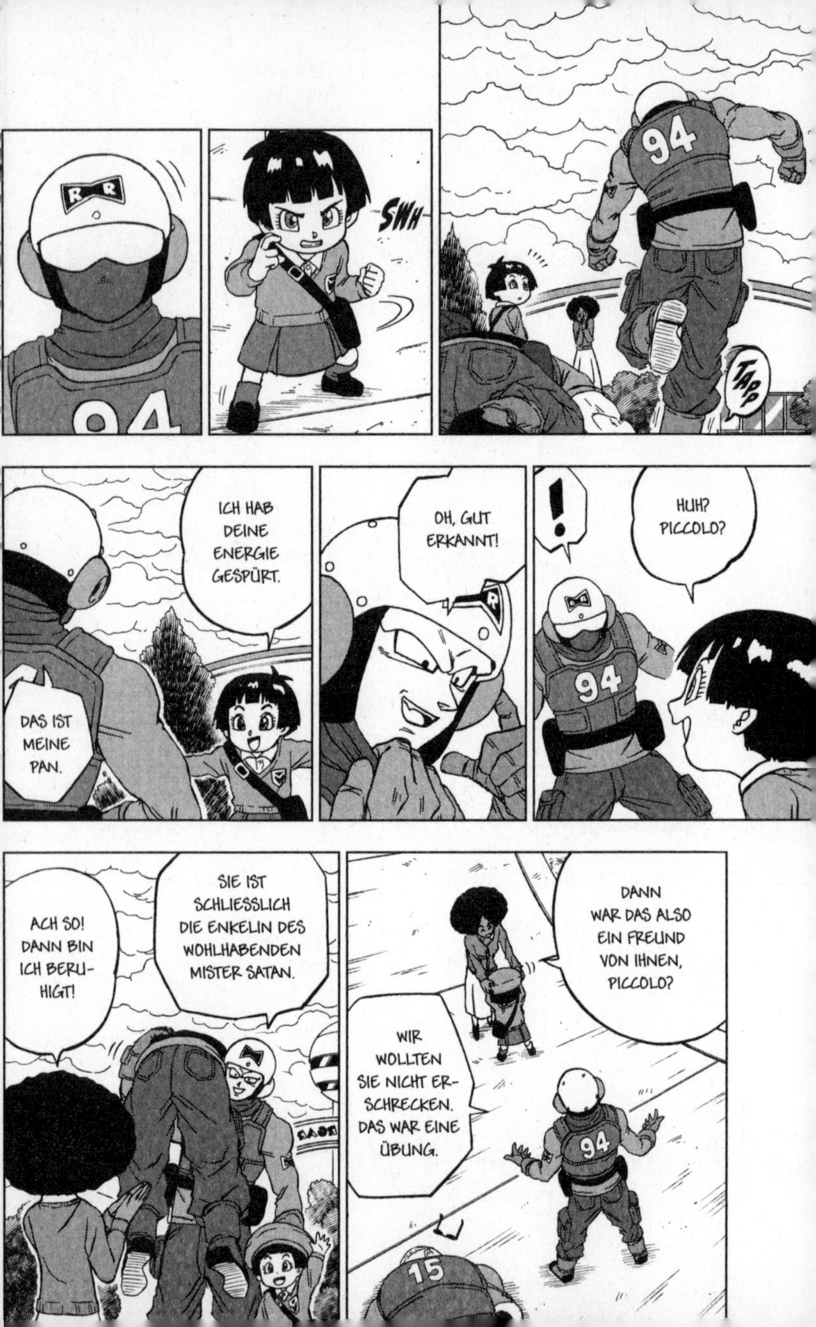
TAPP
SWH
!
HUH? PICCOLO?
OH, GUT ERKANNT!
ICH HAB DEINE ENERGIE GESPÜRT.
DAS IST MEINE PAN.
DANN WAR DAS ALSO EIN FREUND VON IHNEN, PICCOLO?
WIR WOLLTEN SIE NICHT ER-SCHRECKEN. DAS WAR EINE ÜBUNG.
SIE IST SCHLIESSLICH DIE ENKELIN DES WOHLHABENDEN MISTER SATAN.
ACH SO! DANN BIN ICH BERU-HIGT!

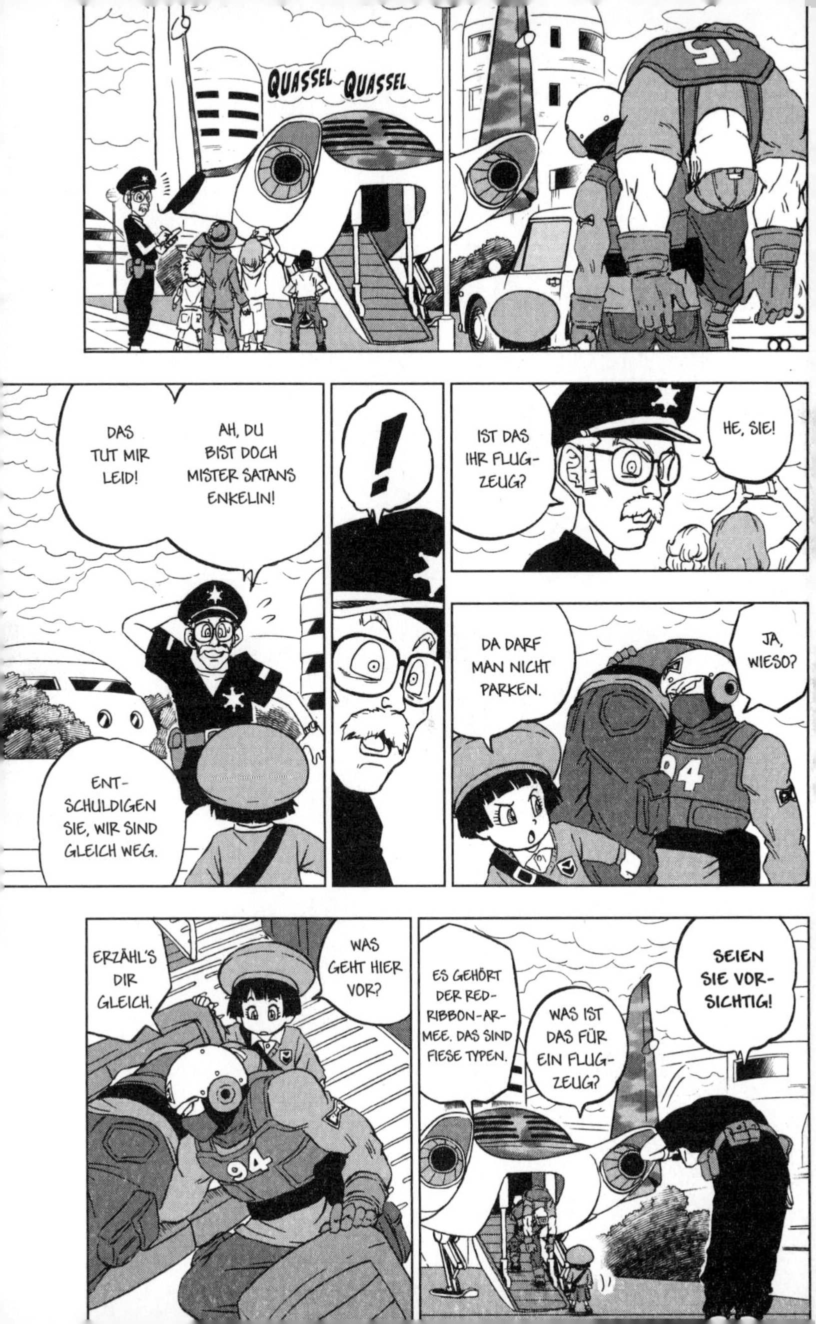
QUASSEL QUASSEL
HE, SIE!
IST DAS IHR FLUG-ZEUG?
JA, WIESO?
DA DARF MAN NICHT PARKEN.
!
ENT-SCHULDIGEN SIE, WIR SIND GLEICH WEG.
AH, DU BIST DOCH MISTER SATANS ENKELIN!
DAS TUT MIR LEID!
SEIEN SIE VOR-SICHTIG!
WAS IST DAS FÜR EIN FLUG-ZEUG?
ES GEHÖRT DER RED-RIBBON-ARMEE. DAS SIND FIESE TYPEN.
WAS GEHT HIER VOR?
ERZÄHL'S DIR GLEICH.

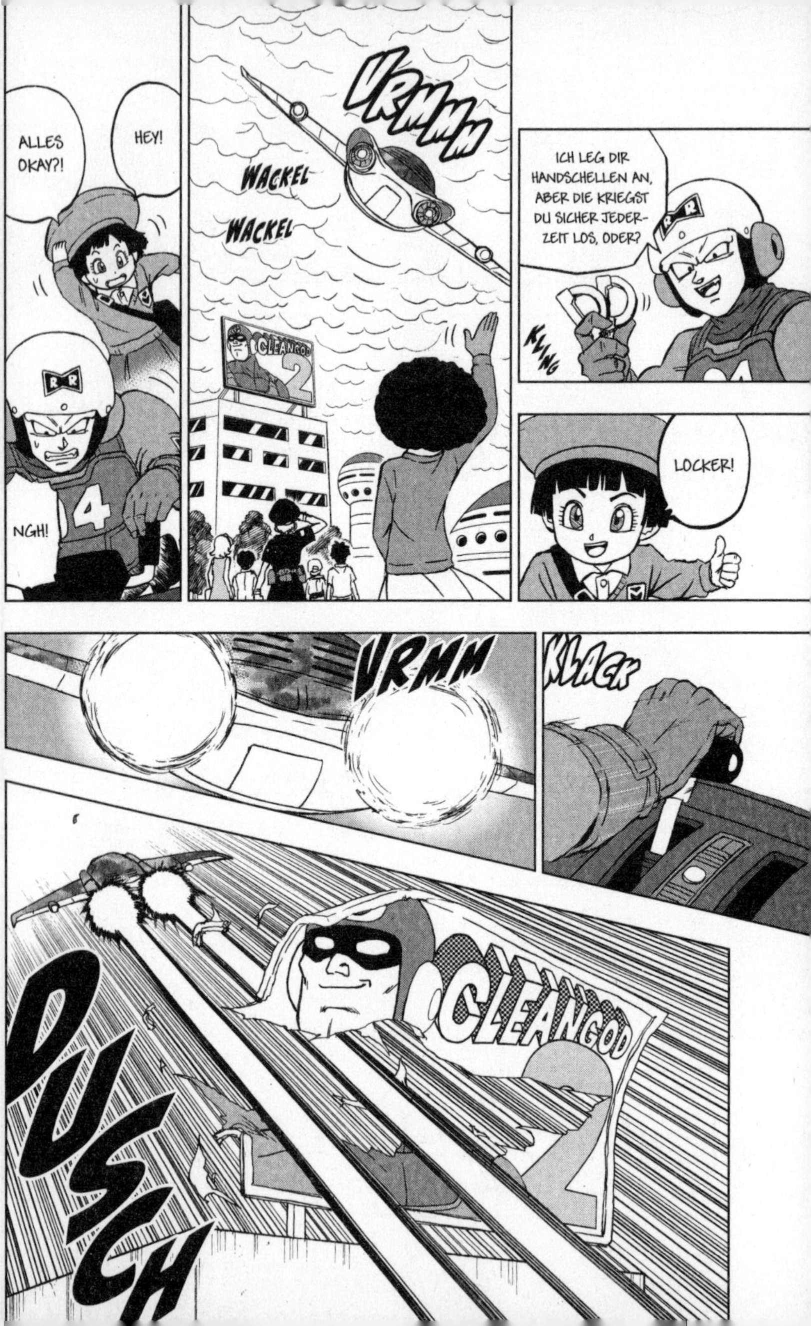
ICH LEG DIR HANDSCHELLEN AN, ABER DIE KRIEGST DU SICHER JEDERZEIT LOS, ODER?
KLING
LOCKER!
VRMMMM
WACKEL
WACKEL
CLEANGOD 2
HEY!
ALLES OKAY?!
NGH!
KLACK
VRMM
CLEANGOD
DUSCH

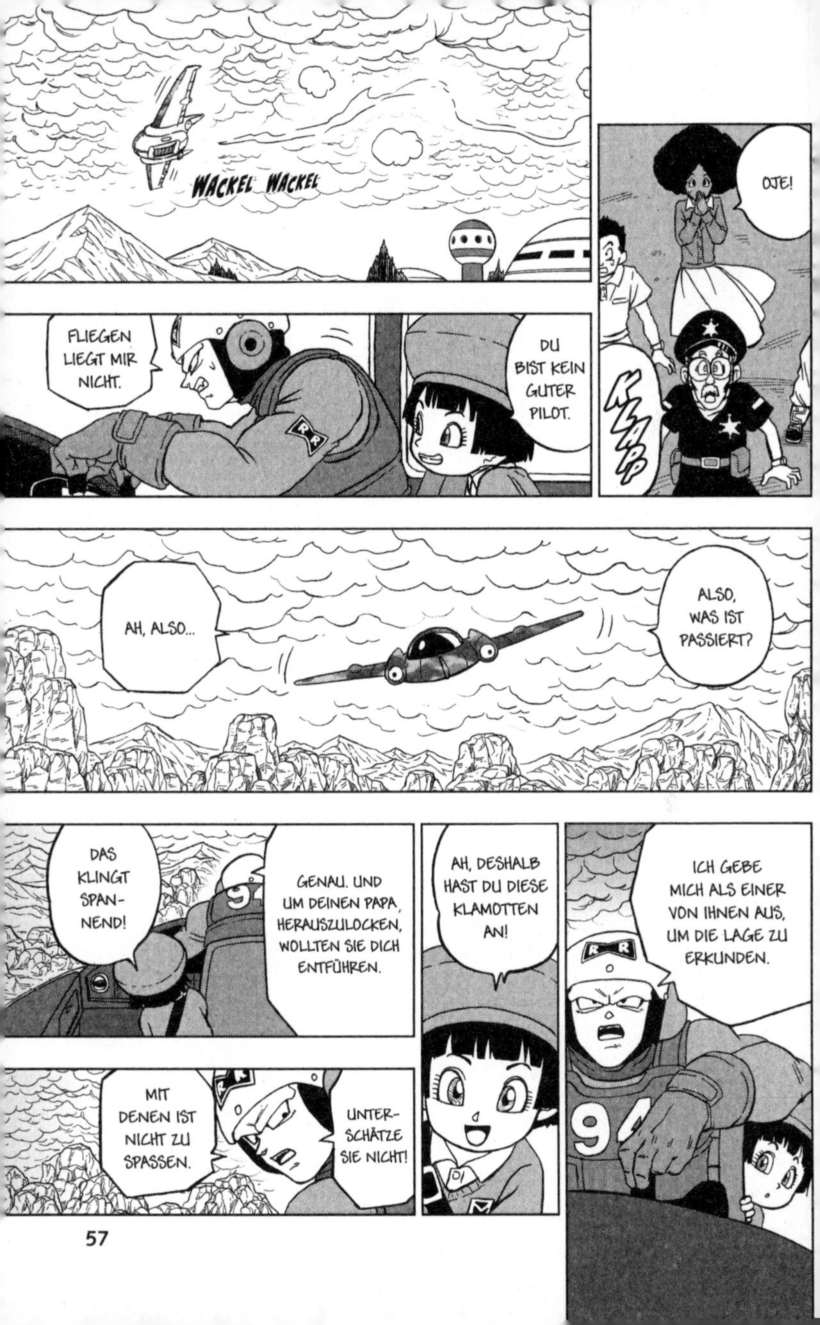
WACKEL WACKEL
OJE!
KLAPP
DU BIST KEIN GUTER PILOT.
FLIEGEN LIEGT MIR NICHT.
ALSO, WAS IST PASSIERT?
AH, ALSO...
ICH GEBE MICH ALS EINER VON IHNEN AUS, UM DIE LAGE ZU ERKUNDEN.
AH, DESHALB HAST DU DIESE KLAMOTTEN AN!
GENAU. UND UM DEINEN PAPA HERAUSZULOCKEN, WOLLTEN SIE DICH ENTFÜHREN.
DAS KLINGT SPAN-NEND!
UNTER-SCHÄTZE SIE NICHT!
MIT DENEN IST NICHT ZU SPASSEN.

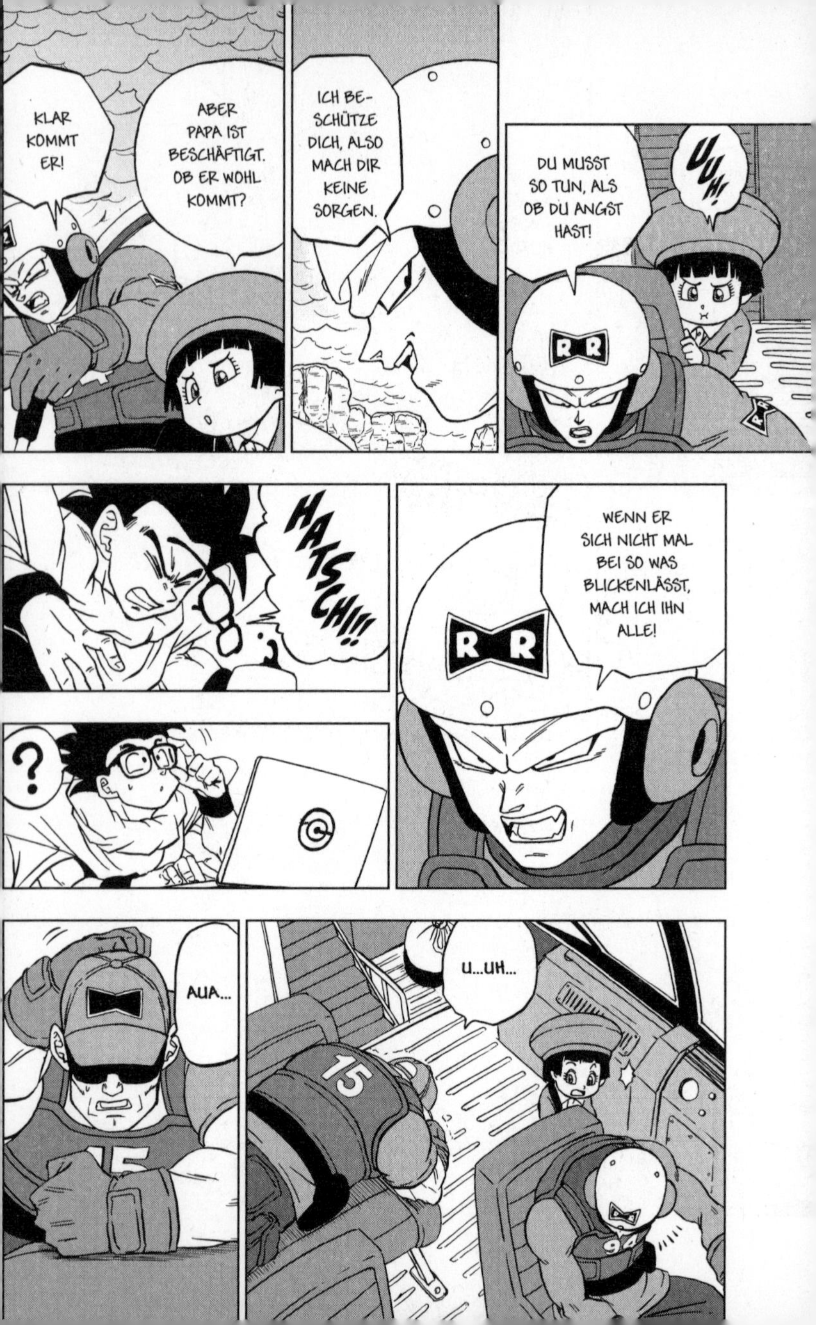
UUH!
DU MUSST SO TUN, ALS OB DU ANGST HAST!
ICH BESCHÜTZE DICH, ALSO MACH DIR KEINE SORGEN.
ABER PAPA IST BESCHÄFTIGT. OB ER WOHL KOMMT?
KLAR KOMMT ER!
WENN ER SICH NICHT MAL BEI SO WAS BLICKENLÄSST, MACH ICH IHN ALLE!
HATSCHI!!
?
U...UH...
AUA...

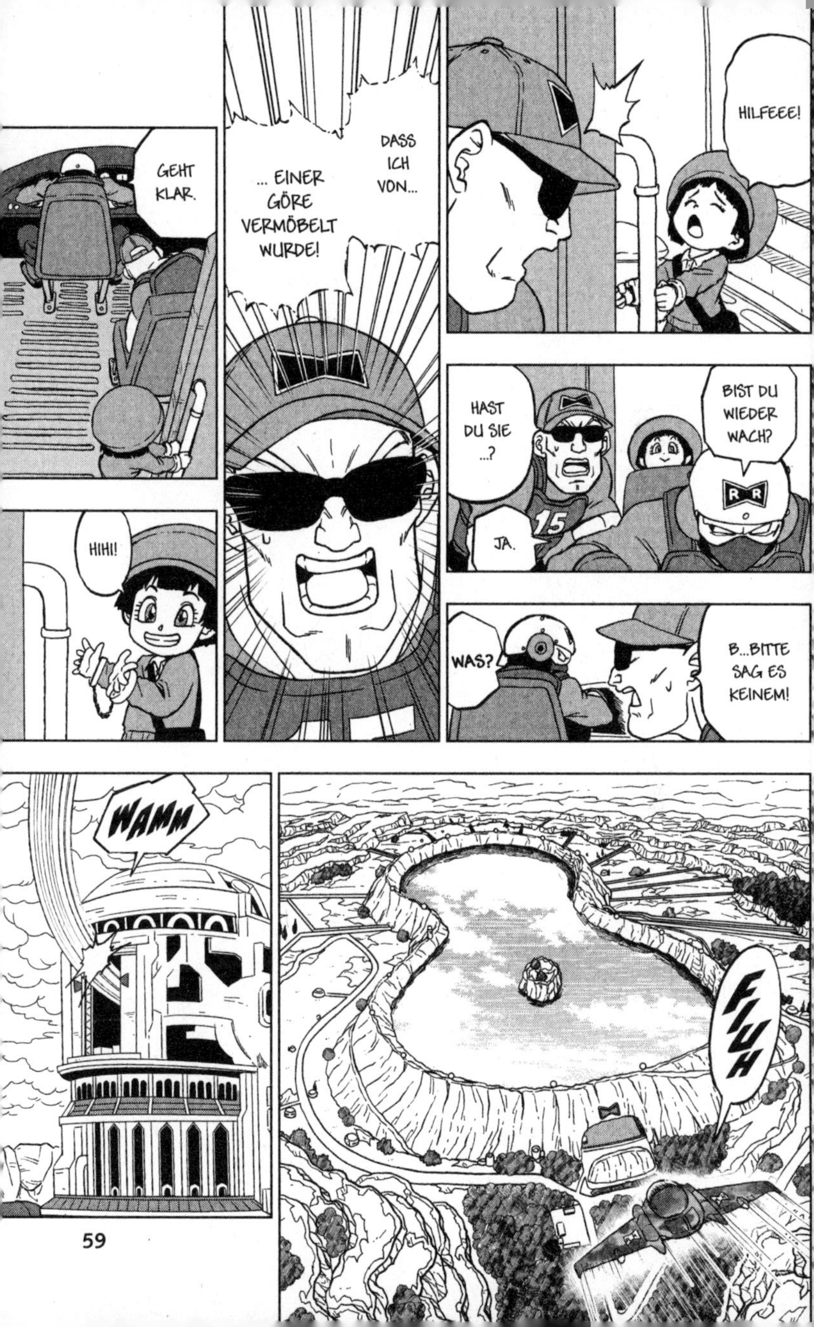
HILFEEE!
DASS ICH VON...
... EINER GÖRE VERMÖBELT WURDE!
GEHT KLAR.
BIST DU WIEDER WACH?
HAST DU SIE ...?
JA.
B...BITTE SAG ES KEINEM!
WAS?
HIHI!
FIUH
WAMM

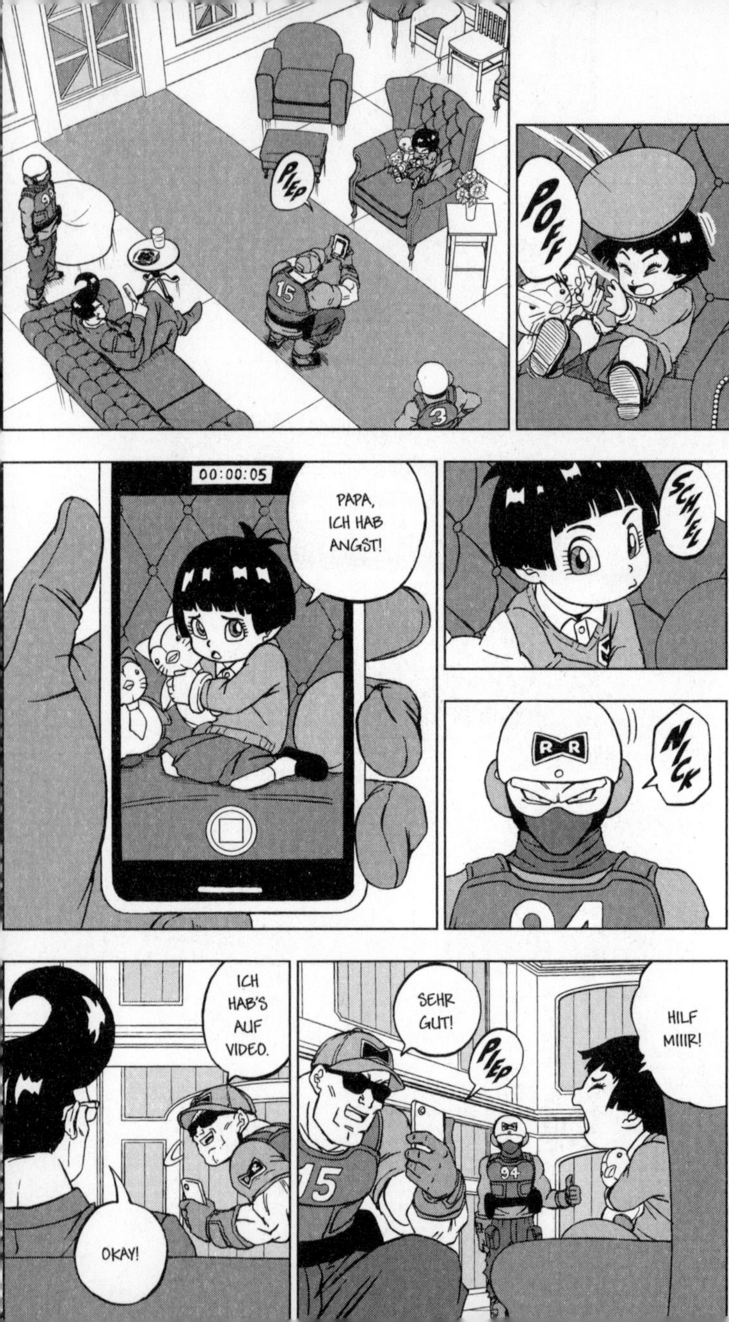
PIEP
POFF
SCHIEL
NICK
00:00:05
PAPA, ICH HAB ANGST!
HILF MIIIR!
SEHR GUT!
PIEP
ICH HAB'S AUF VIDEO.
OKAY!

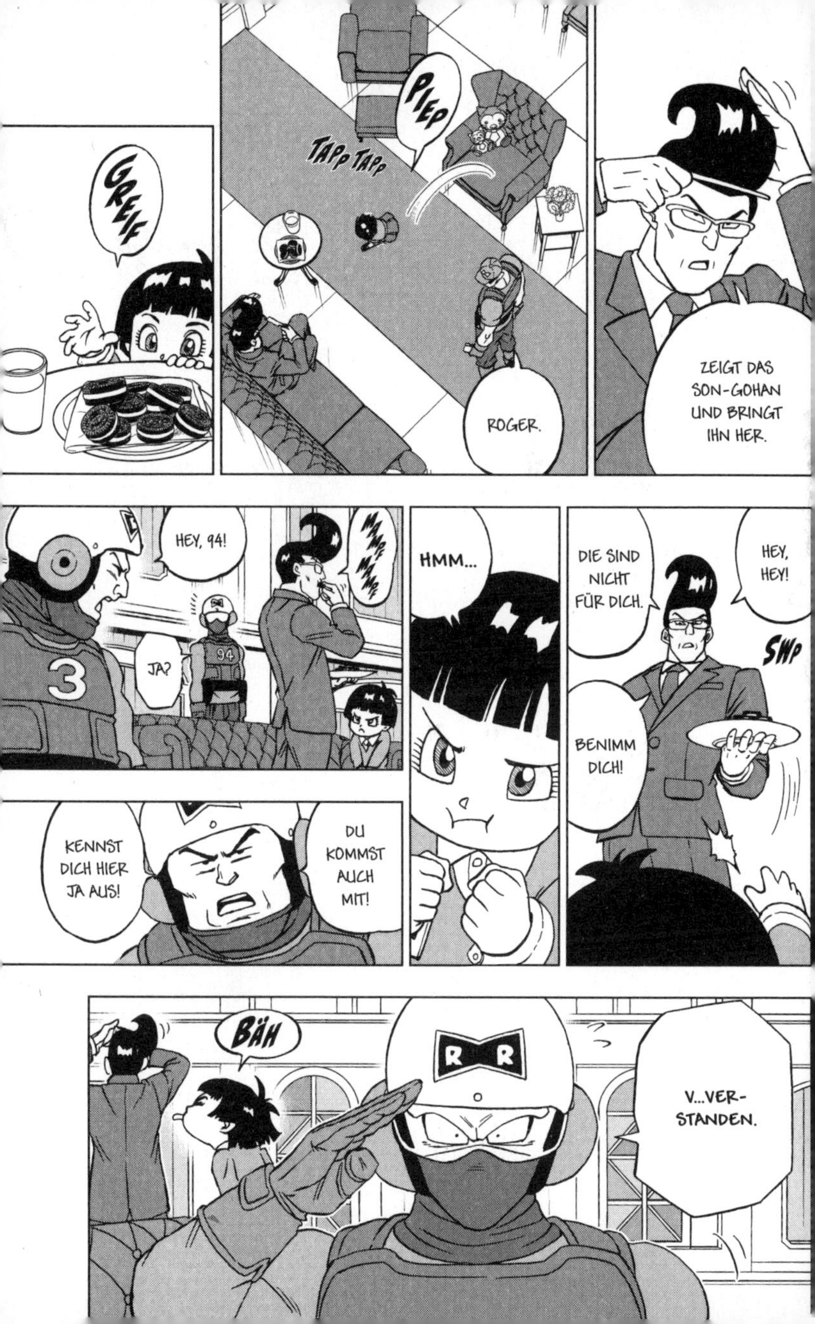
ZEIGT DAS SON-GOHAN UND BRINGT IHN HER.
PIEP
TAPP TAPP
ROGER.
GREIF
HEY, HEY!
SWP
DIE SIND NICHT FÜR DICH.
BENIMM DICH!
HMM...
HEY, 94!
MAMPF MAMPF
JA?
DU KOMMST AUCH MIT!
KENNST DICH HIER JA AUS!
V...VER-STANDEN.
BÄH

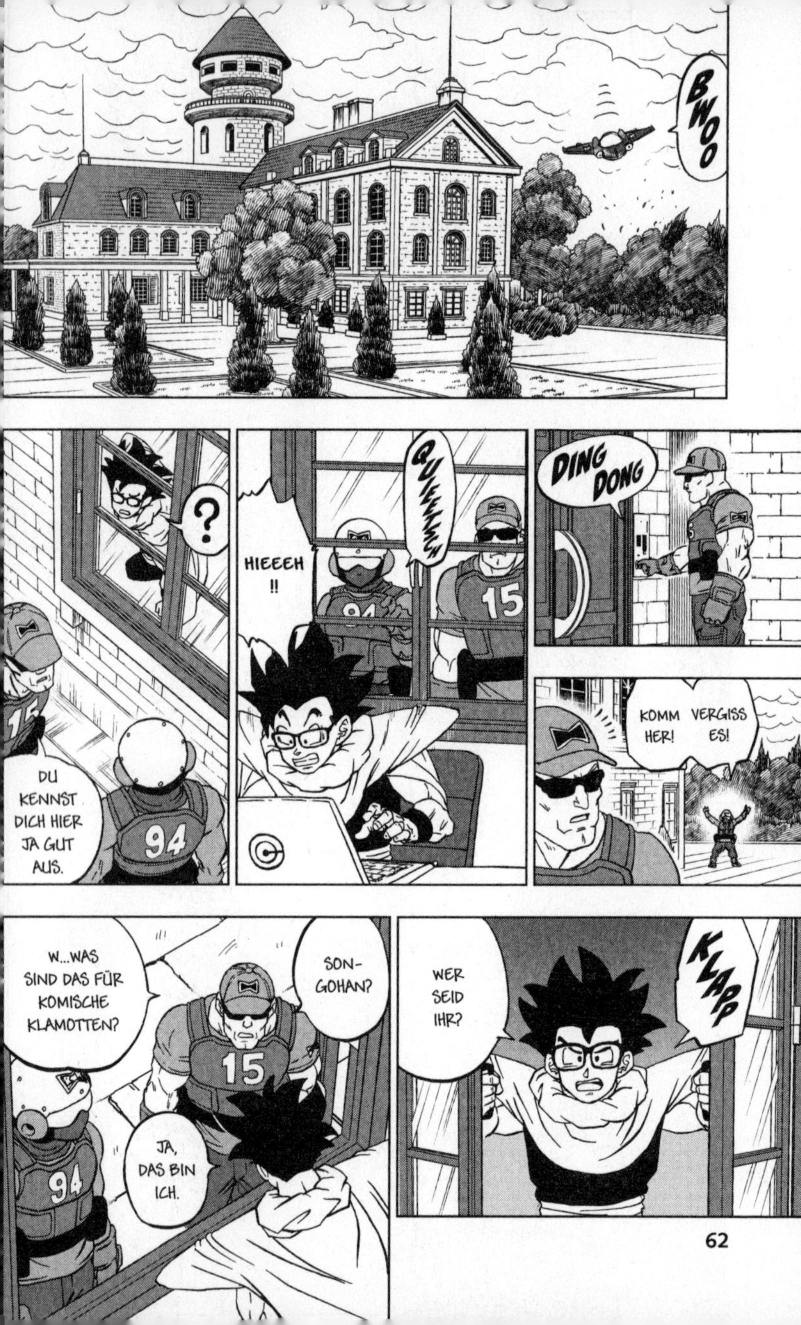
BWOO
DING DONG
VERGISS ES! KOMM HER!
QUIEEEK
HIEEEH !!
?
DU KENNST DICH HIER JA GUT AUS.
KLAPP
WER SEID IHR?
SON-GOHAN?
JA, DAS BIN ICH.
W...WAS SIND DAS FÜR KOMISCHE KLAMOTTEN?

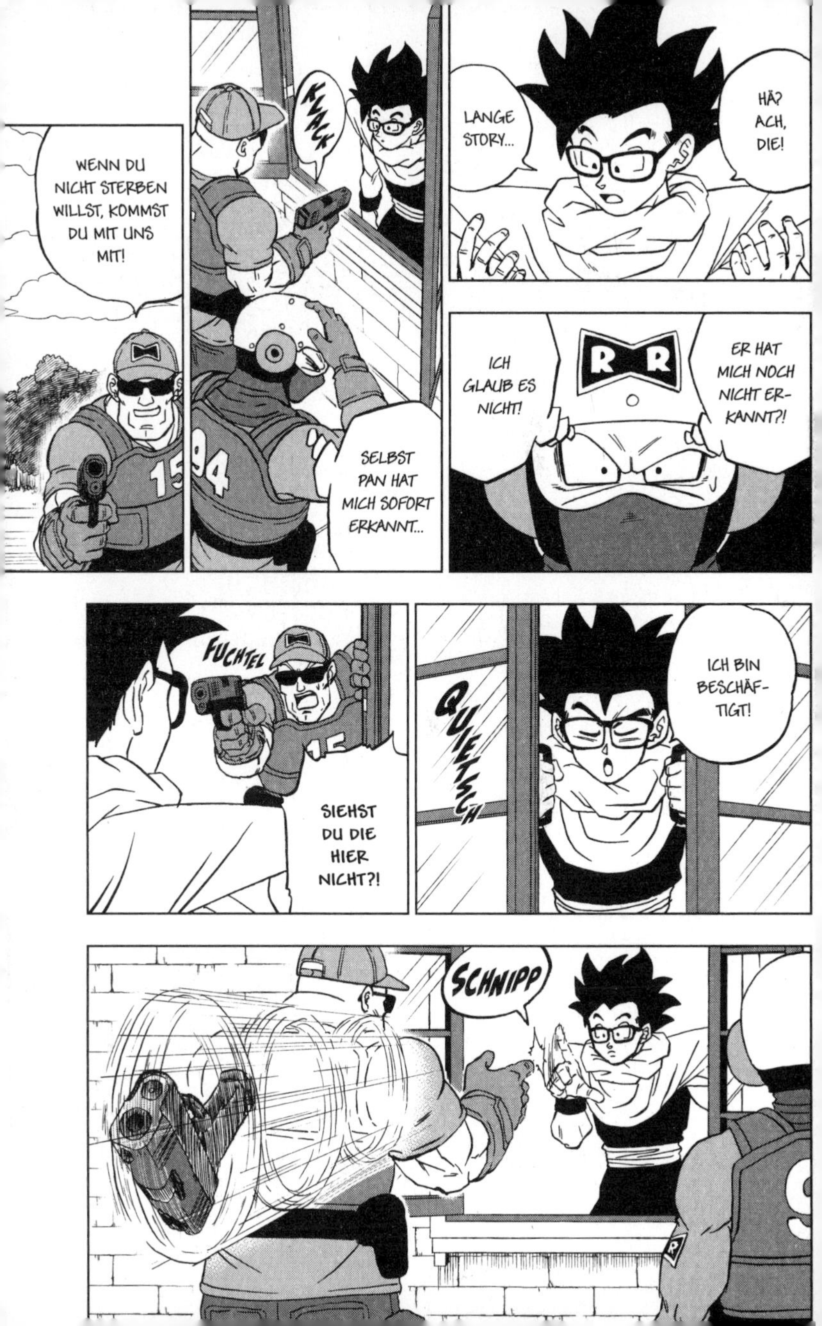
HÄ? ACH, DIE!
LANGE STORY...
ER HAT MICH NOCH NICHT ER-KANNT?!
ICH GLAUB ES NICHT!
KLACK
SELBST PAN HAT MICH SOFORT ERKANNT...
WENN DU NICHT STERBEN WILLST, KOMMST DU MIT UNS MIT!
ICH BIN BESCHÄF-TIGT!
QUIETSCH
FUCHTEL
SIEHST DU DIE HIER NICHT?!
SCHNIPP

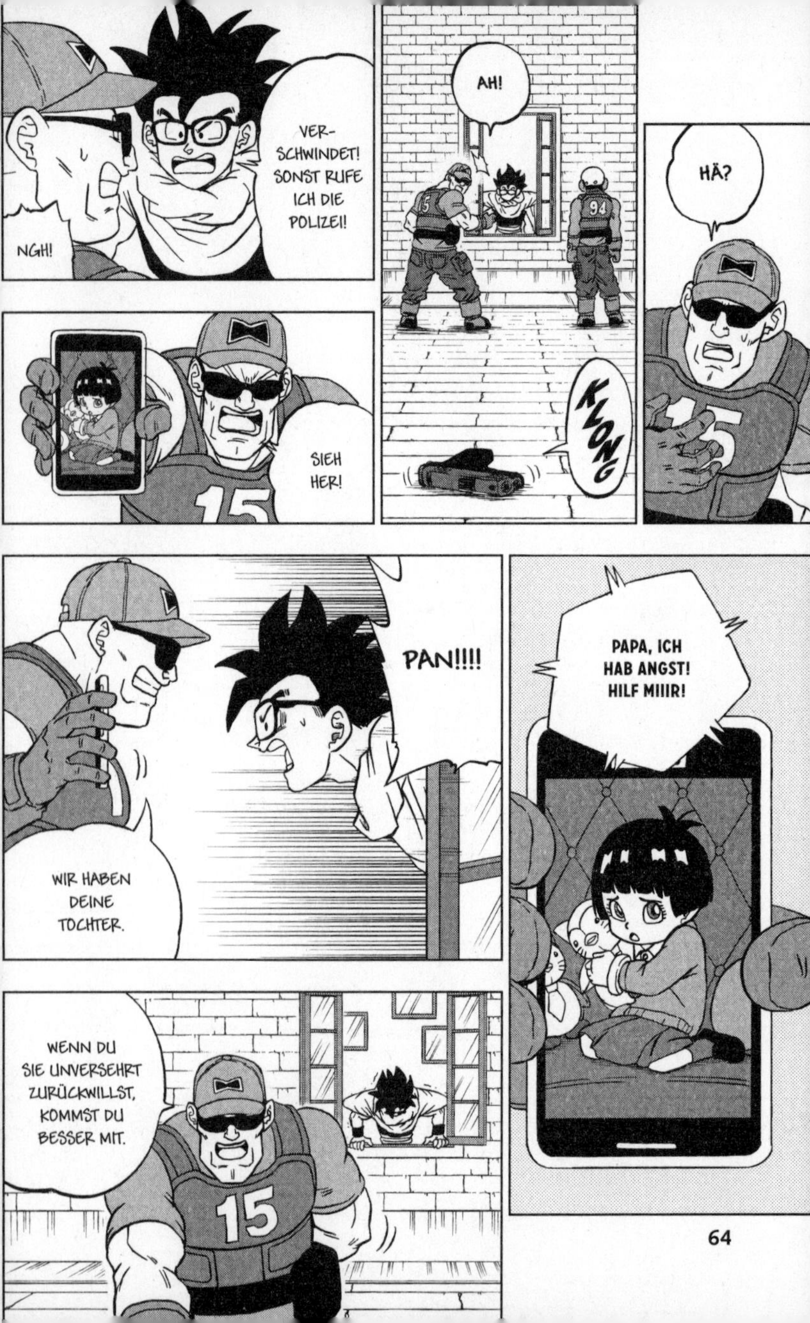
AH!
KLONG
HÄ?
VER-SCHWINDET! SONST RUFE ICH DIE POLIZEI!
NGH!
SIEH HER!
PAPA, ICH HAB ANGST! HILF MIIIR!
PAN!!!!
WIR HABEN DEINE TOCHTER.
WENN DU SIE UNVERSEHRT ZURÜCKWILLST, KOMMST DU BESSER MIT.

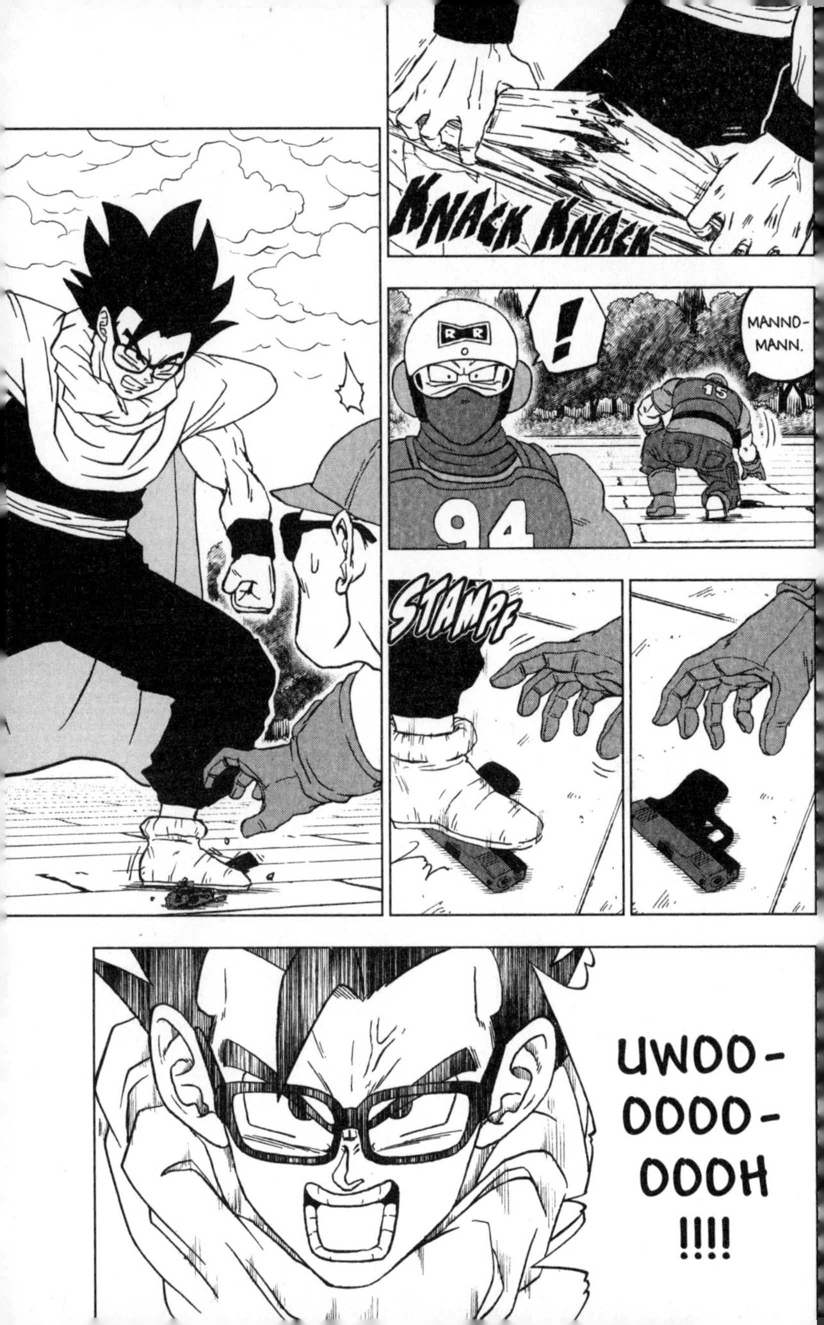
KNACK KNACK
!
MANNO-MANN.
STAMPF
UWOO-OOOO-OOOH!!!!

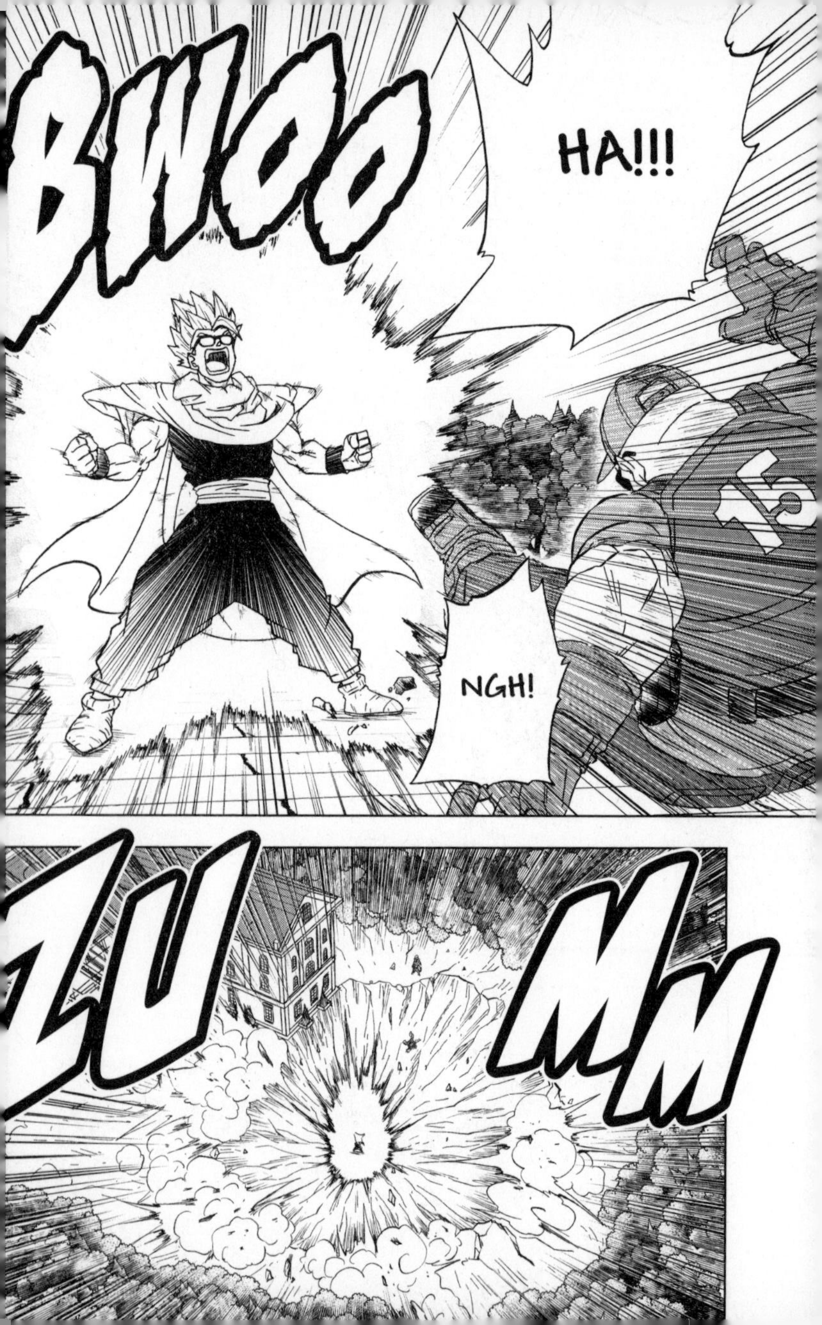
BWOO
HA!!!
NGH!
ZU
MM

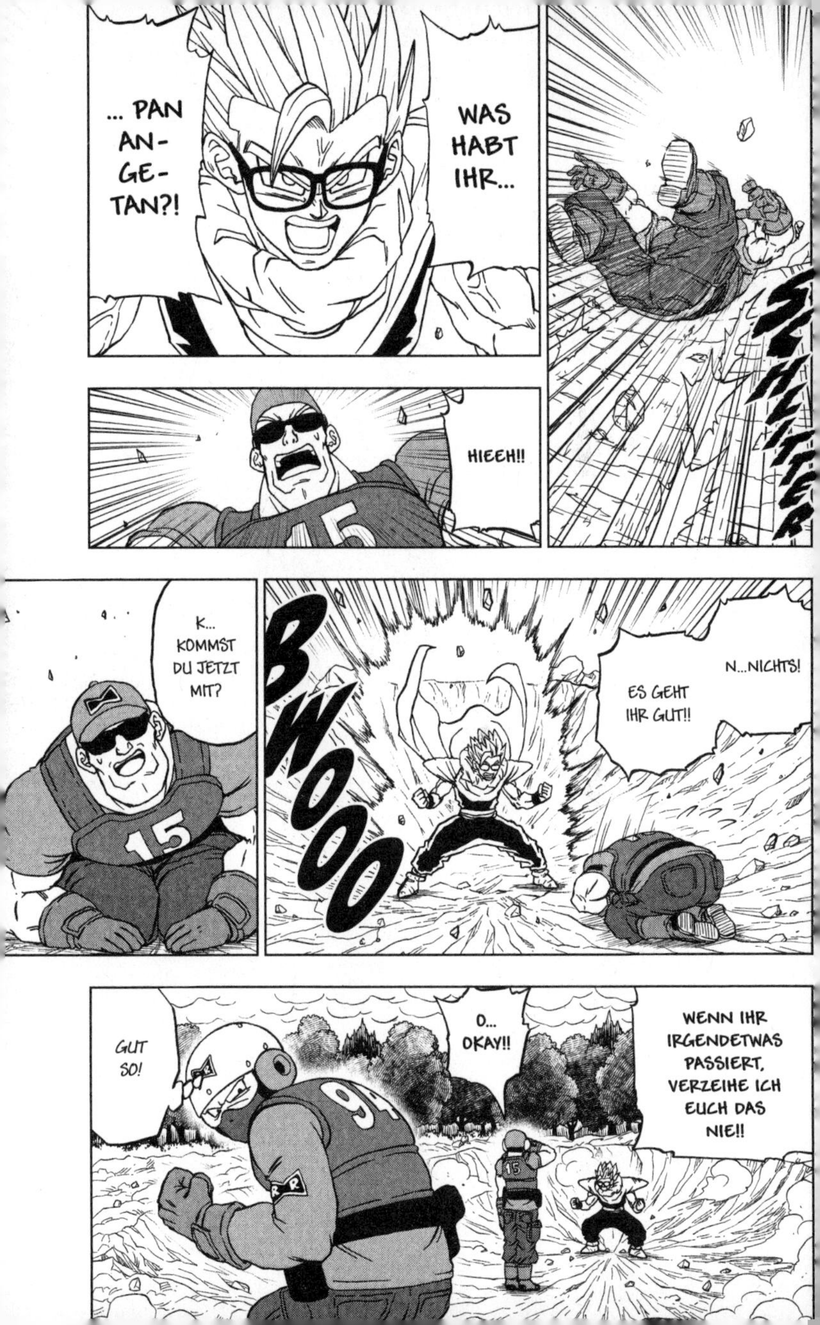
SCHLITTER
WAS HABT IHR...
... PAN ANGETAN?!
HIEEH!!
N...NICHTS!
ES GEHT IHR GUT!!
BWOOO
K... KOMMST DU JETZT MIT?
WENN IHR IRGENDETWAS PASSIERT, VERZEIHE ICH EUCH DAS NIE!!
O... OKAY!!
GUT SO!

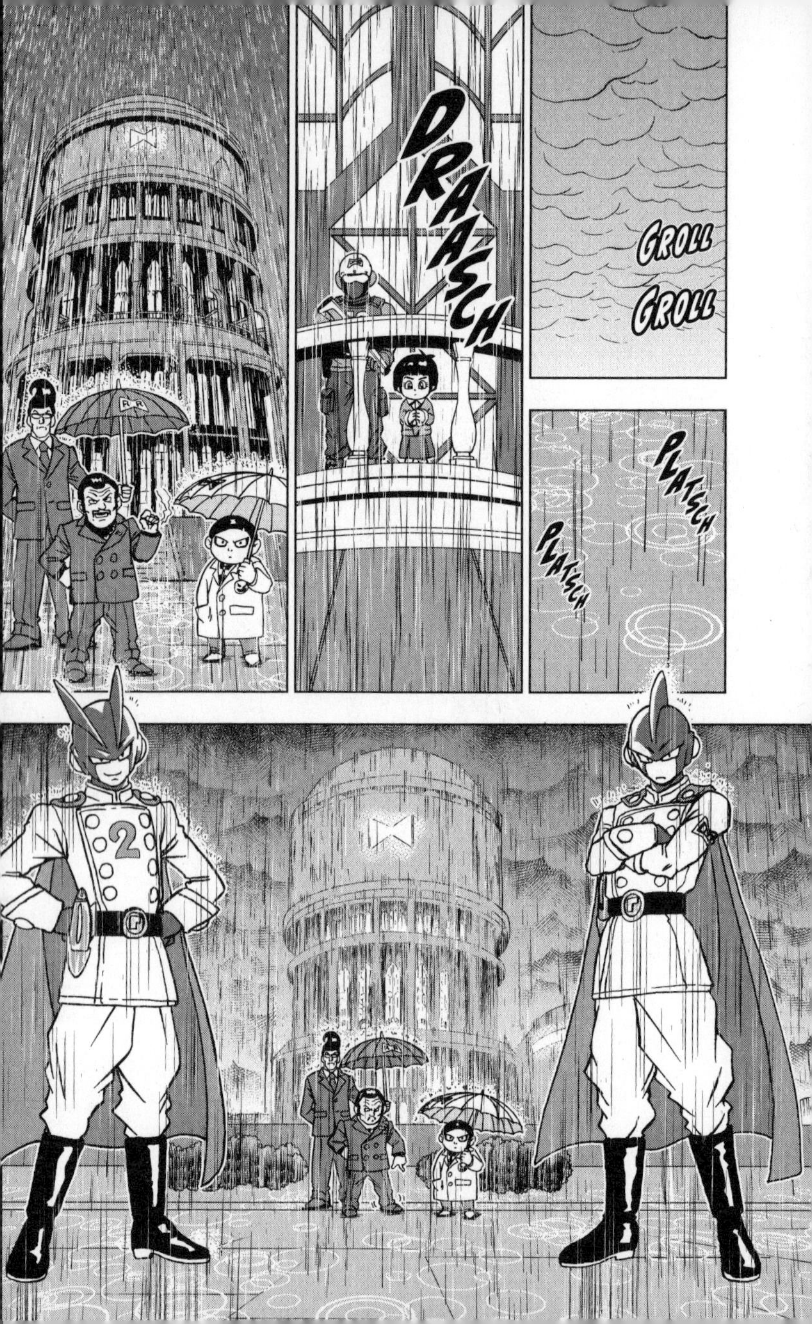
DRAASCH
GROLL
GROLL
PLATSCH
PLATSCH

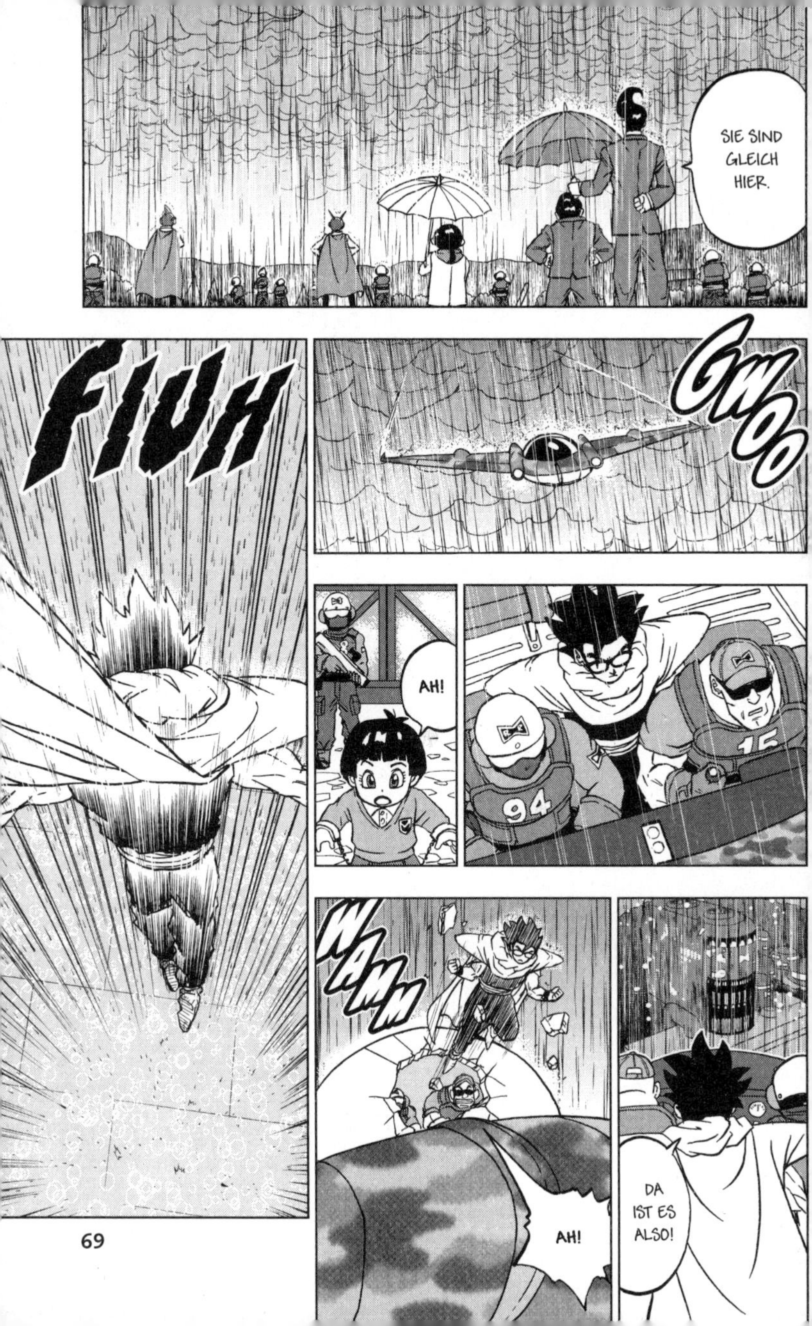

SIE SIND GLEICH HIER.
GWOOO
AH!
DA IST ES ALSO!
WAMM
AH!
FIUH

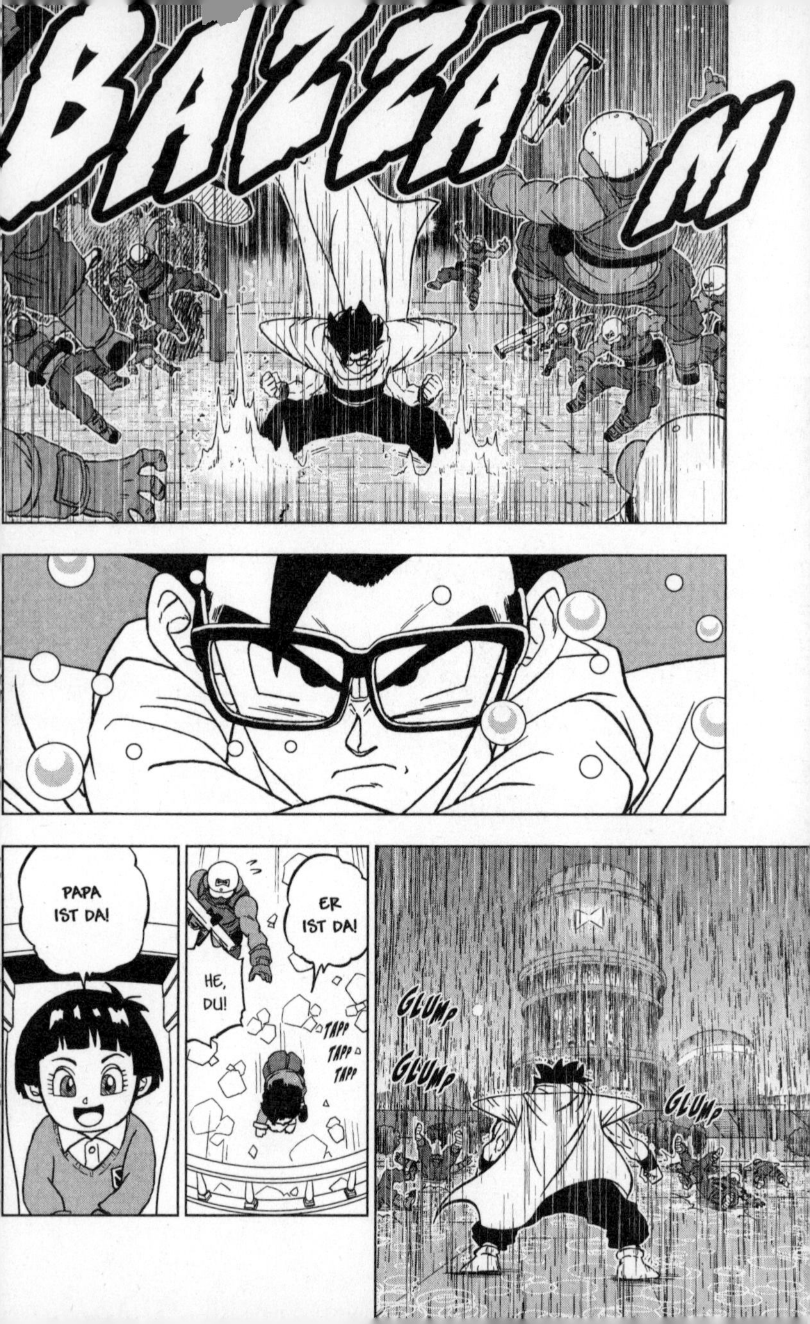
BAZZAM
GLUMP
GLUMP
GLUMP
ER IST DA!
HE, DU!
TAPP TAPP TAPP
PAPA IST DA!

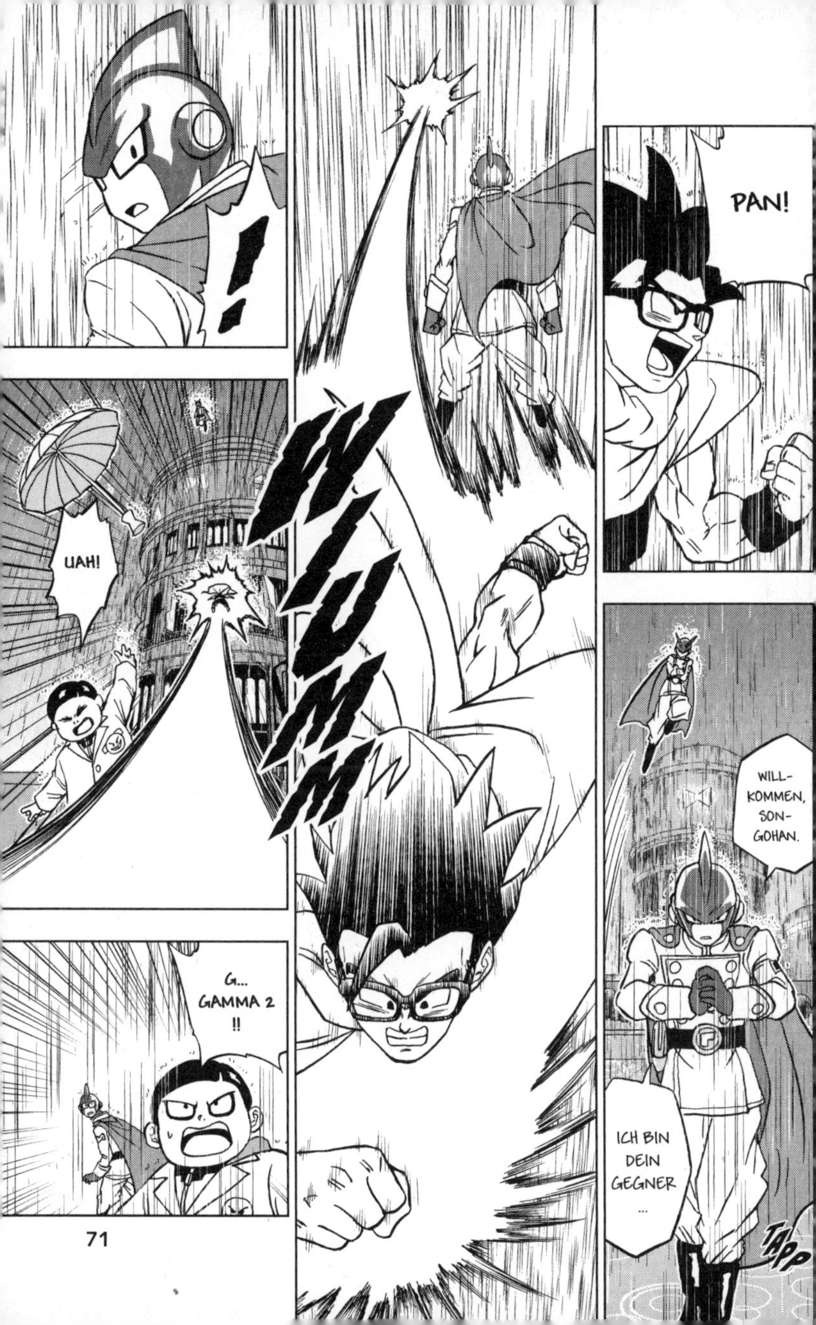
PAN!
WILL-KOMMEN, SON-GOHAN.
ICH BIN DEIN GEGNER ...
TAPP
WUUMM
!
UAH!
G... GAMMA 2 !!

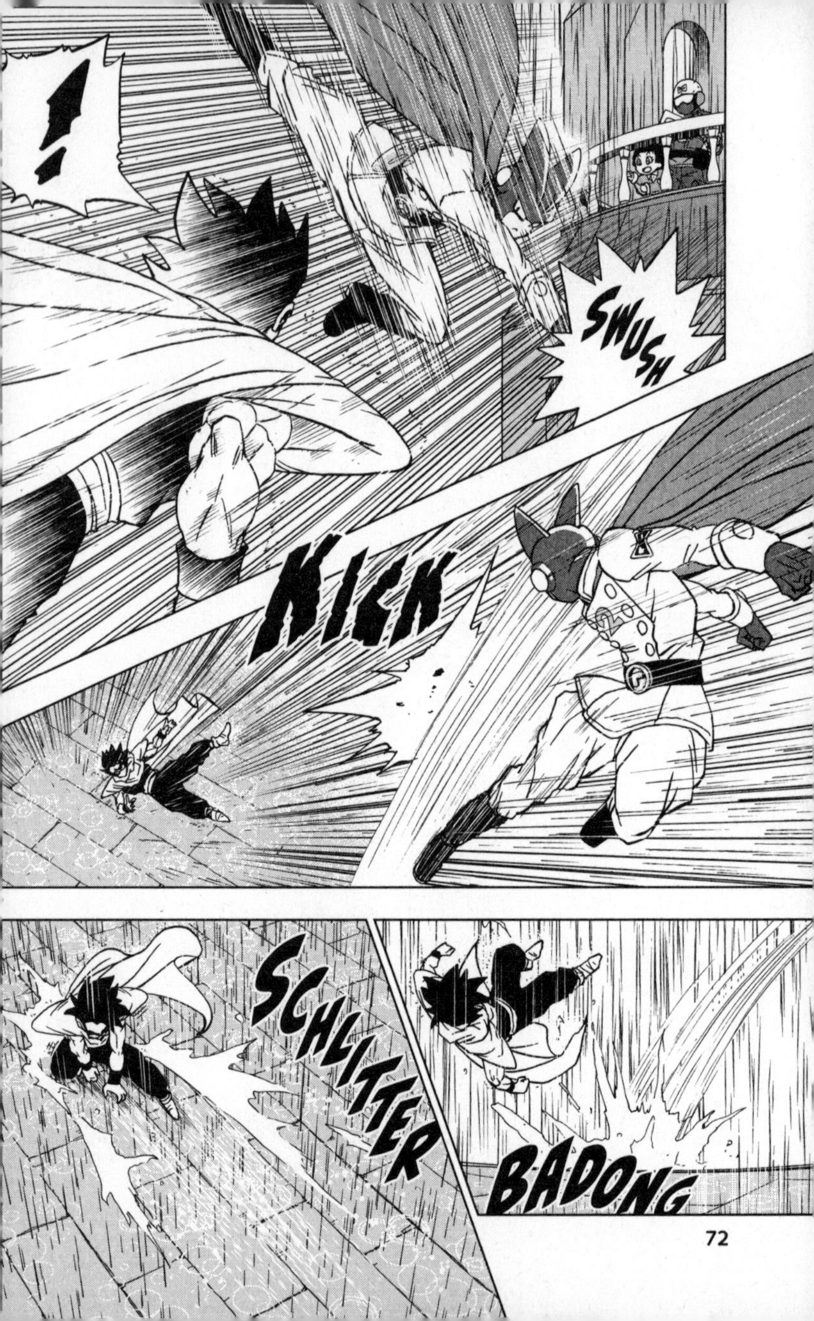
!
SWUSH
KICK
SCHLITTER
BADONG

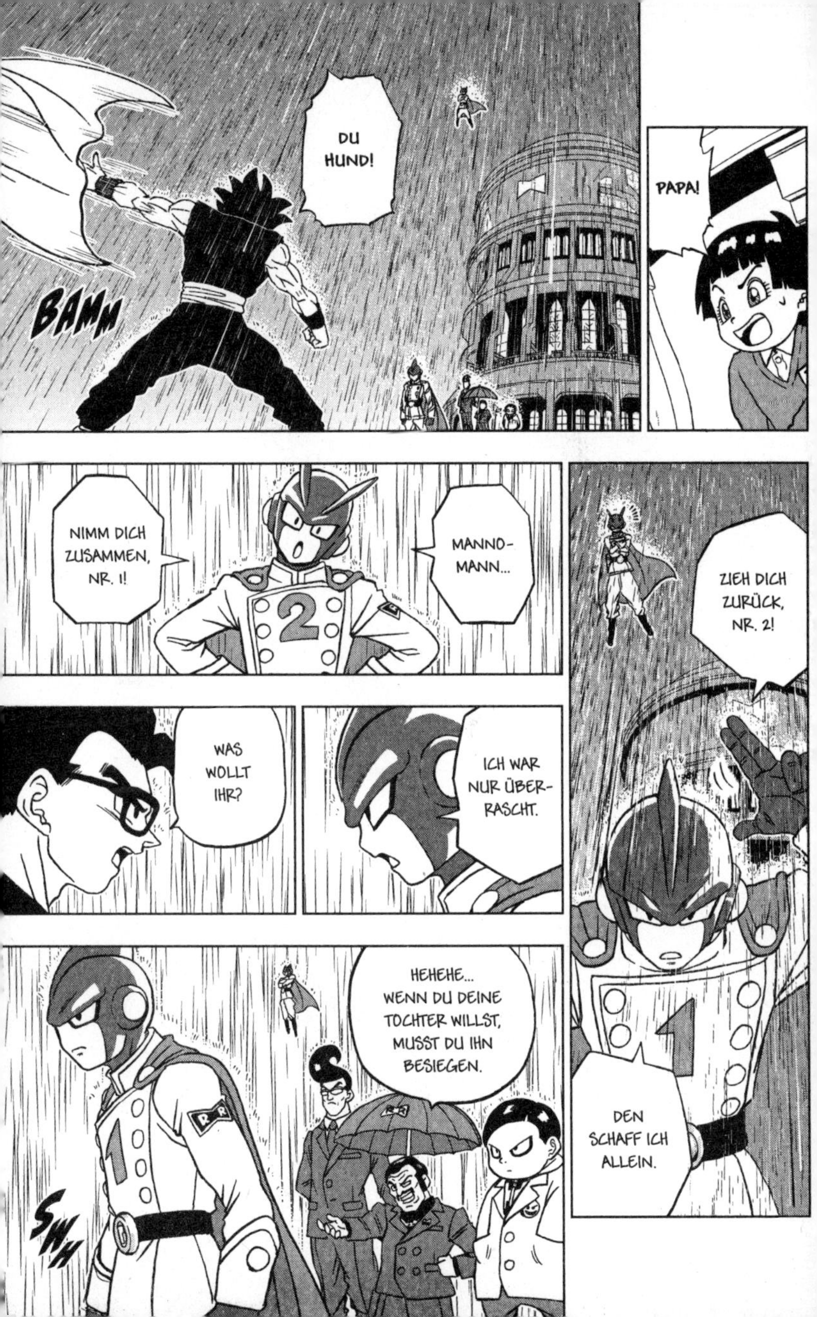

PAPA!
DU HUND!
BAMM
MANNO-MANN...
NIMM DICH ZUSAMMEN, NR. 1!
ICH WAR NUR ÜBERRASCHT.
WAS WOLLT IHR?
ZIEH DICH ZURÜCK, NR. 2!
DEN SCHAFF ICH ALLEIN.
HEHEHE... WENN DU DEINE TOCHTER WILLST, MUSST DU IHN BESIEGEN.
SWH

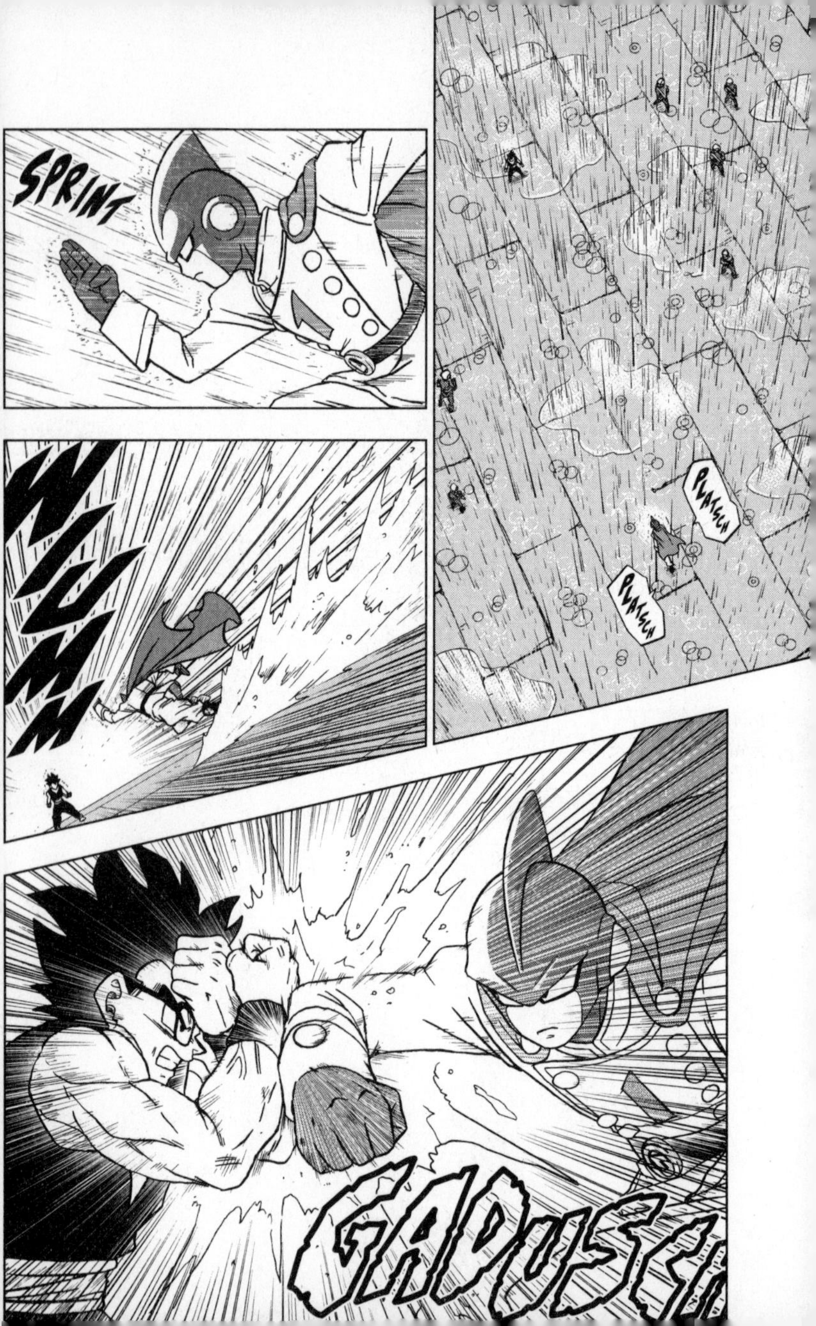

SPRINT
WUUMM
PLATSCH
PLATSCH
GADUSCH

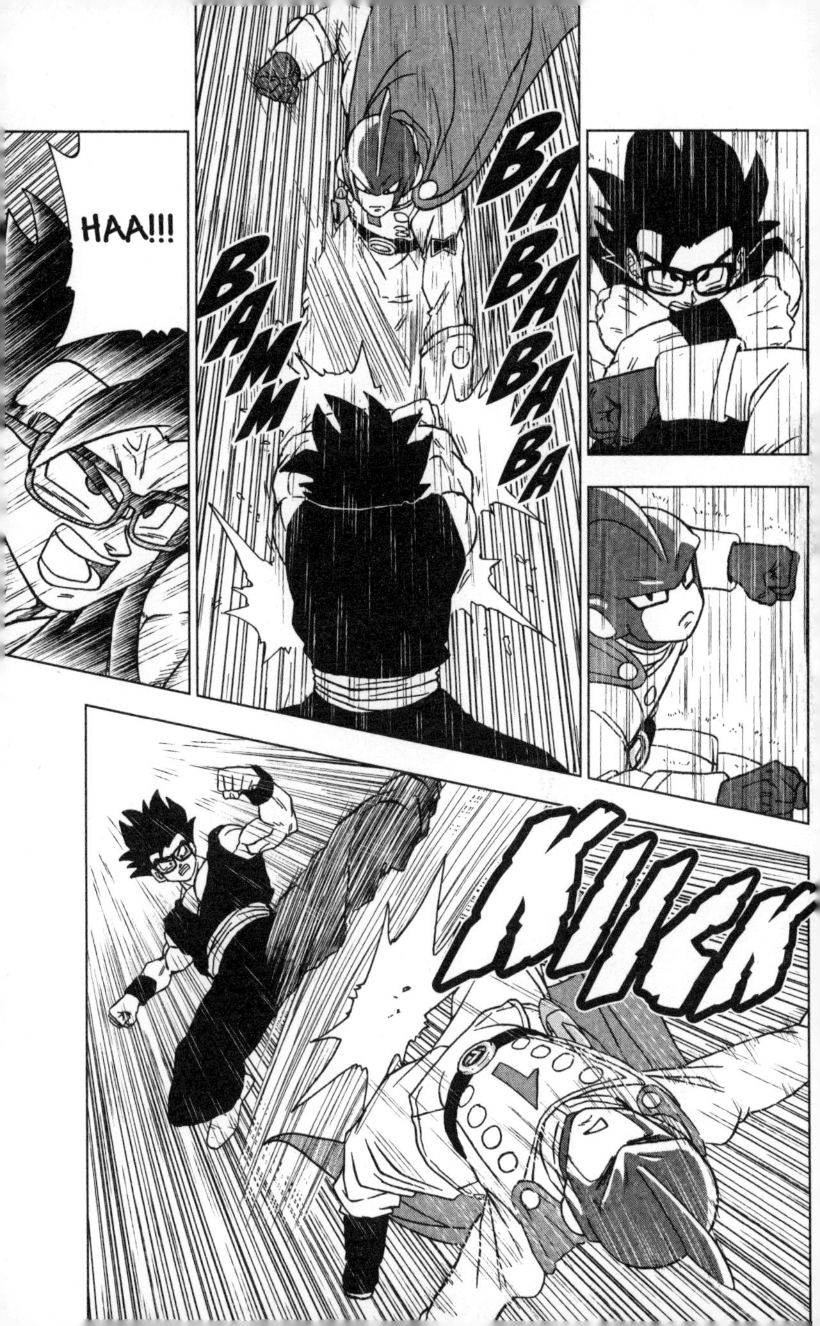
BABABABABABA
BAMM
HAA!!!
KICK

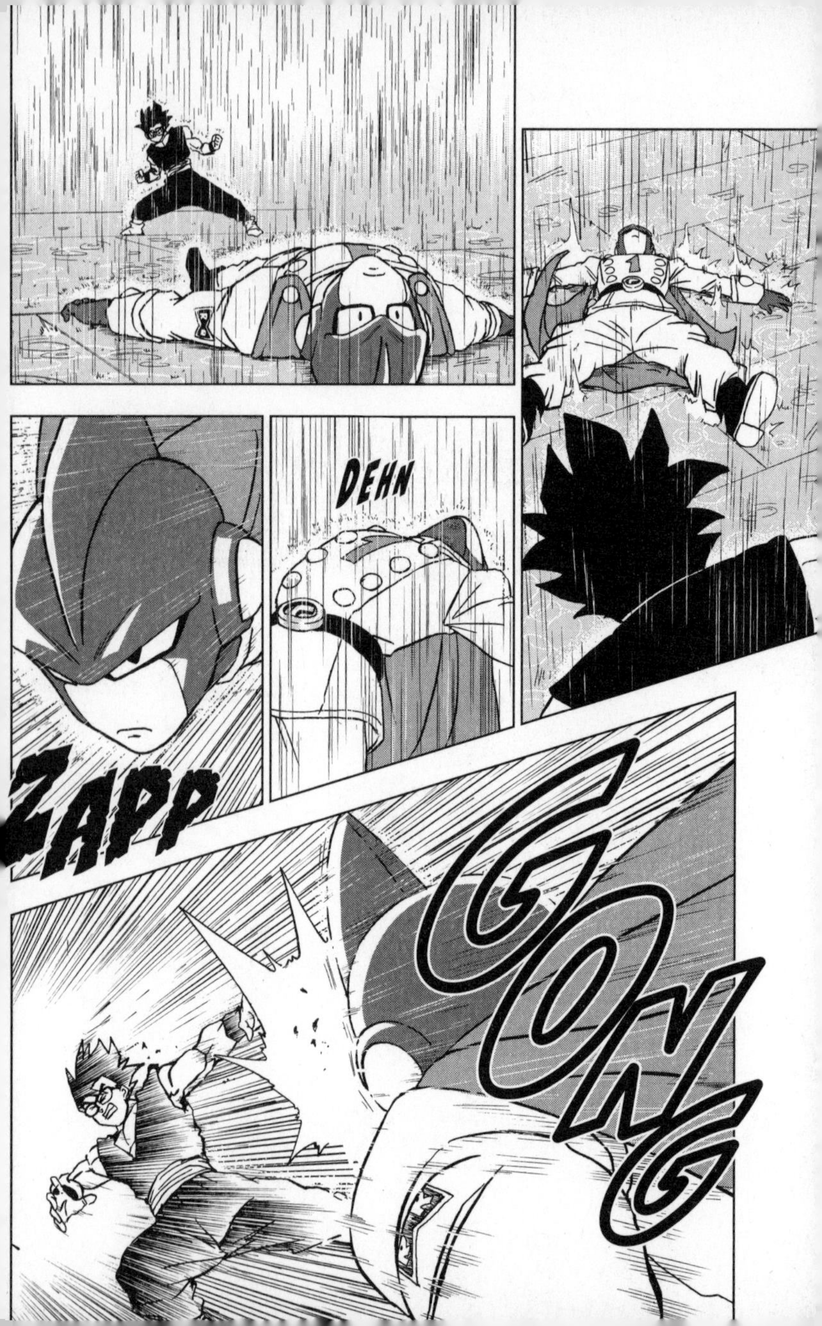
DEHN
ZAPP
GONG

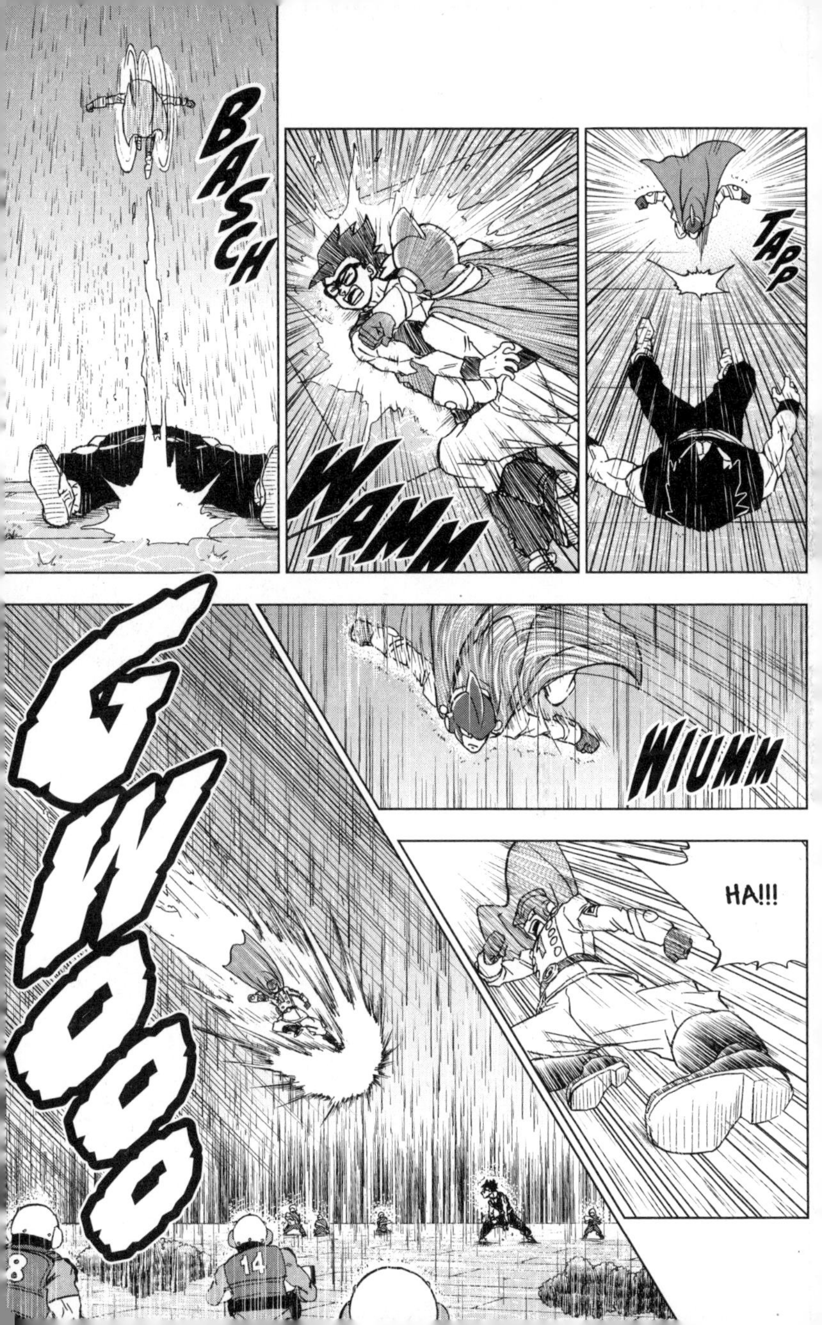
TAPP
WAMM
BASCH
WIUMM
HA!!!
GWOOO

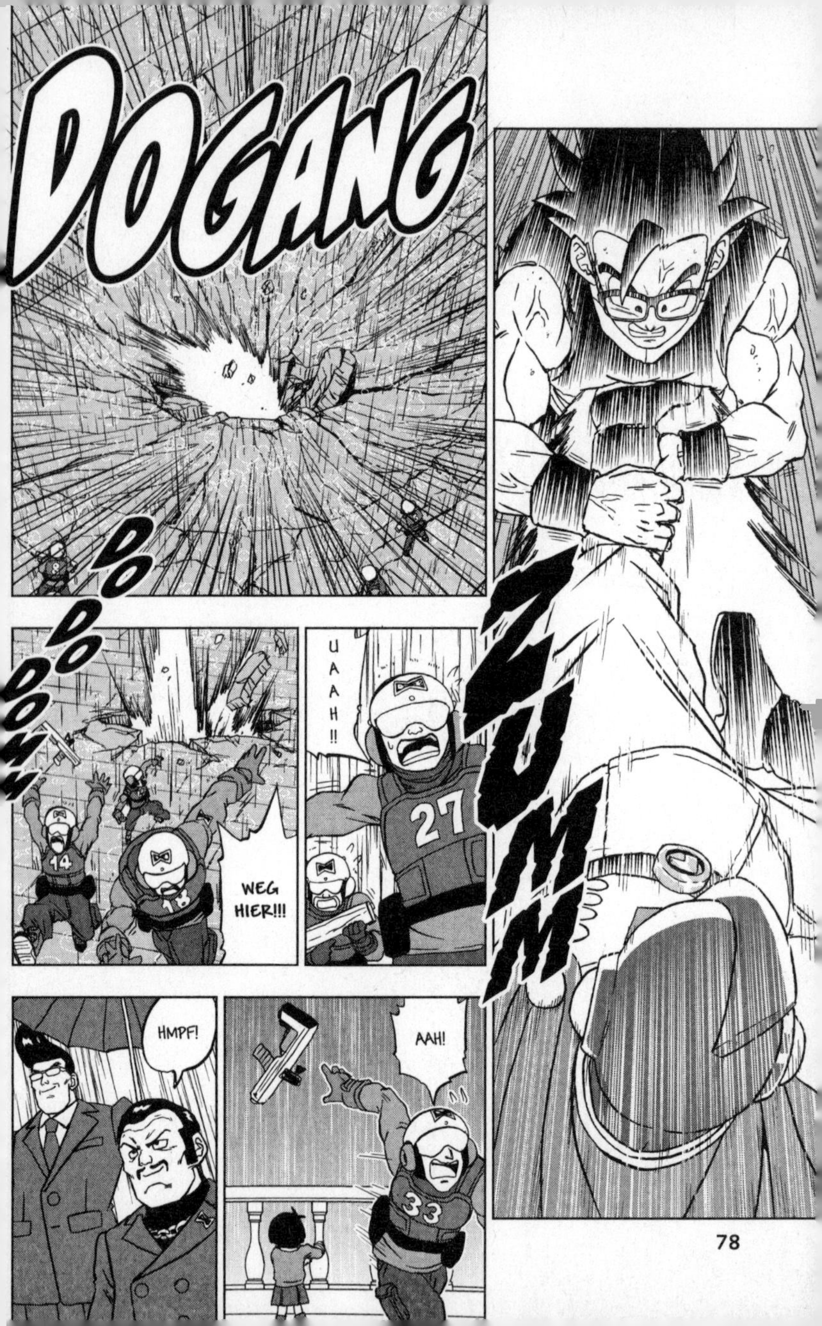
ZUMM
DOGANG
DO DO DOMM
UAAH!!
WEG HIER!!!
AAH!
HMPF!

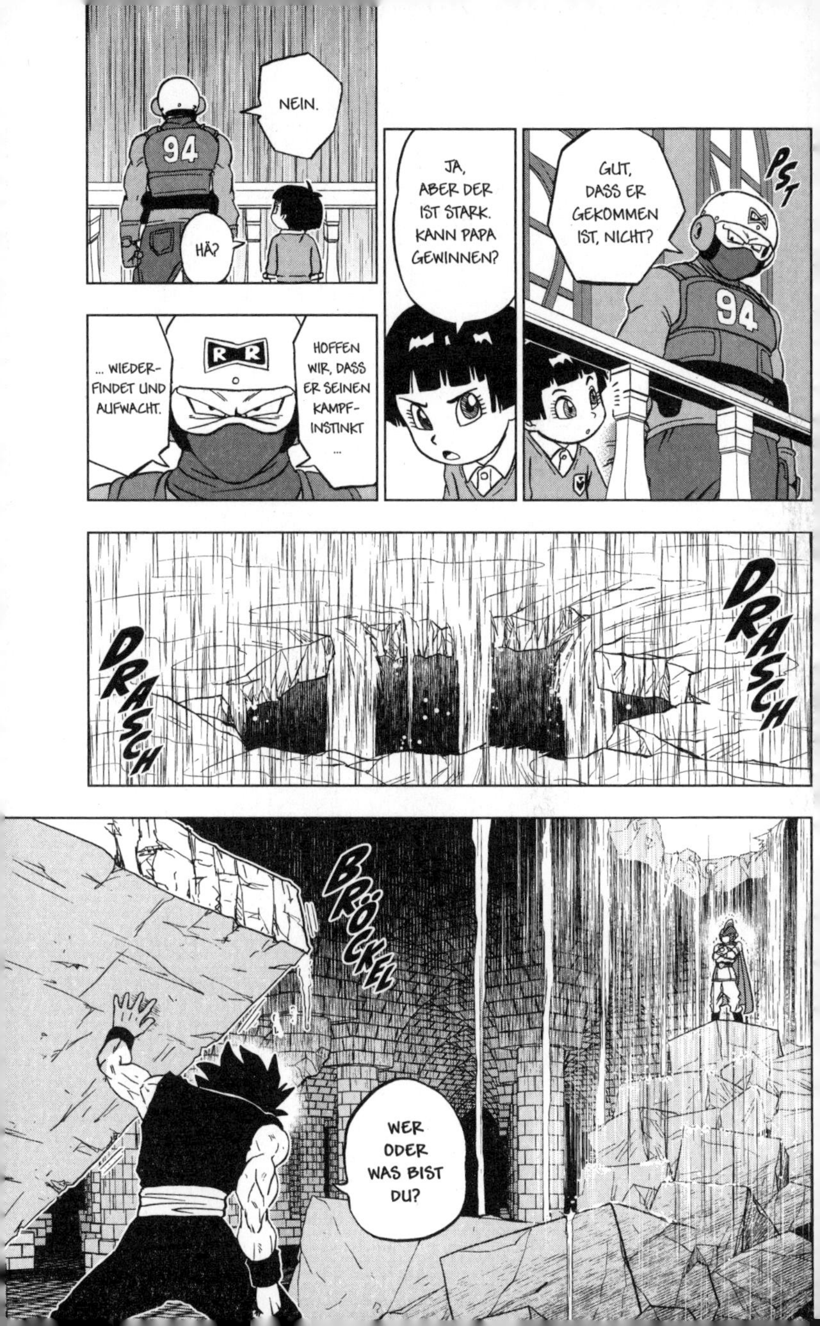
PST
GUT, DASS ER GEKOMMEN IST, NICHT?
JA, ABER DER IST STARK. KANN PAPA GEWINNEN?
NEIN.
HÄ?
HOFFEN WIR, DASS ER SEINEN KAMPF-INSTINKT ...
... WIEDER-FINDET UND AUFWACHT.
DRASCH
DRASCH
BRÖCKEL
WER ODER WAS BIST DU?

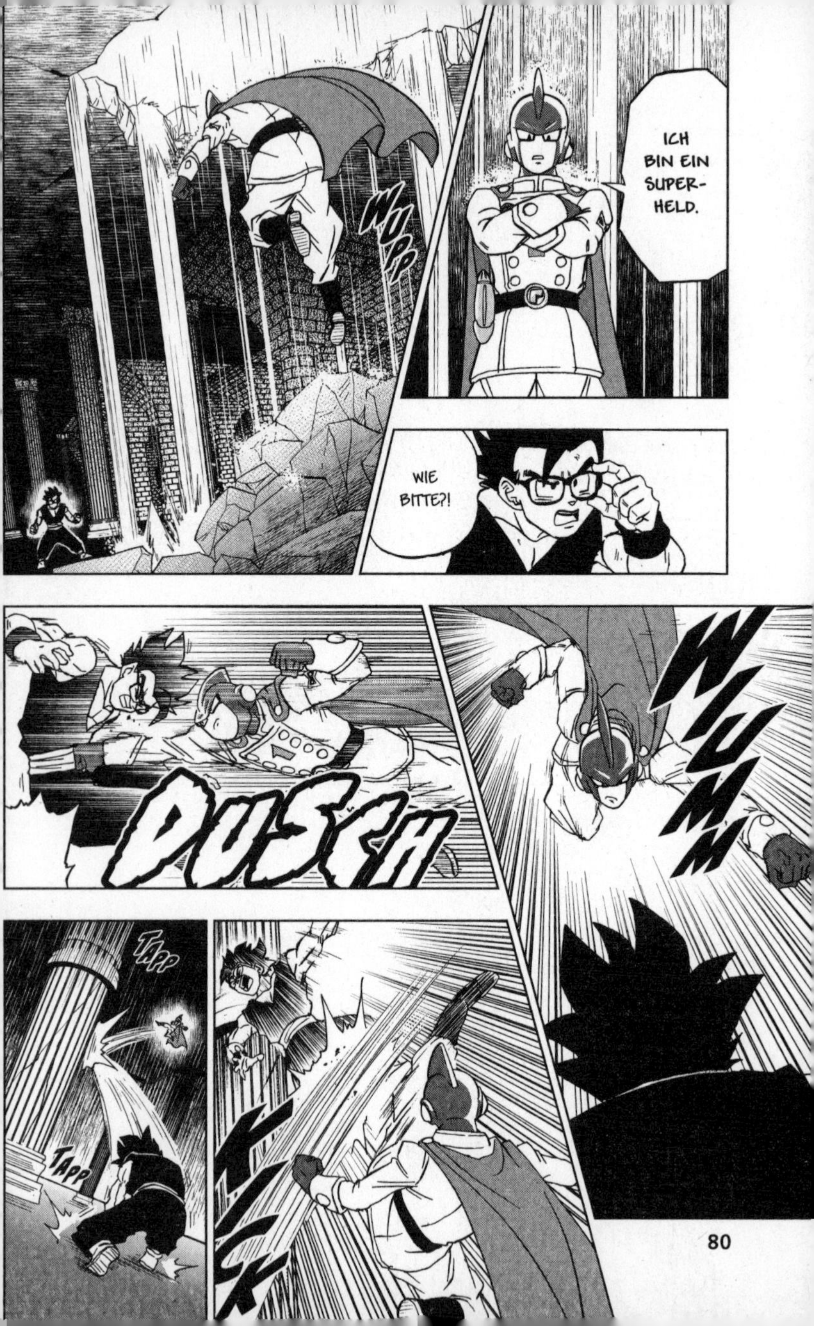
ICH BIN EIN SUPER-HELD.
WUPP
WIE BITTE?!
WUMMM
DUSCH
TAPP
TAPP

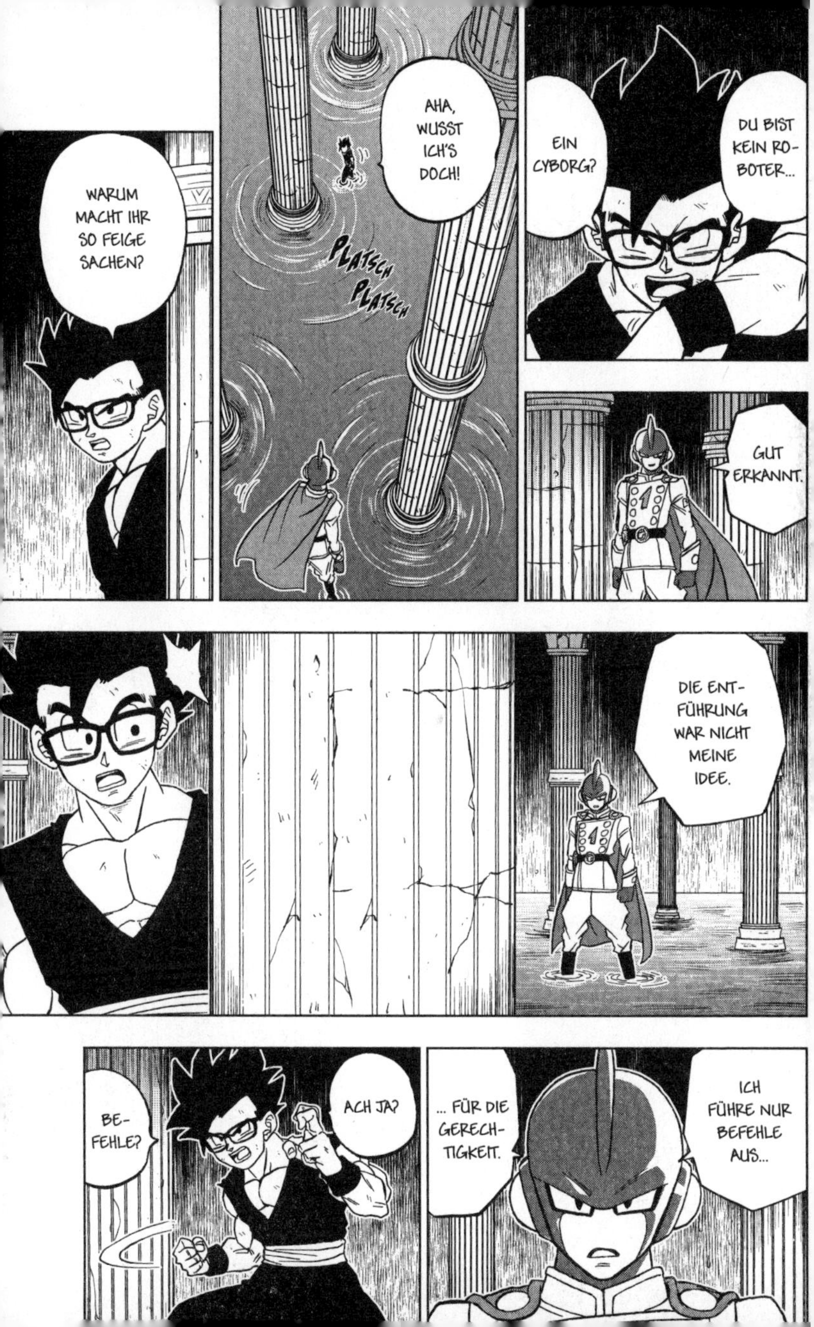

DU BIST KEIN ROBOTER...
EIN CYBORG?
GUT ERKANNT.
AHA, WUSST ICH'S DOCH!
PLATSCH
PLATSCH
WARUM MACHT IHR SO FEIGE SACHEN?
DIE ENTFÜHRUNG WAR NICHT MEINE IDEE.
ICH FÜHRE NUR BEFEHLE AUS...
... FÜR DIE GERECHTIGKEIT.
ACH JA?
BEFEHLE?

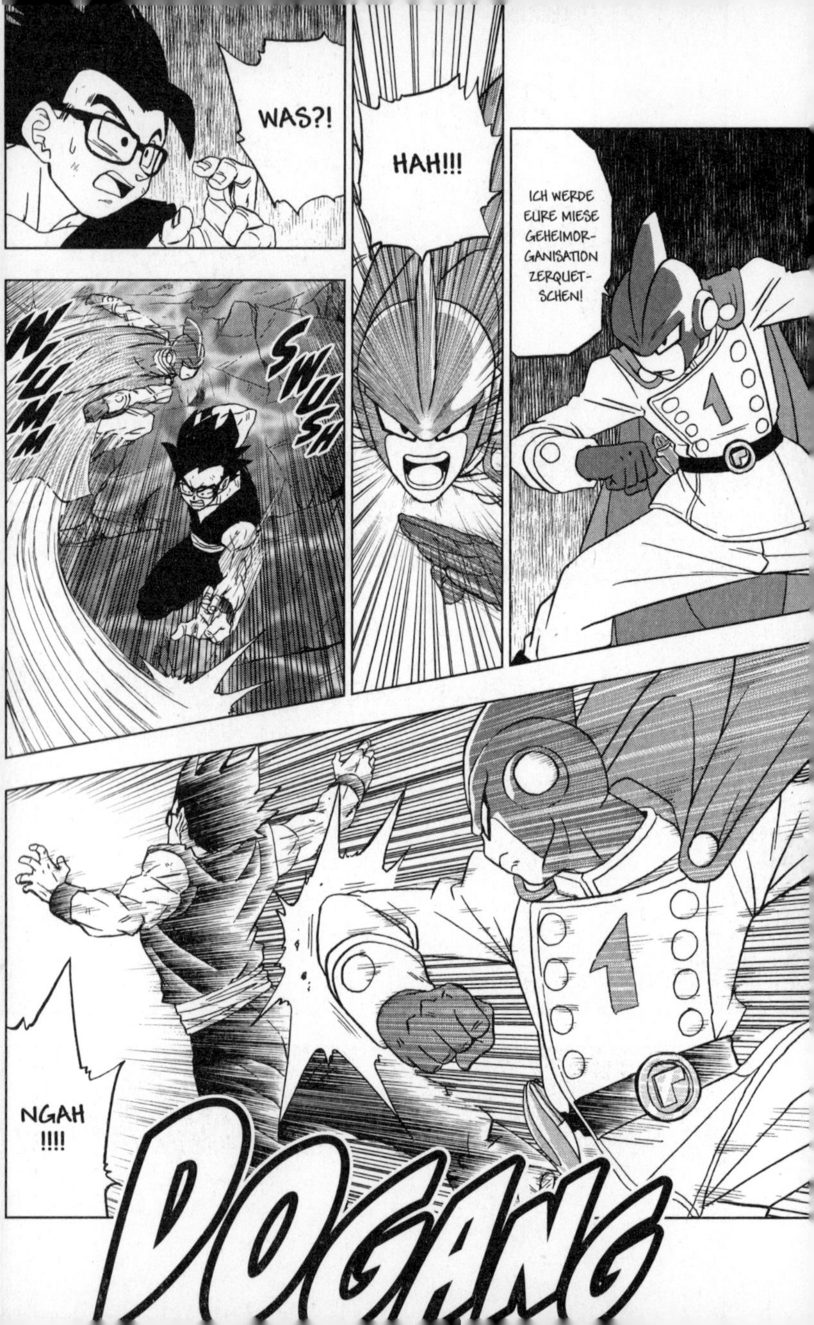
ICH WERDE EURE MIESE GEHEIMORGANISATION ZERQUETSCHEN!
HAH!!!
WAS?!
SWUSH
NGAH !!!!
DOGANG

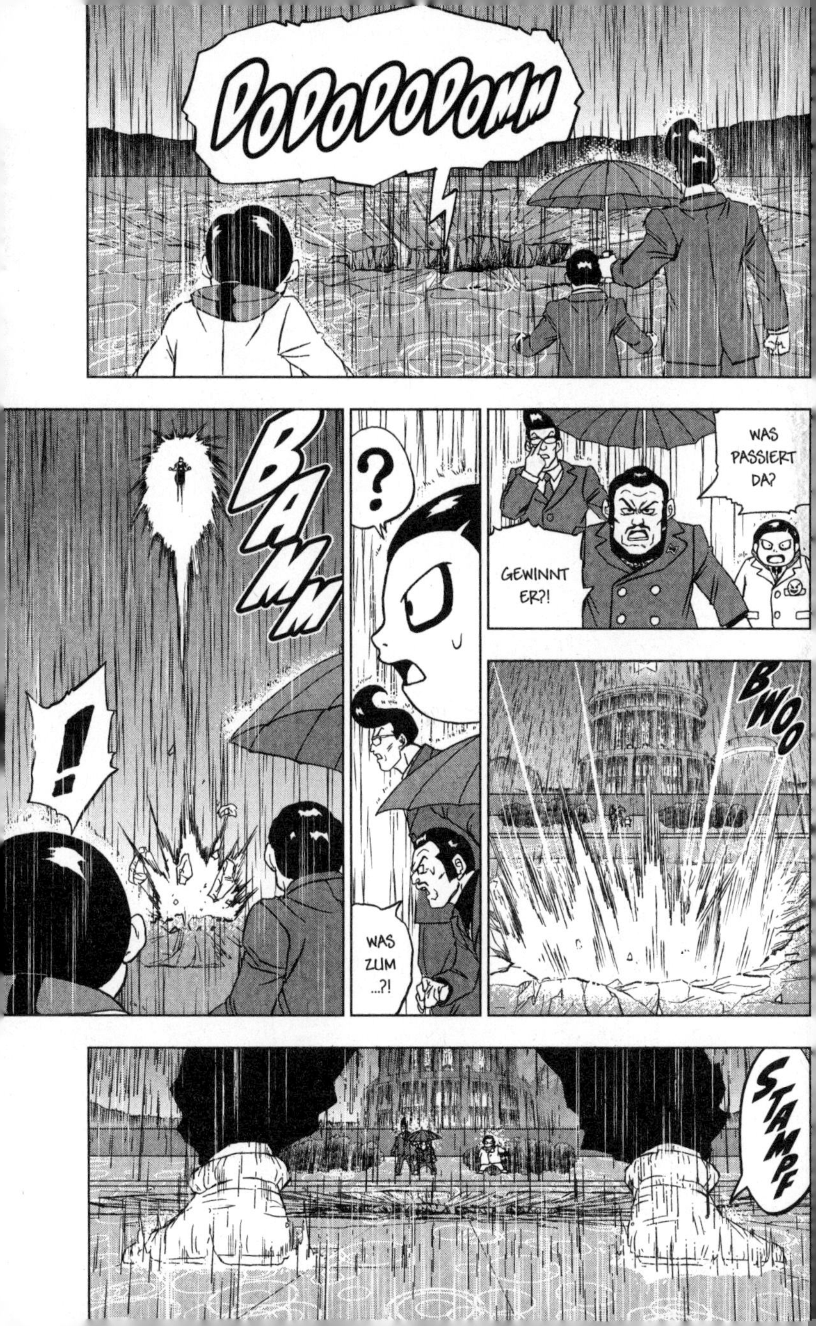
DODODODOMM
WAS PASSIERT DA?
GEWINNT ER?!
BWOO
?
WAS ZUM ...?!
BAMM
!!
STAMPF

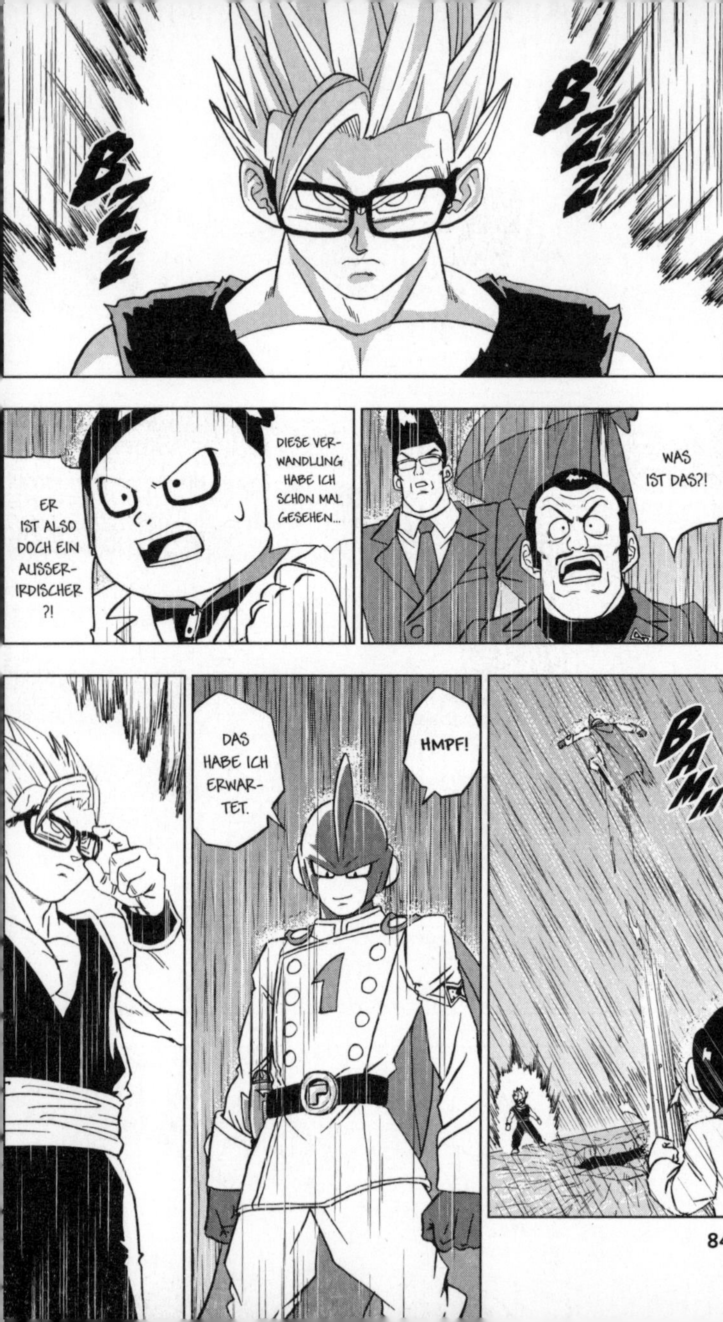
BZZZ
BZZZ
WAS IST DAS?!
DIESE VERWANDLUNG HABE ICH SCHON MAL GESEHEN...
ER IST ALSO DOCH EIN AUSSERIRDISCHER?!
BAMM
HMPF!
DAS HABE ICH ERWARTET.

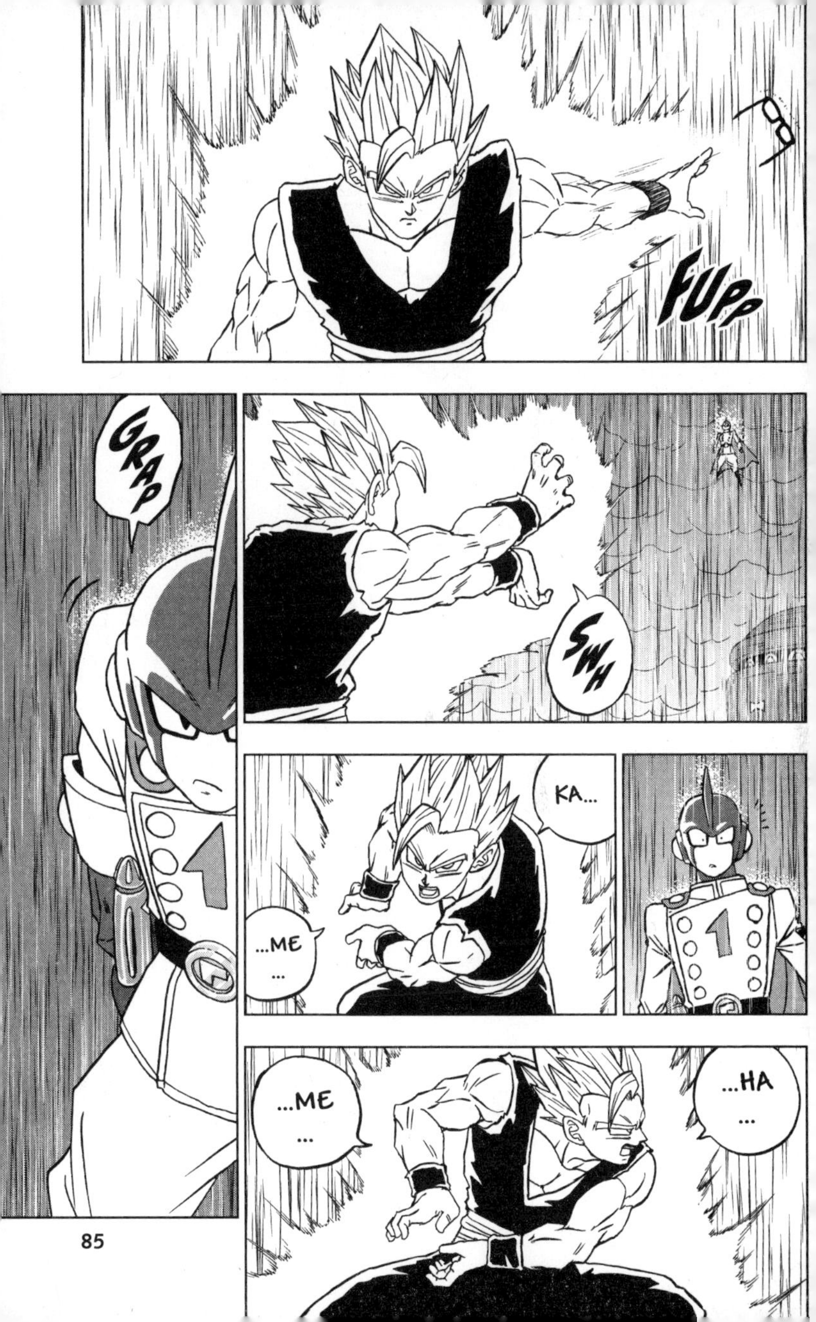
FUPP
SWH
GRAP
KA...
...ME
...
...HA
...
...ME
...

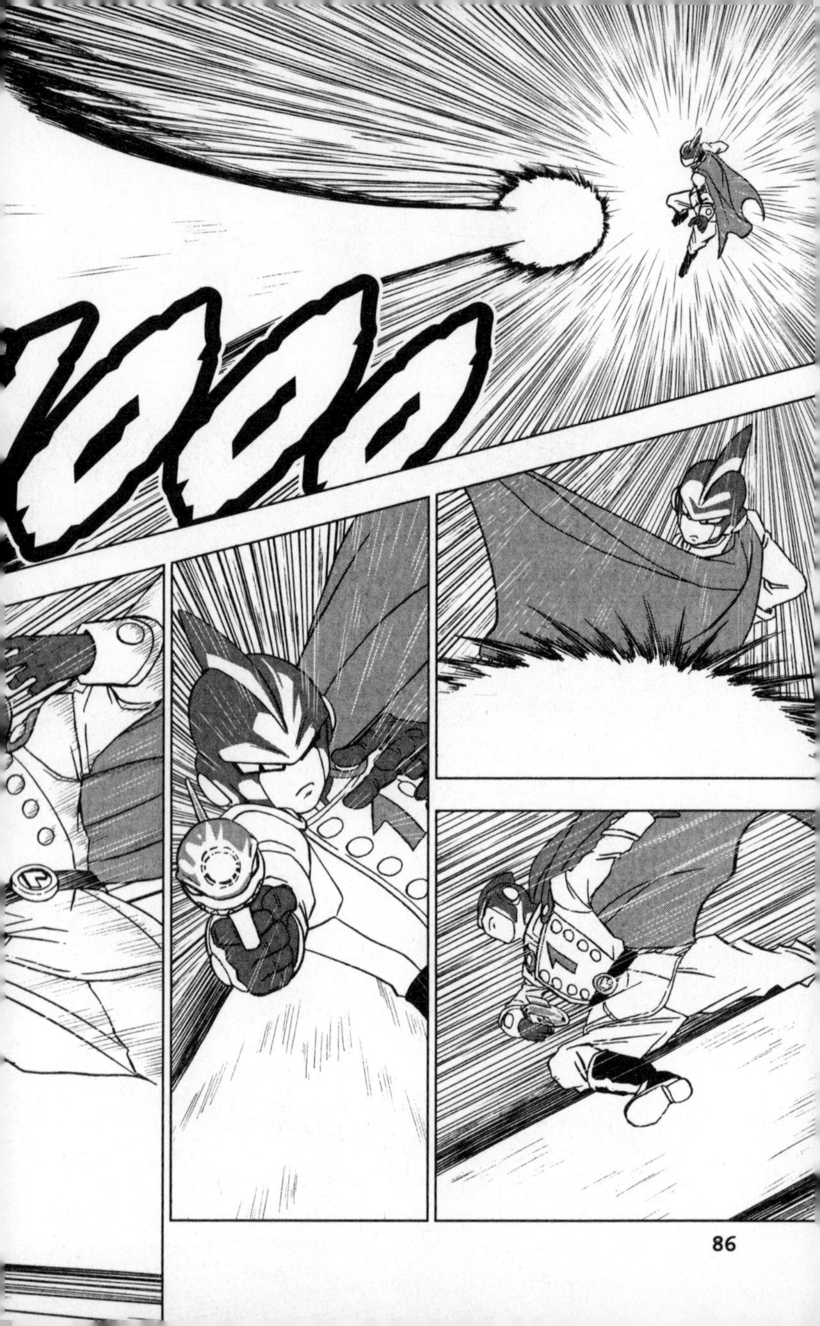

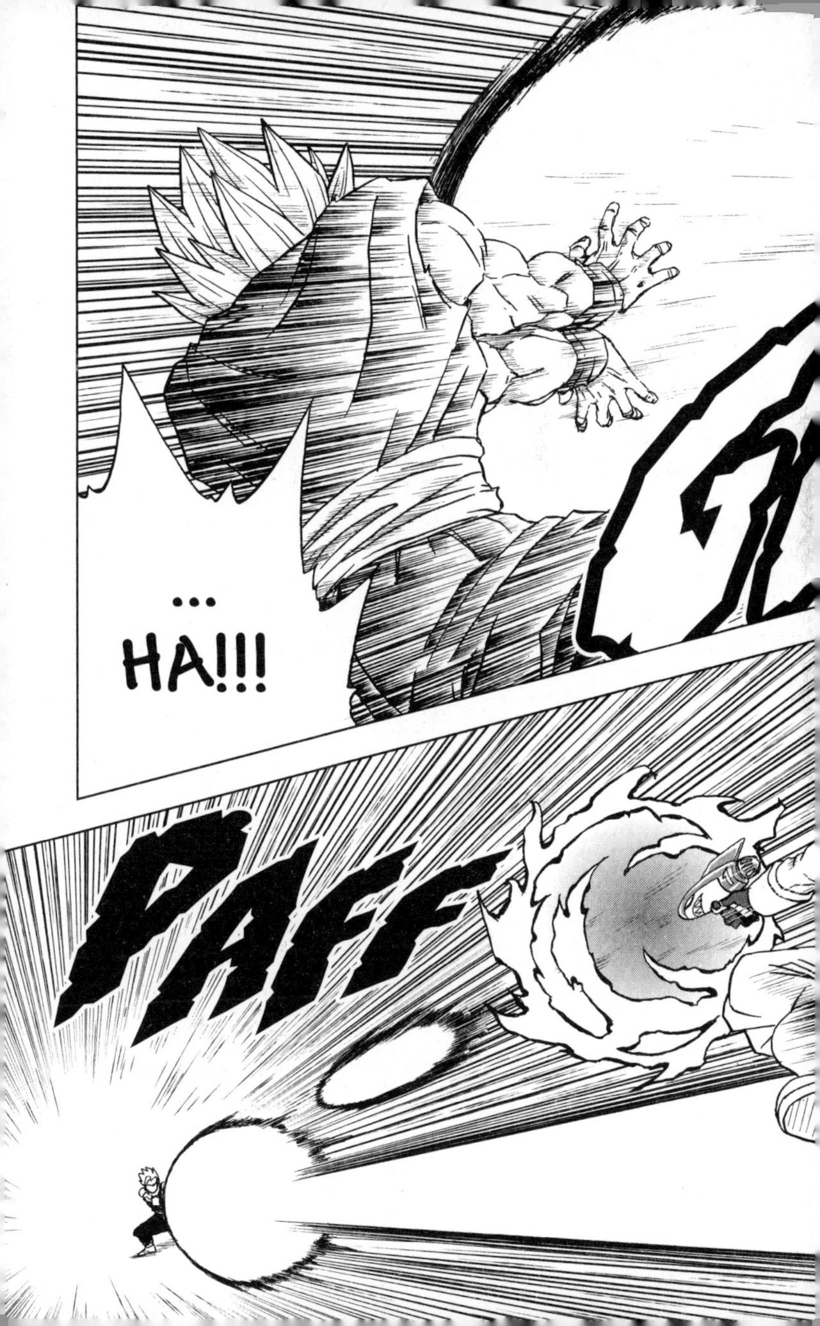
... HA!!!
PAFF

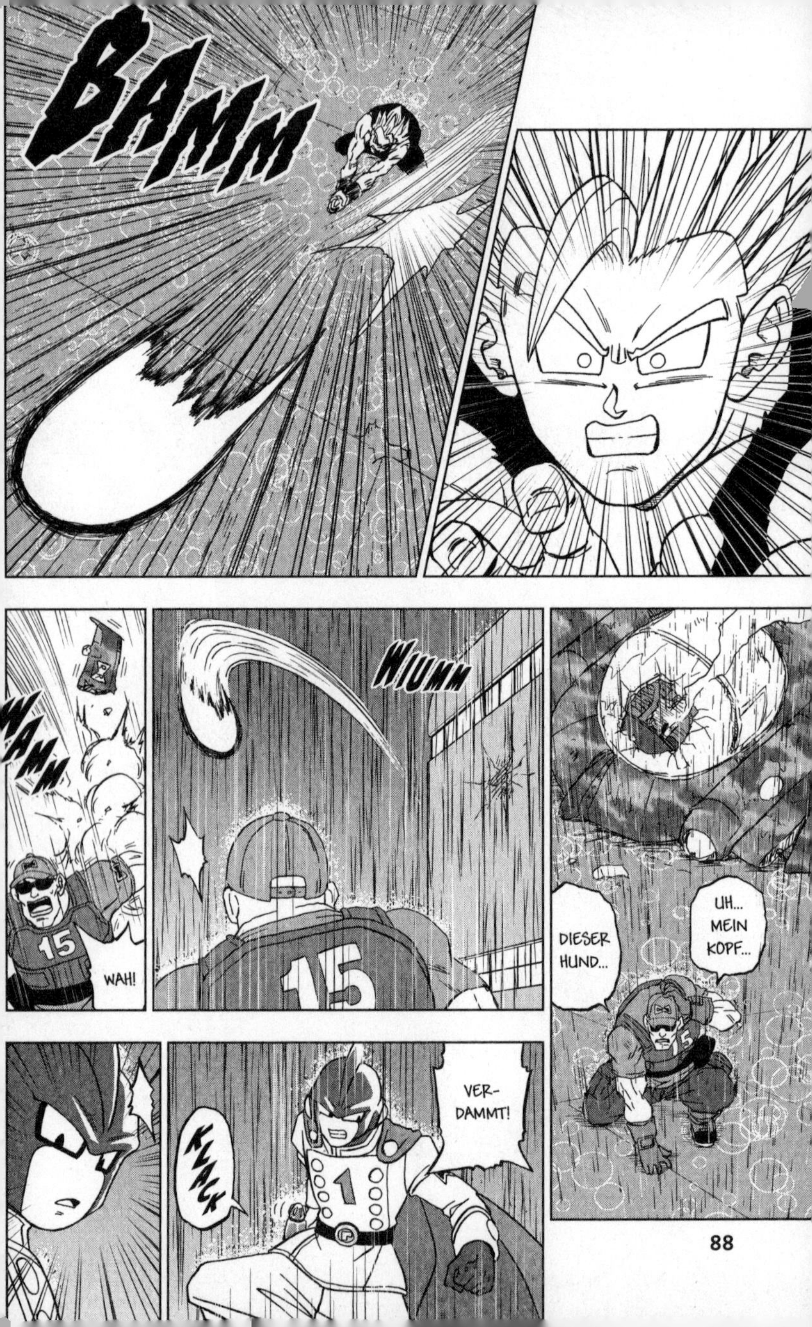
BAMM
UH... MEIN KOPF...
DIESER HUND...
WIUMM
WAMM
WAH!
VER-DAMMT!
KLACK

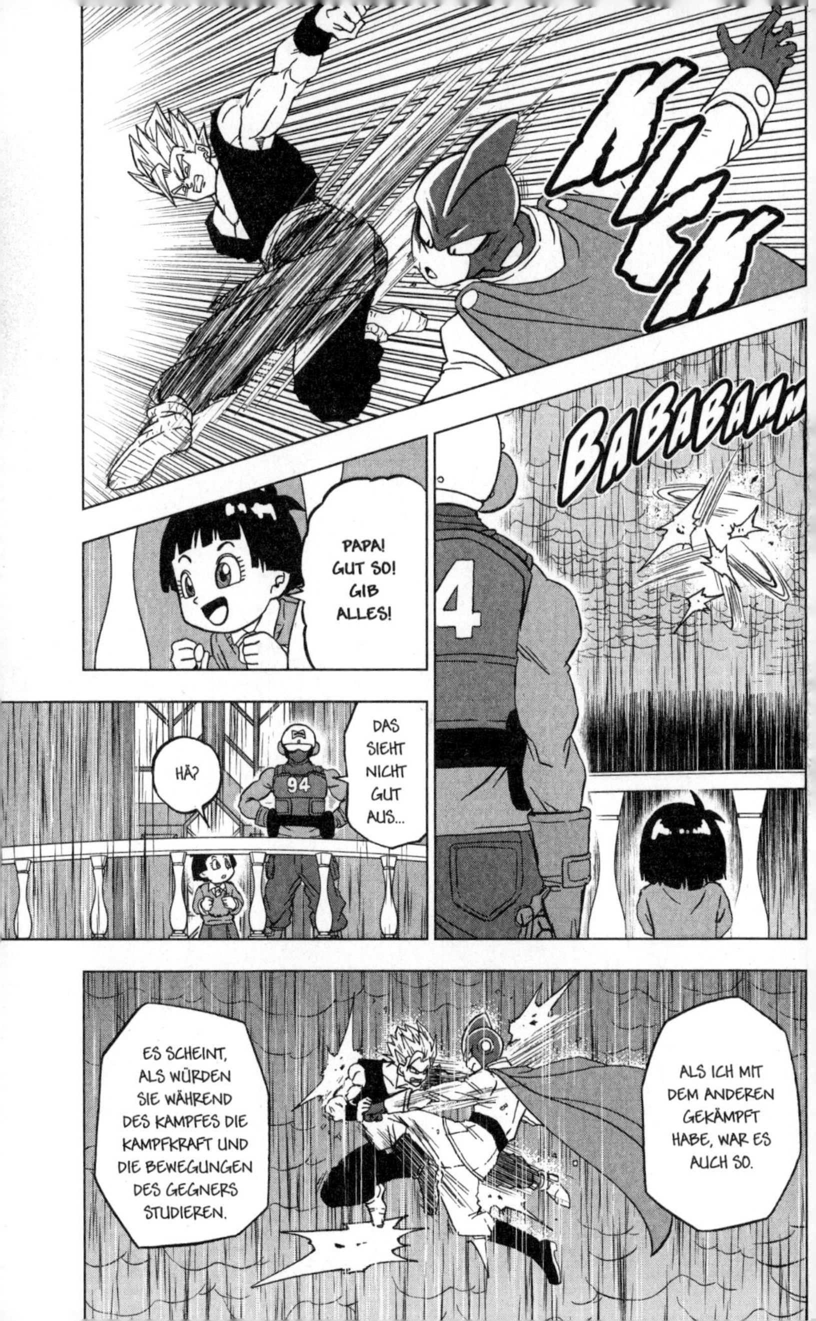
BABABAMM
PAPA! GUT SO! GIB ALLES!
DAS SIEHT NICHT GUT AUS...
HÄ?
ALS ICH MIT DEM ANDEREN GEKÄMPFT HABE, WAR ES AUCH SO.
ES SCHEINT, ALS WÜRDEN SIE WÄHREND DES KAMPFES DIE KAMPFKRAFT UND DIE BEWEGUNGEN DES GEGNERS STUDIEREN.

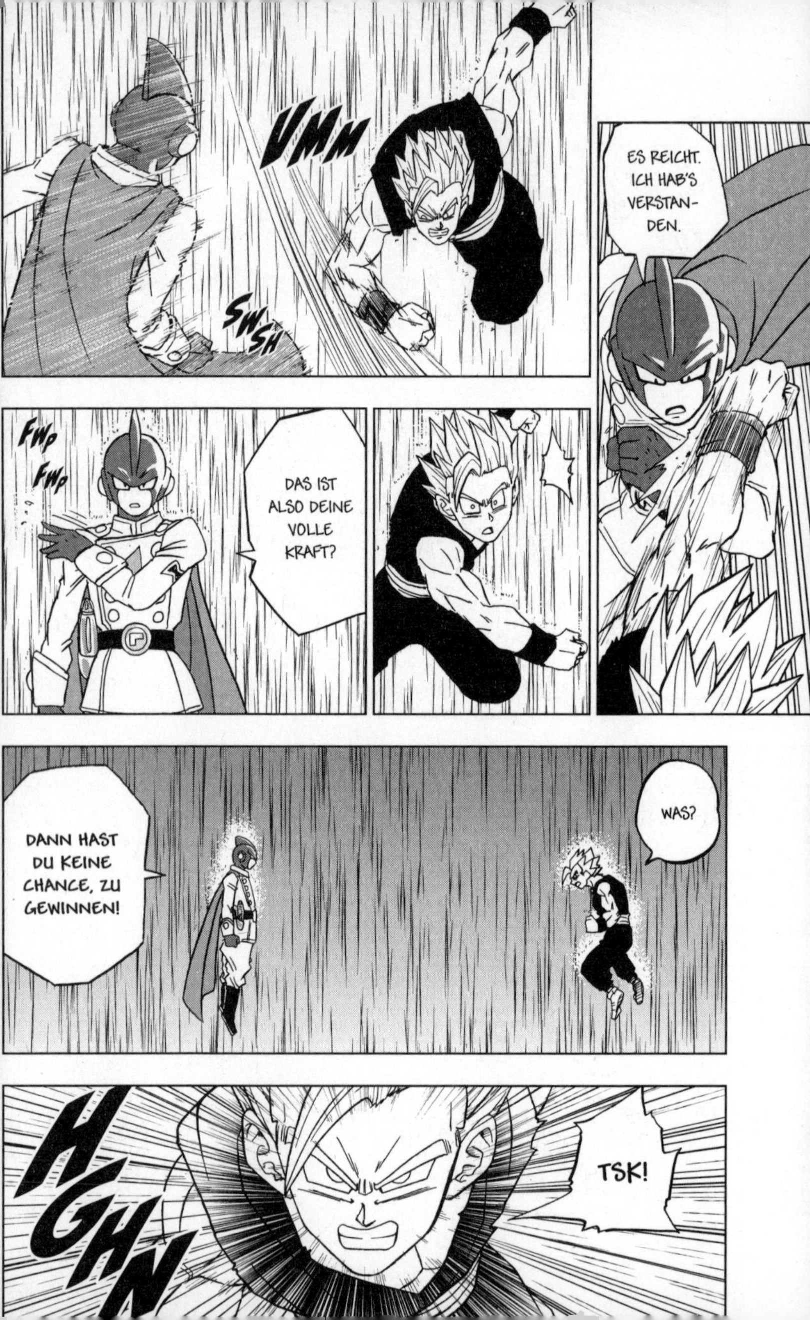
UMM
SWSH
ES REICHT. ICH HAB'S VERSTAN-DEN.
FWP FWP
DAS IST ALSO DEINE VOLLE KRAFT?
WAS?
DANN HAST DU KEINE CHANCE, ZU GEWINNEN!
TSK!
HGHN

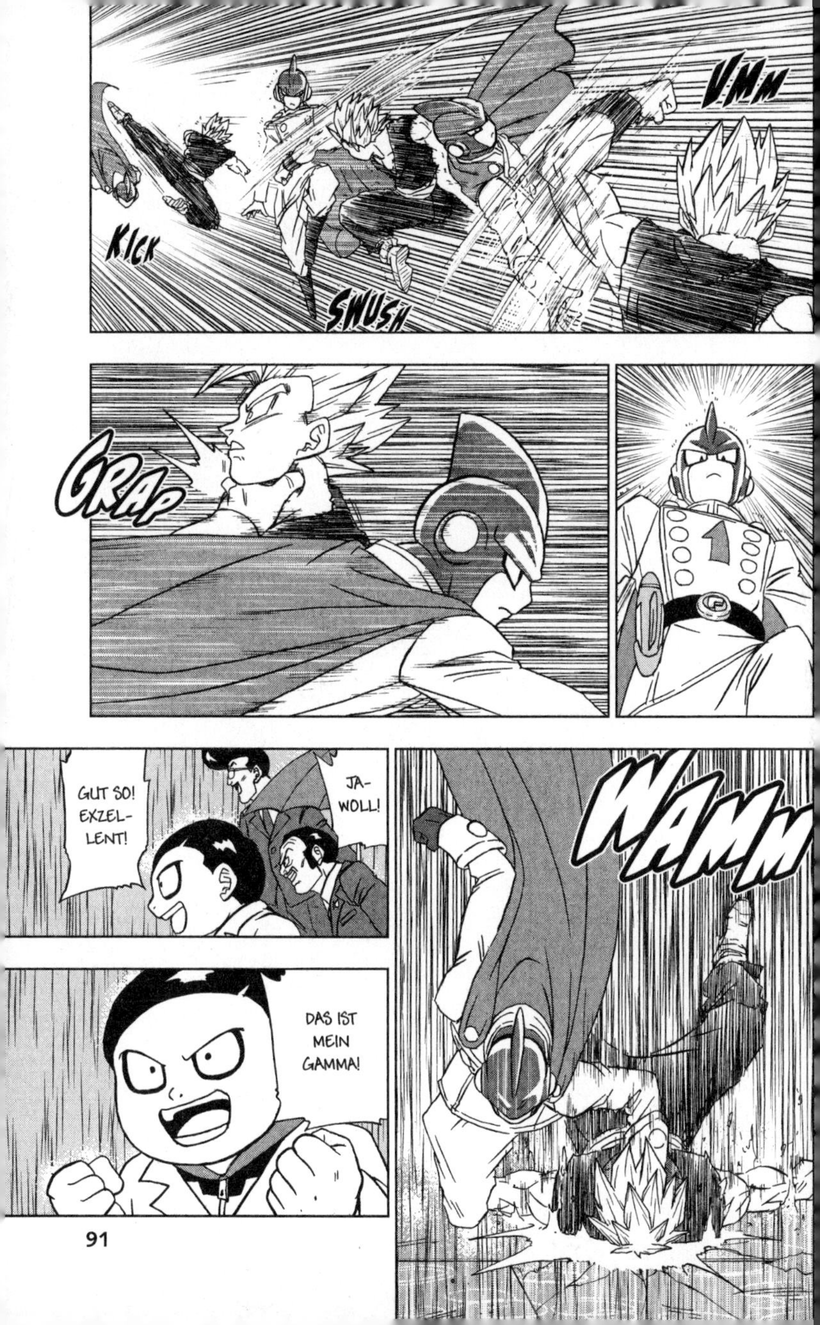
UMM
SWUSH
KICK
GRAP
WAMM
JA-
WOLL!
GUT SO!
EXZEL-
LENT!
DAS IST
MEIN
GAMMA!

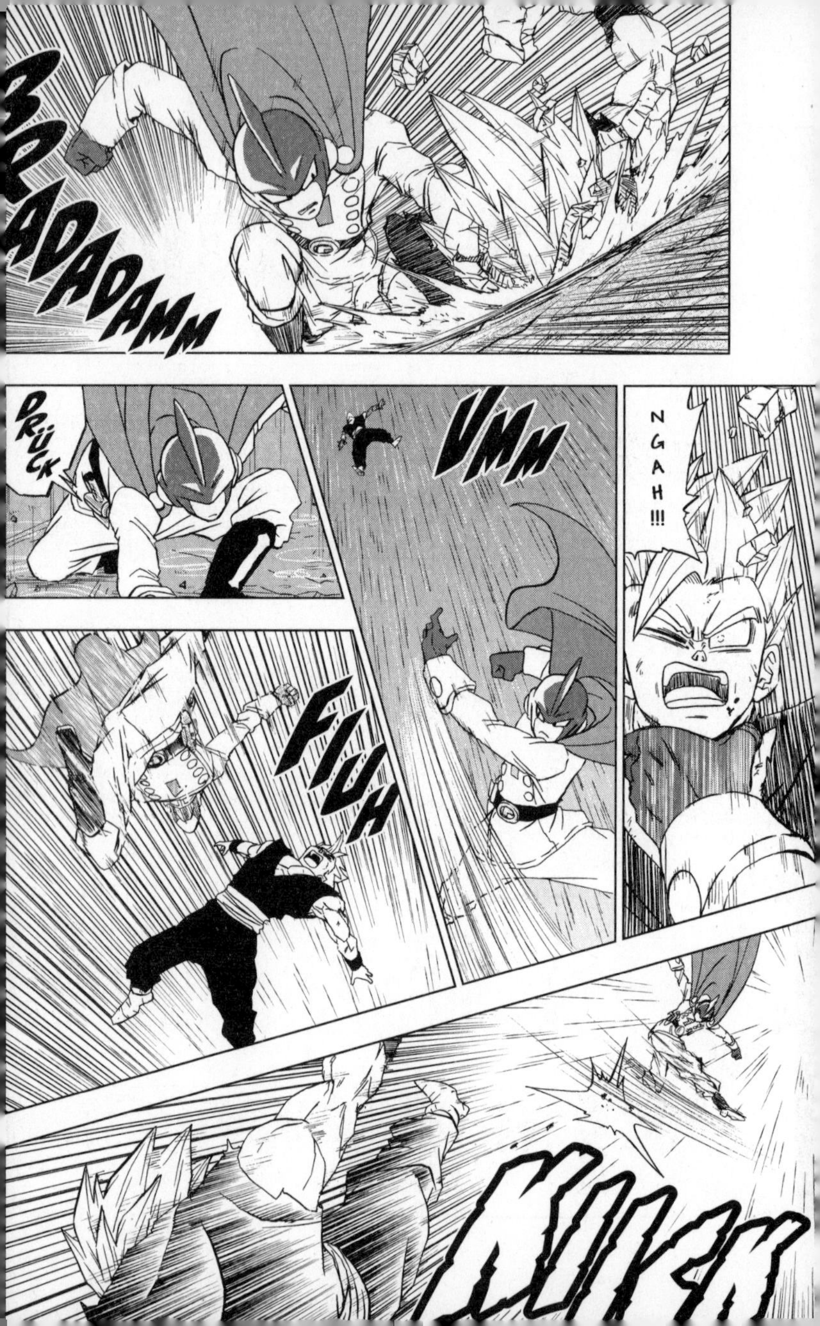
BADADADAMM
NGAH!!!
VMM
DRÜCK
FLUH

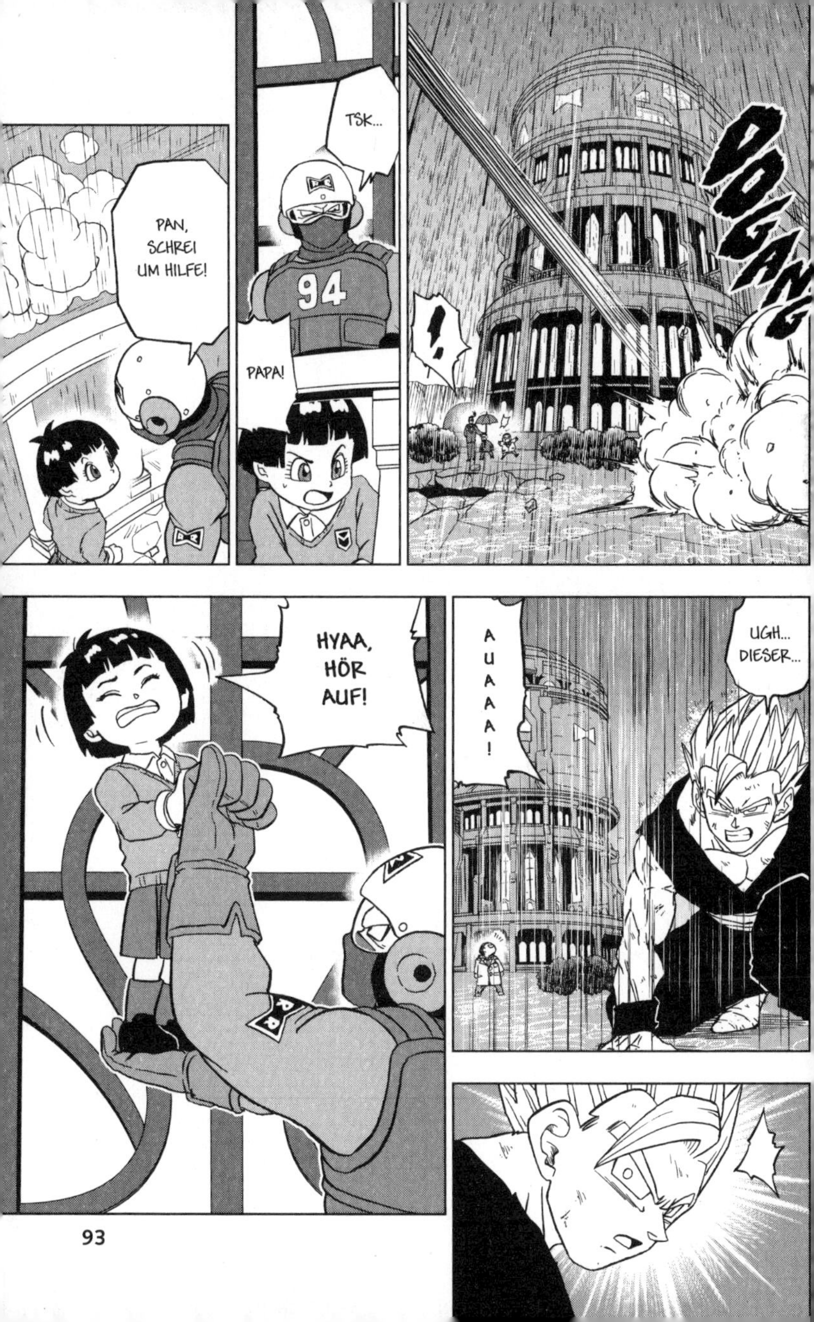
DOGANG
!
TSK...
PAPA!
PAN, SCHREI UM HILFE!
UGH... DIESER...
AUAAAAA!
HYAA, HÖR AUF!

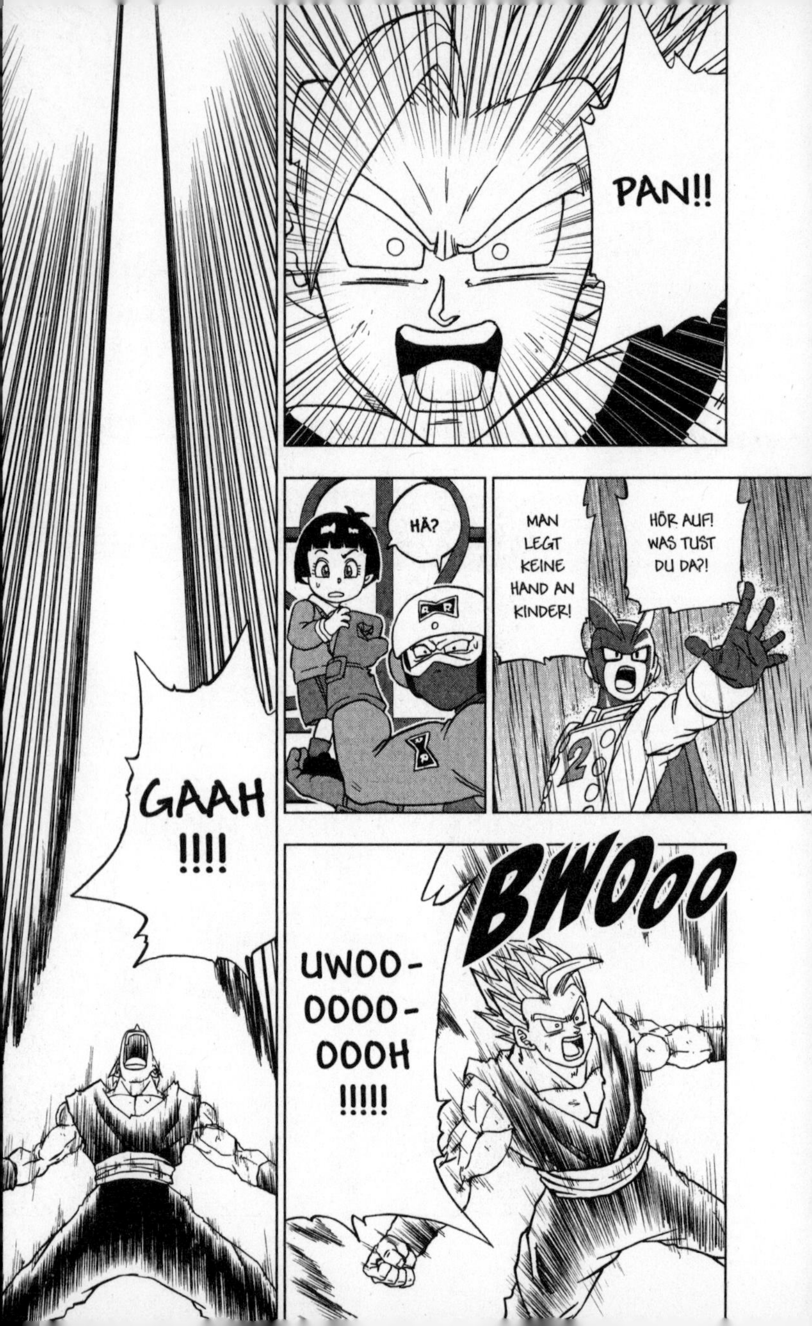
PAN!!
HÖR AUF! WAS TUST DU DA?!
MAN LEGT KEINE HAND AN KINDER!
HÄ?
BWOOO
UWOO-OOOO-OOOH !!!!!
GAAH !!!!

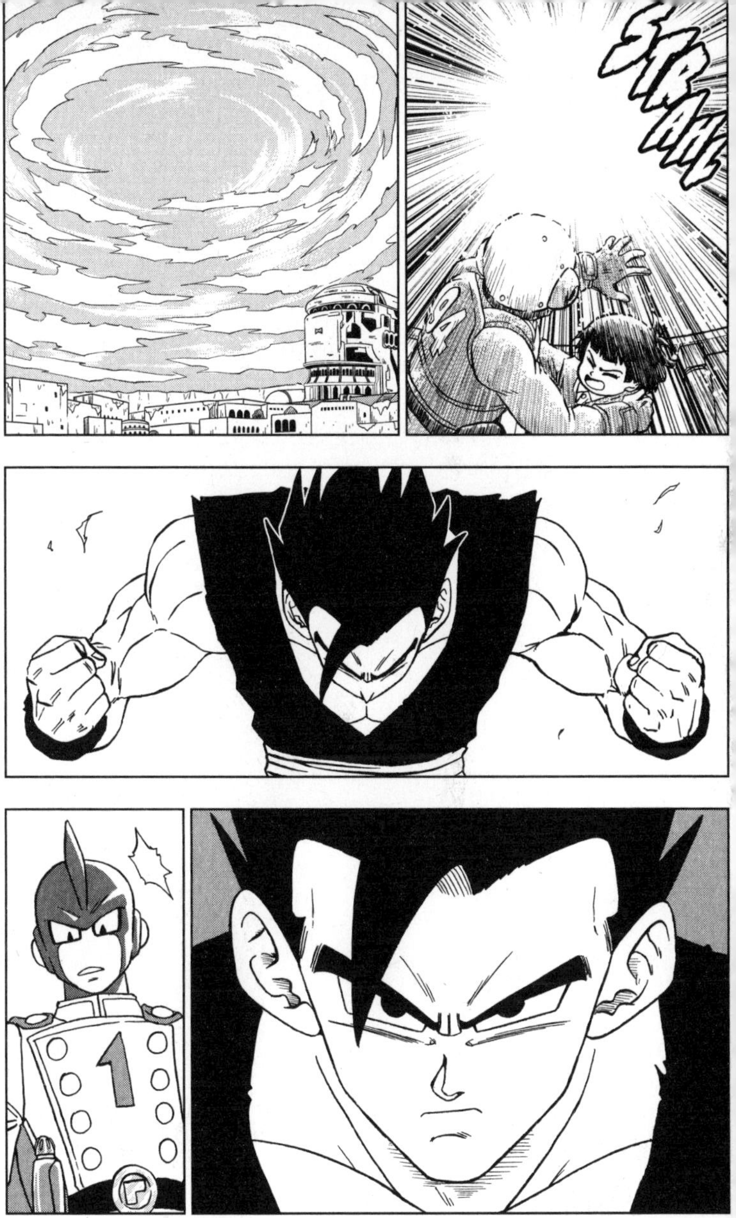
STRAHL

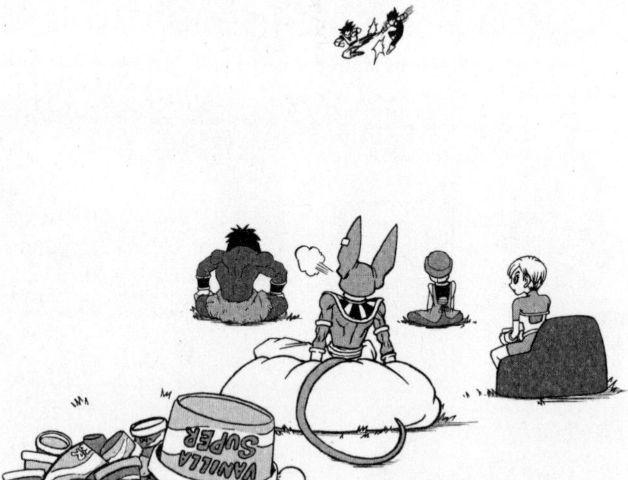
SUPER
VANILLA

DRAGON BALL SUPER

KAPITEL 95: DAS STÄRKSTE LEHRER-SCHÜLER-TEAM

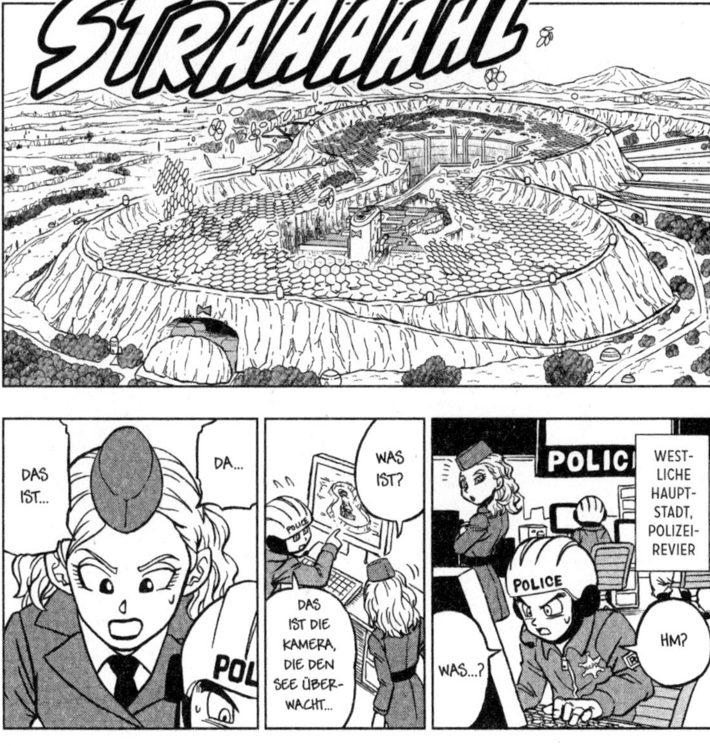

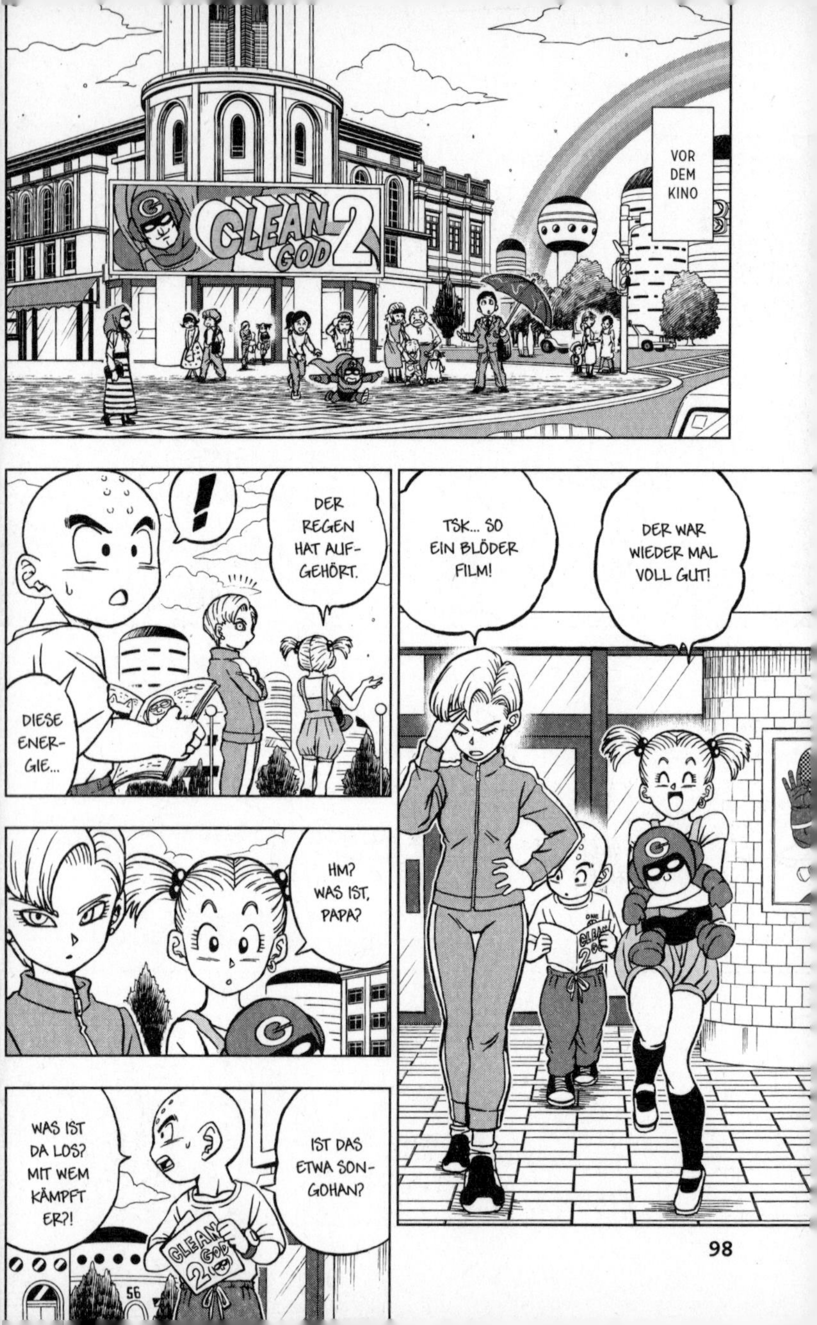
CLEAN GOD 2
VOR DEM KINO
DER WAR WIEDER MAL VOLL GUT!
TSK... SO EIN BLÖDER FILM!
!
DER REGEN HAT AUF-GEHÖRT.
DIESE ENER-GIE...
HM? WAS IST, PAPA?
IST DAS ETWA SON-GOHAN?
WAS IST DA LOS? MIT WEM KÄMPFT ER?!
CLEAN GOD 2

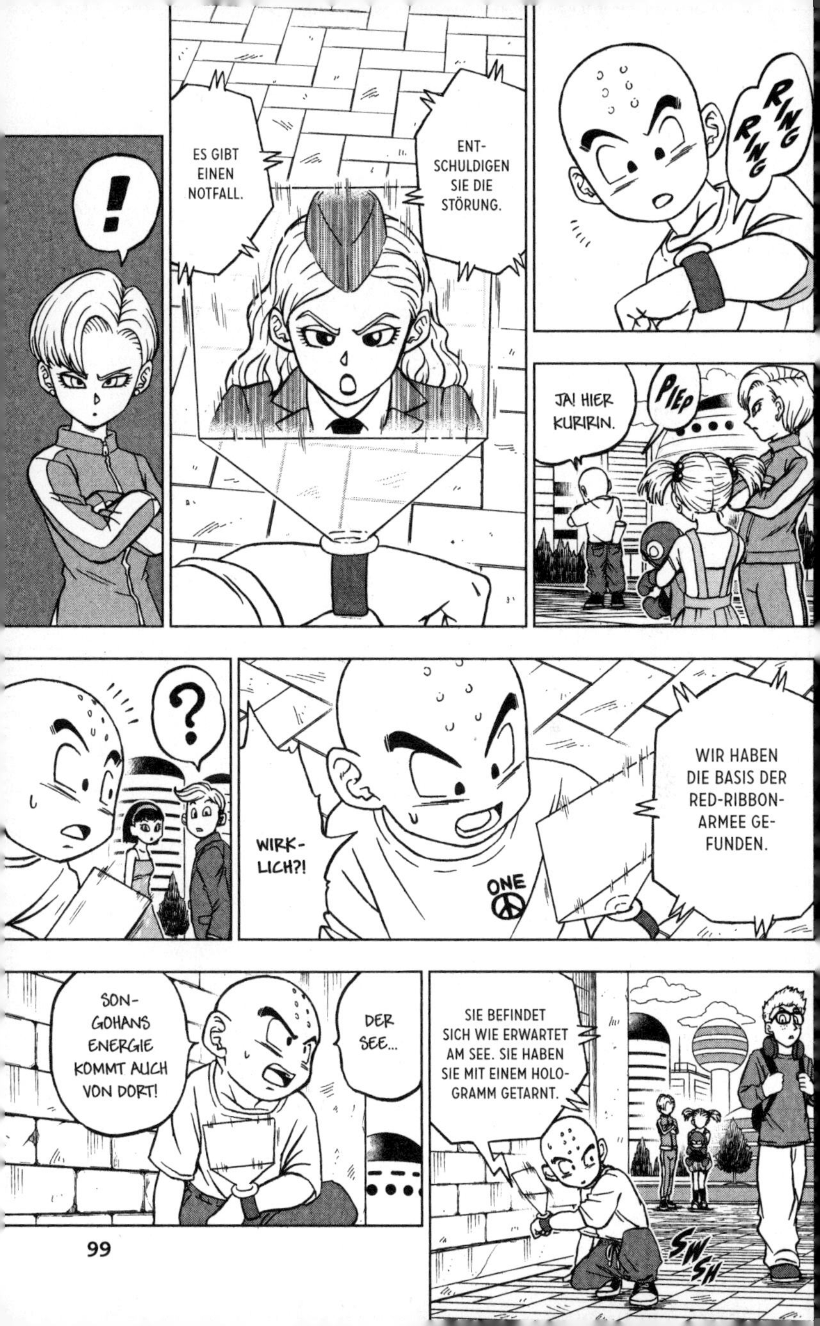

RING RING
JA! HIER KURIRIN.
PIEP
ENT-SCHULDIGEN SIE DIE STÖRUNG.
ES GIBT EINEN NOTFALL.
!
WIR HABEN DIE BASIS DER RED-RIBBON-ARMEE GE-FUNDEN.
WIRK-LICH?!
ONE
?
SIE BEFINDET SICH WIE ERWARTET AM SEE. SIE HABEN SIE MIT EINEM HOLO-GRAMM GETARNT.
SWSH
DER SEE...
SON-GOHANS ENERGIE KOMMT AUCH VON DORT!

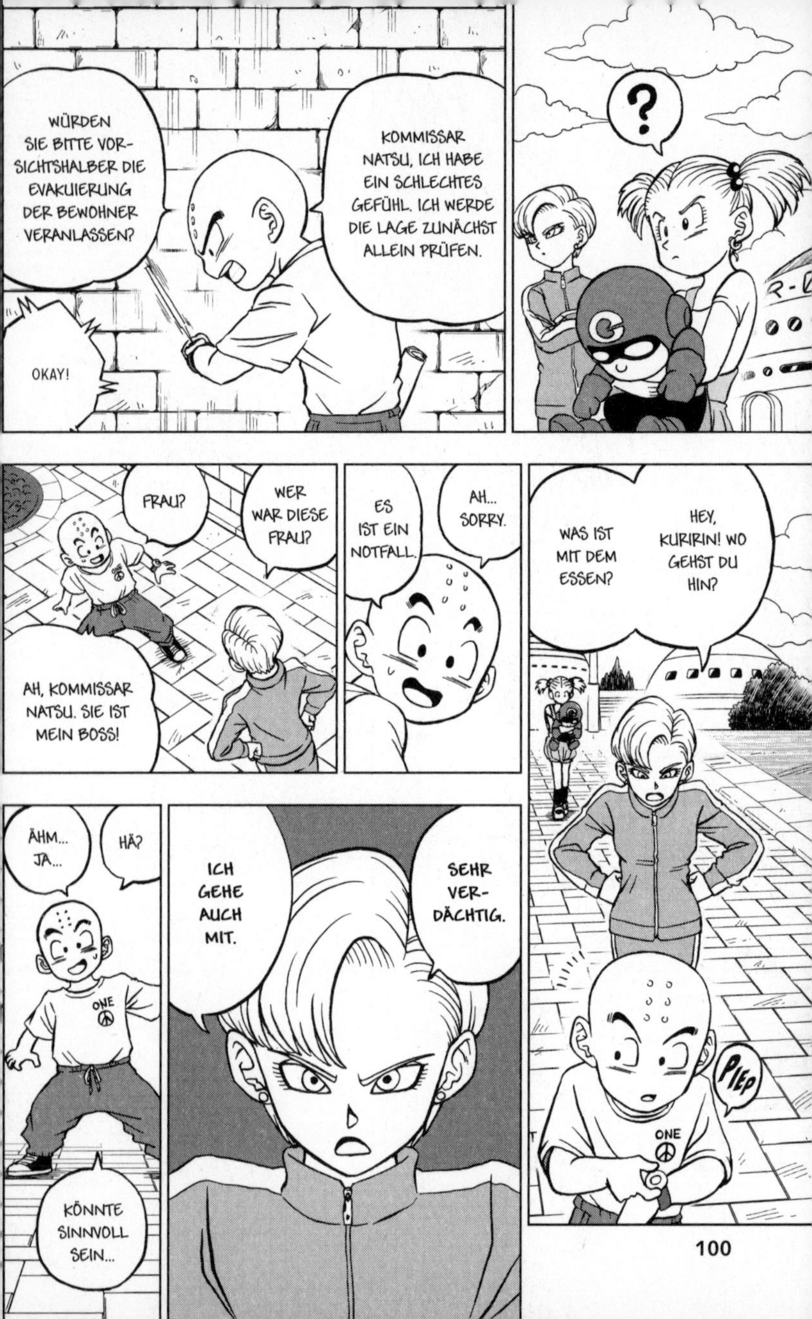
?
KOMMISSAR NATSU, ICH HABE EIN SCHLECHTES GEFÜHL. ICH WERDE DIE LAGE ZUNÄCHST ALLEIN PRÜFEN.
WÜRDEN SIE BITTE VOR-SICHTSHALBER DIE EVAKUIERUNG DER BEWOHNER VERANLASSEN?
OKAY!
PIEP
HEY, KURIRIN! WO GEHST DU HIN?
WAS IST MIT DEM ESSEN?
AH... SORRY.
ES IST EIN NOTFALL.
WER WAR DIESE FRAU?
FRAU?
AH, KOMMISSAR NATSU. SIE IST MEIN BOSS!
SEHR VER-DÄCHTIG.
ICH GEHE AUCH MIT.
HÄ?
ÄHM... JA...
KÖNNTE SINNVOLL SEIN...

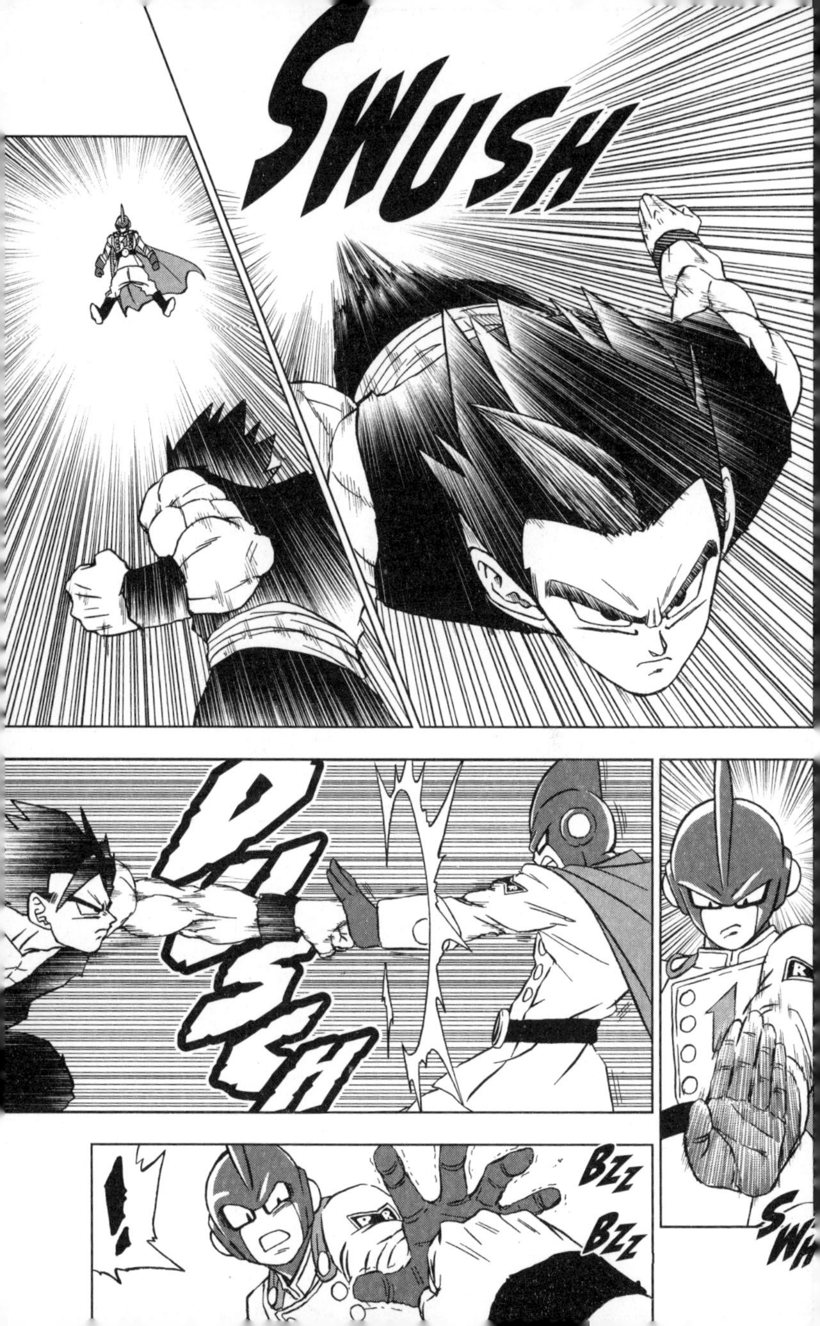
SWUSH
PASH
!
BZZ
BZZ

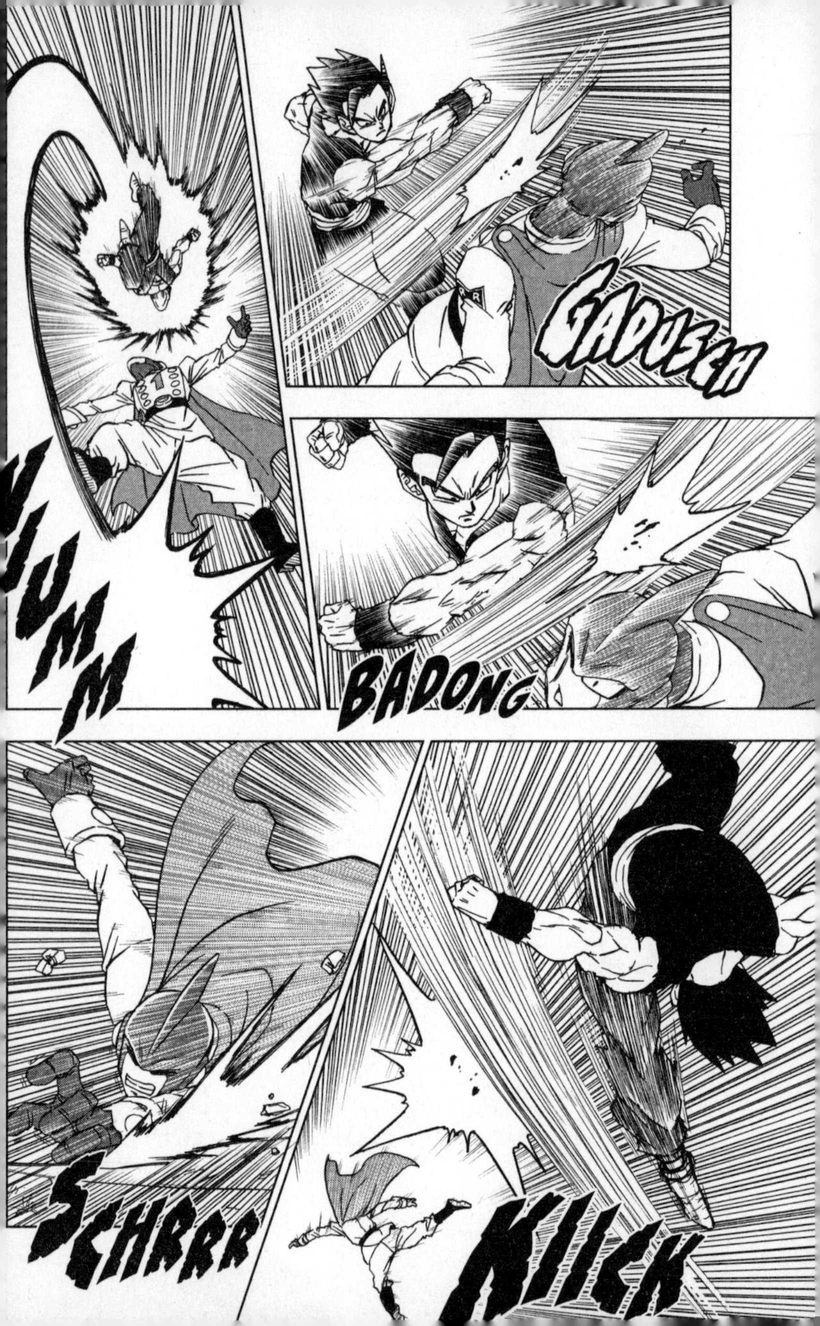
GADUSCH
BADONG
VUUMM
KLICK
SCHRRR

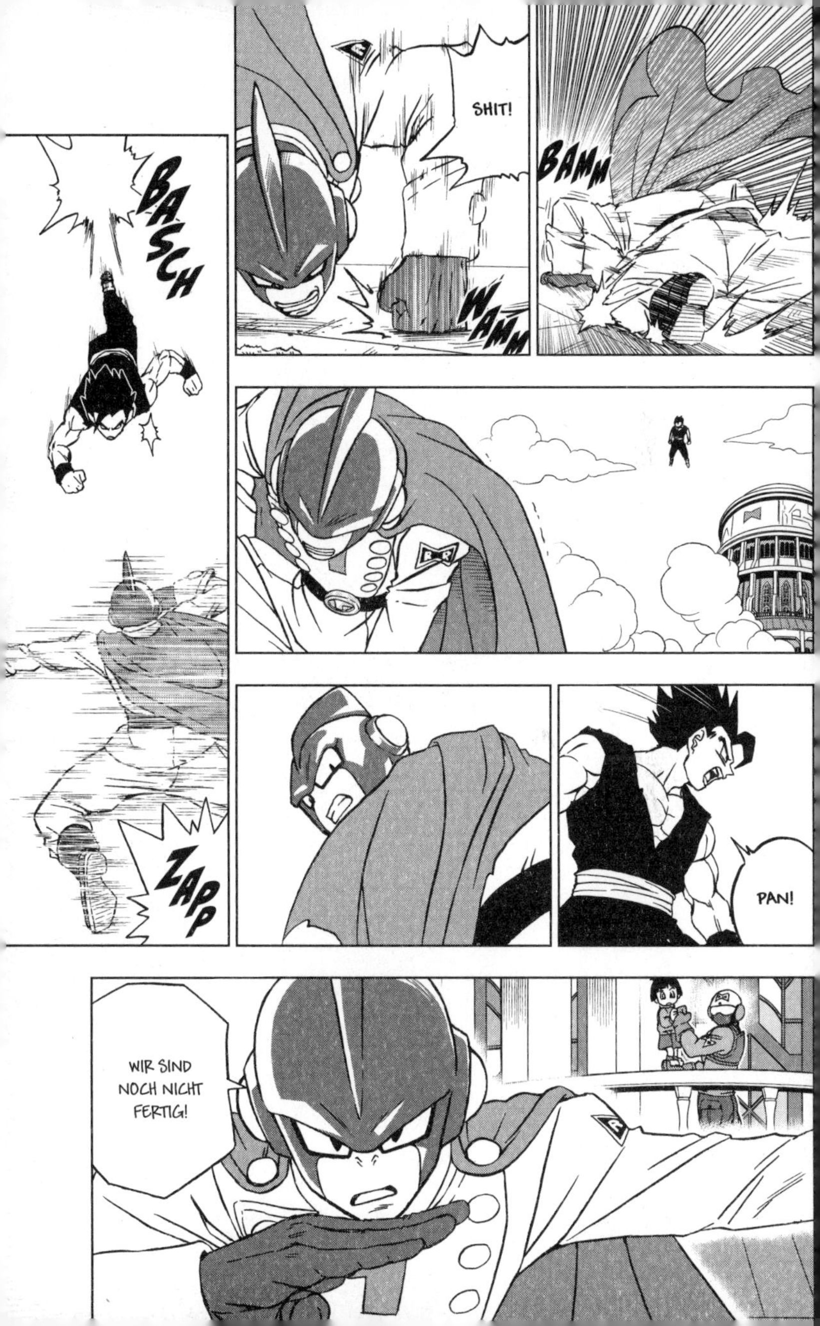
BAMM
SHIT!
WAMM
BASCH
PAN!
ZAPP
WIR SIND NOCH NICHT FERTIG!

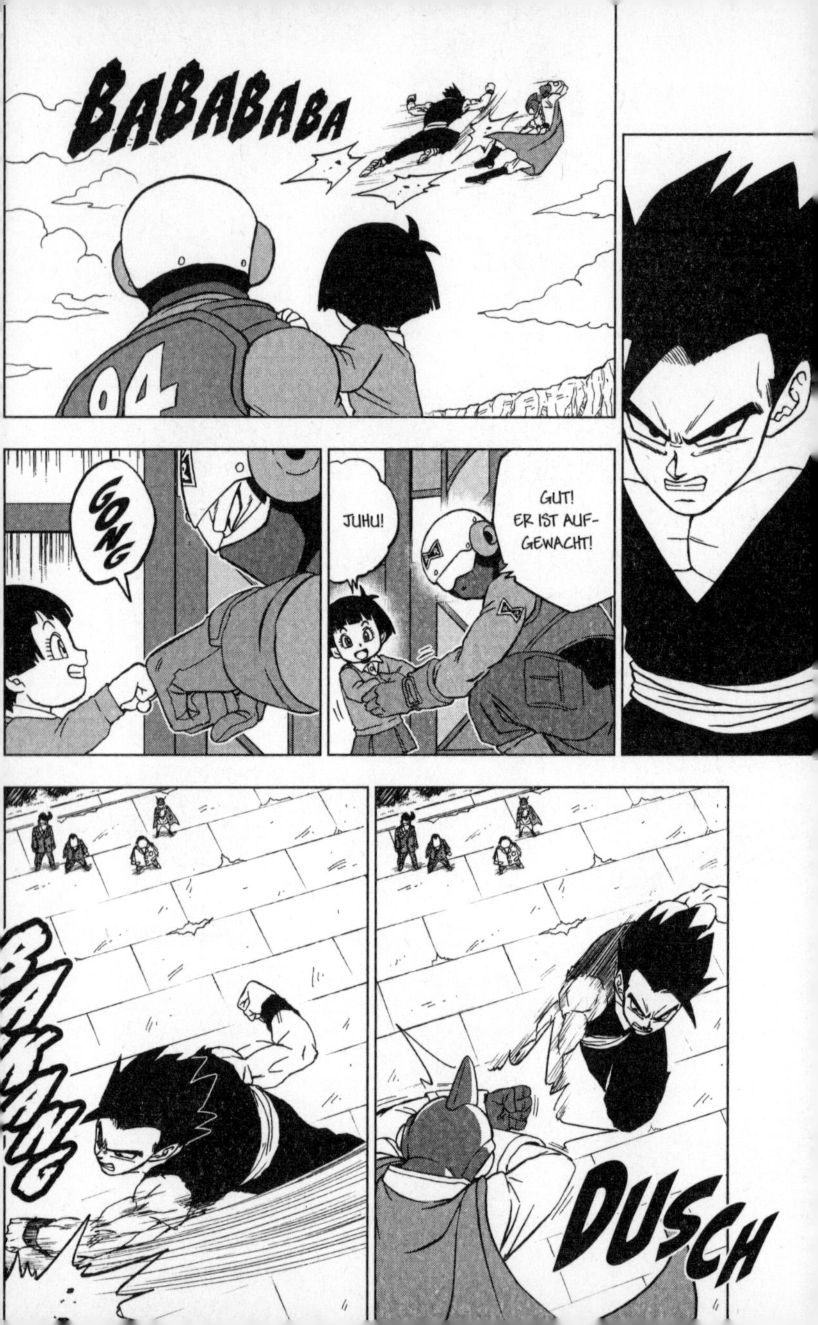
BABABABA
GUT! ER IST AUF-GEWACHT!
JUHU!
GONG
DUSCH

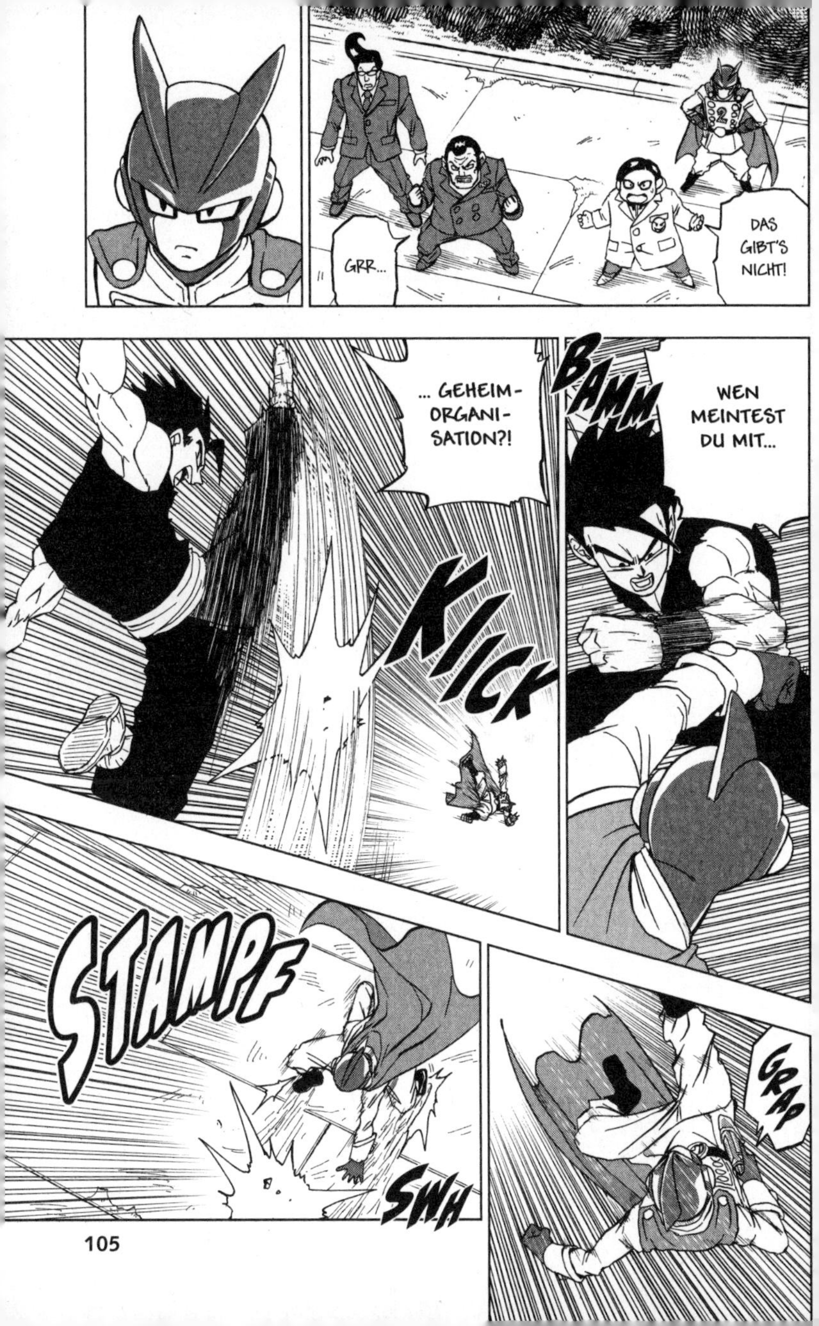
DAS GIBT'S NICHT!
GRR...
WEN MEINTEST DU MIT...
BAMM
... GEHEIM-ORGANISATION?!
KICK
GRAP
STAMPF
SWH

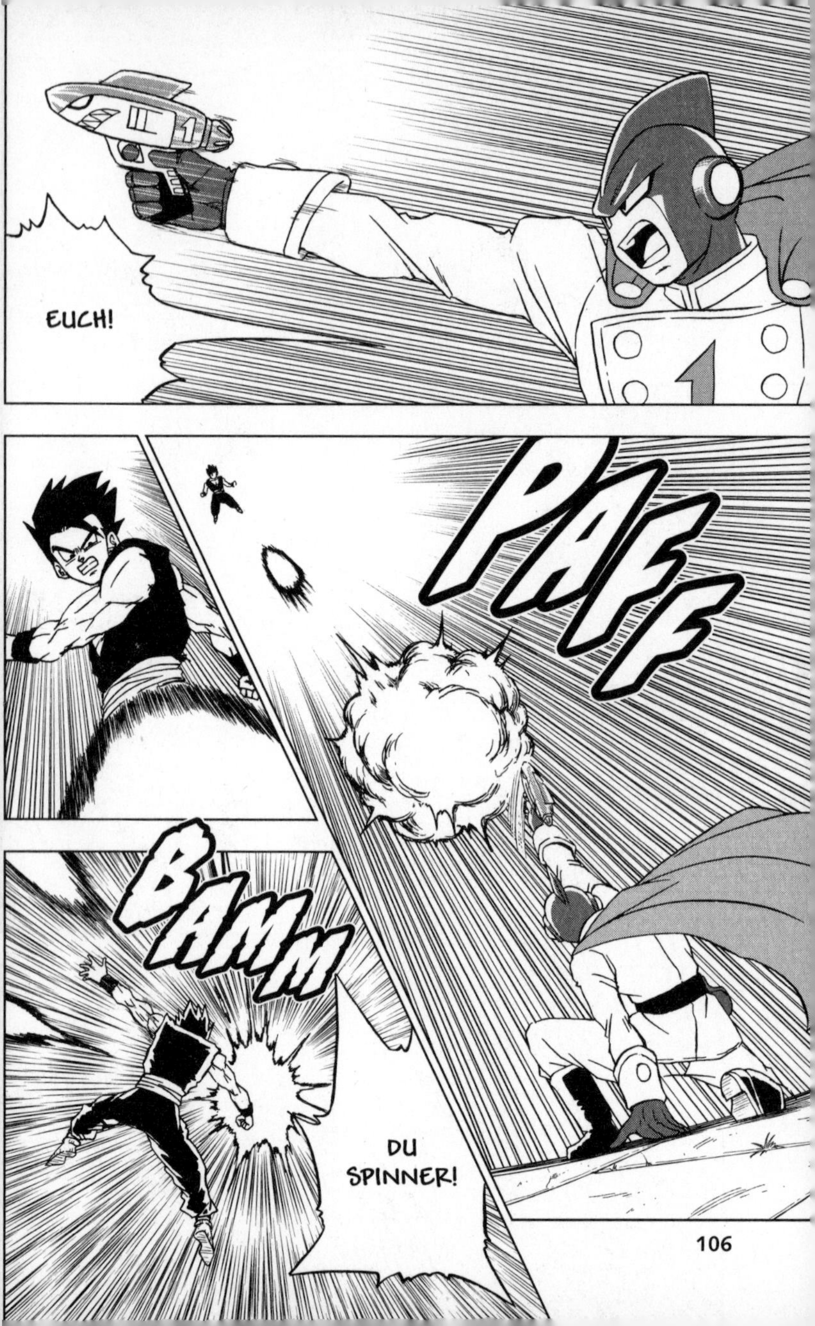
EUCH!
PAFF
BAMM
DU SPINNER!

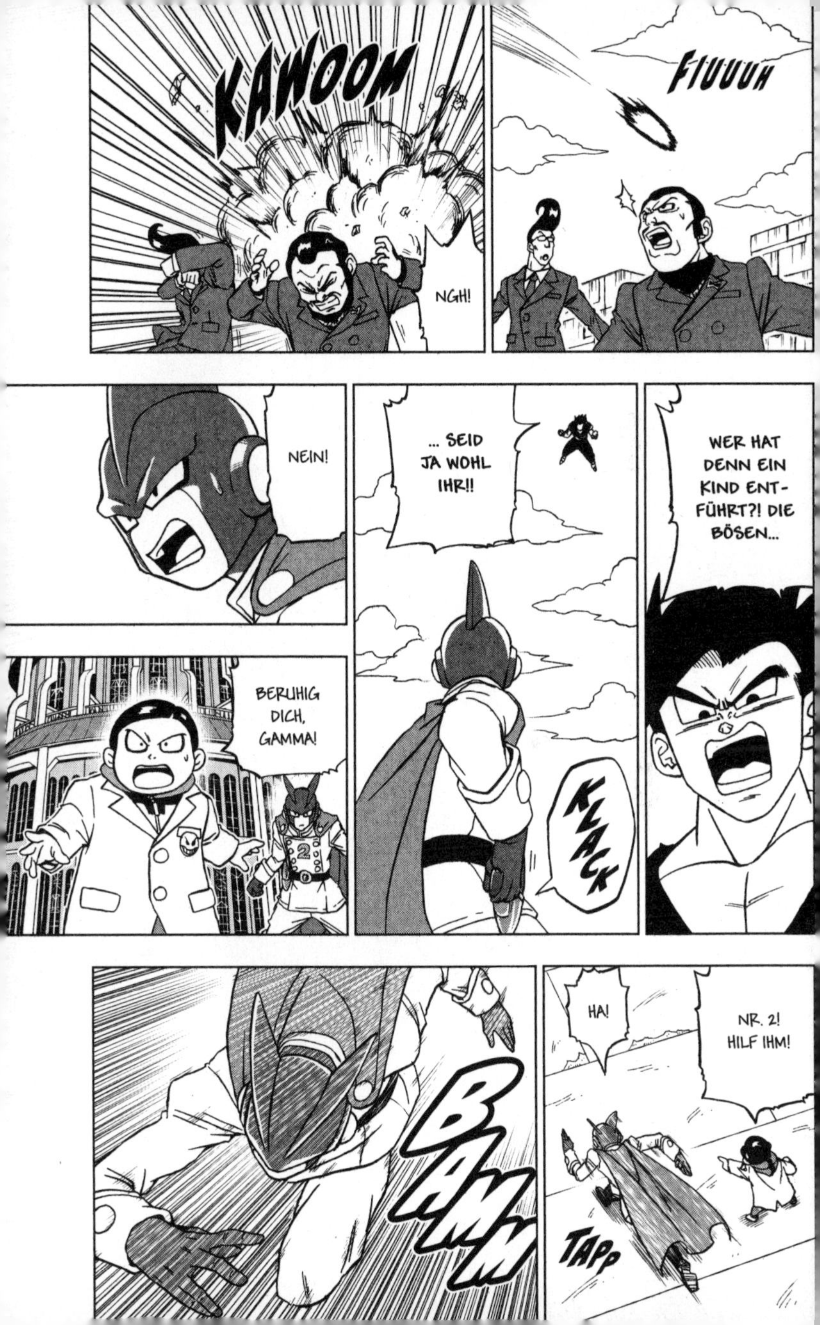
FIUUUH
KAWOOM
NGH!
WER HAT DENN EIN KIND ENTFÜHRT?! DIE BÖSEN…
… SEID JA WOHL IHR!!
NEIN!
KLACK
BERUHIG DICH, GAMMA!
NR. 2! HILF IHM!
HA!
TAPP
BAMM

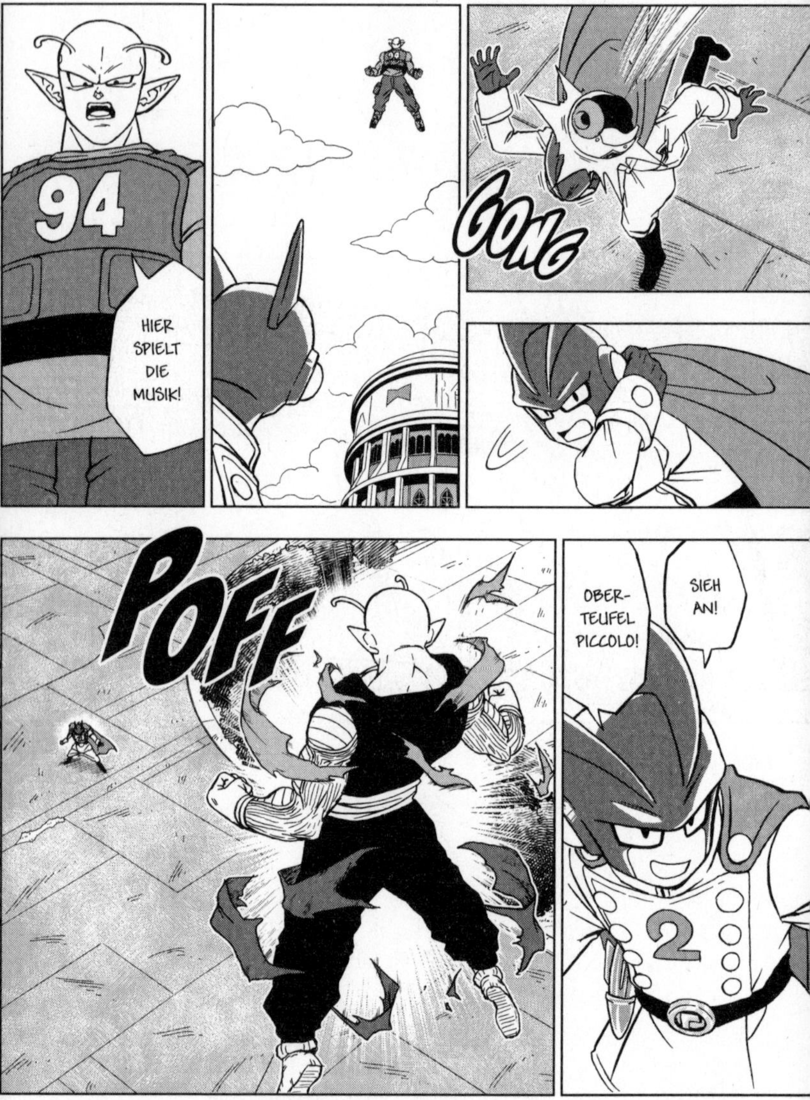
GONG
HIER SPIELT DIE MUSIK!
SIEH AN!
OBER-TEUFEL PICCOLO!
POFF

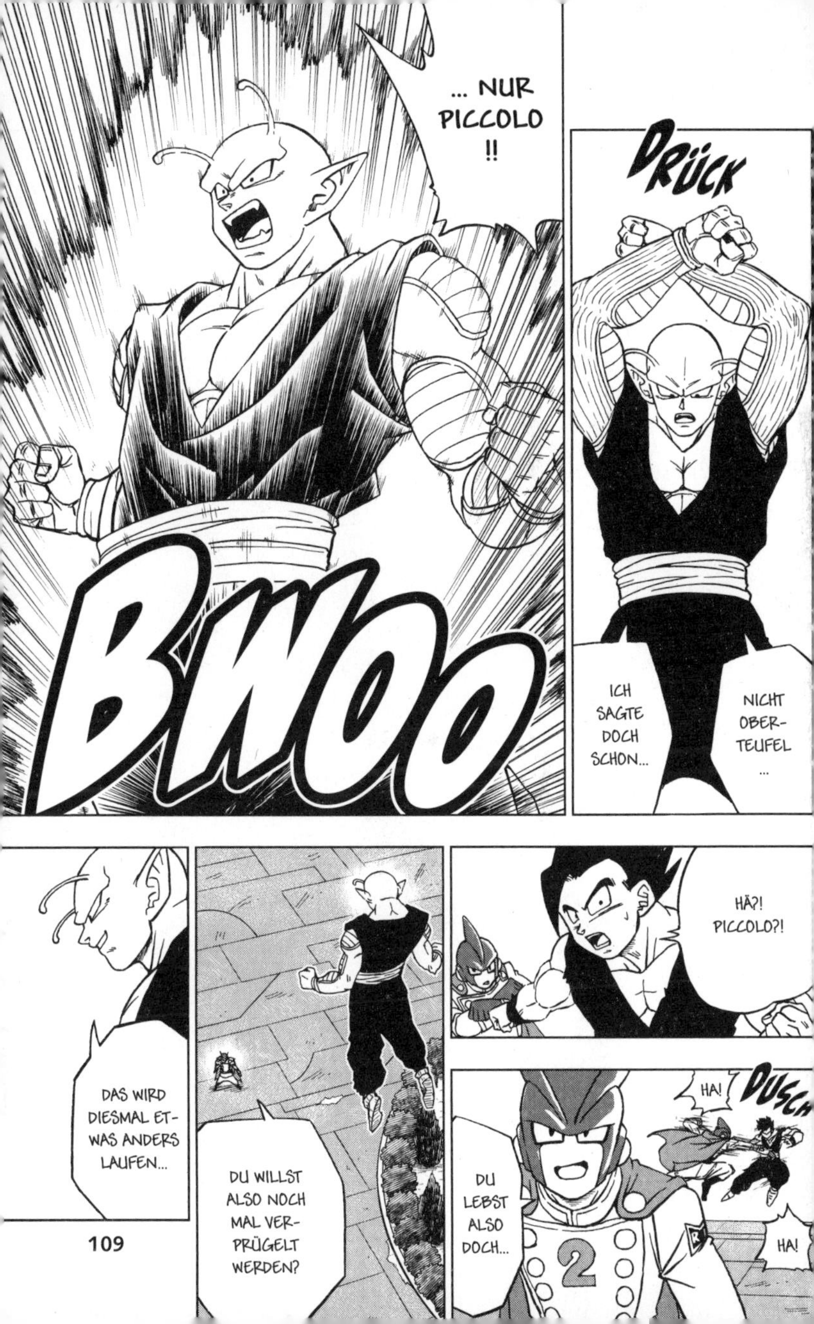
DRÜCK
ICH SAGTE DOCH SCHON...
NICHT OBER-TEUFEL ...
... NUR PICCOLO !!
BWOO
HÄ?! PICCOLO?!
HA!
DUSCH
HA!
DU LEBST ALSO DOCH...
DU WILLST ALSO NOCH MAL VER-PRÜGELT WERDEN?
DAS WIRD DIESMAL ET-WAS ANDERS LAUFEN...

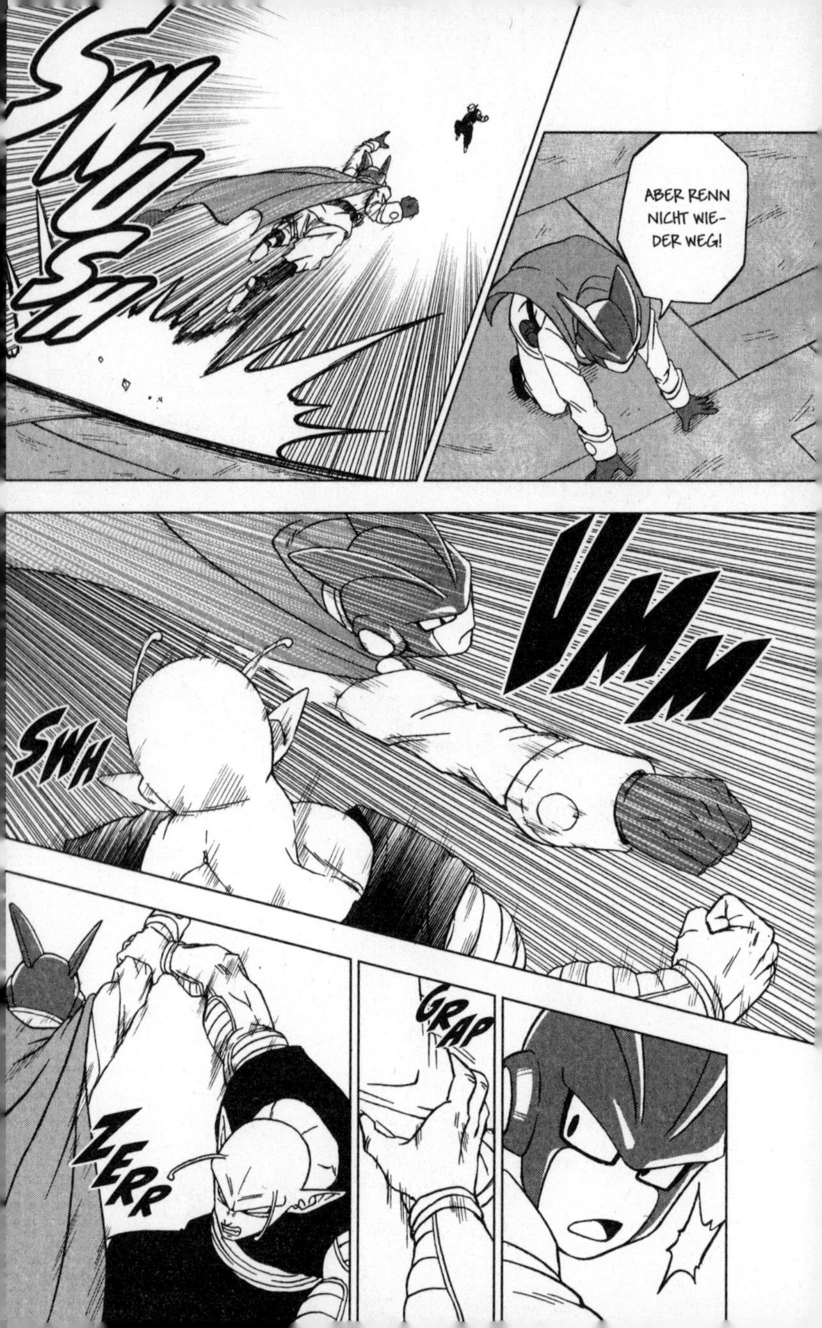
ABER RENN NICHT WIE-DER WEG!
SWUSCH
VUMM
SWH
GRAP
ZERR

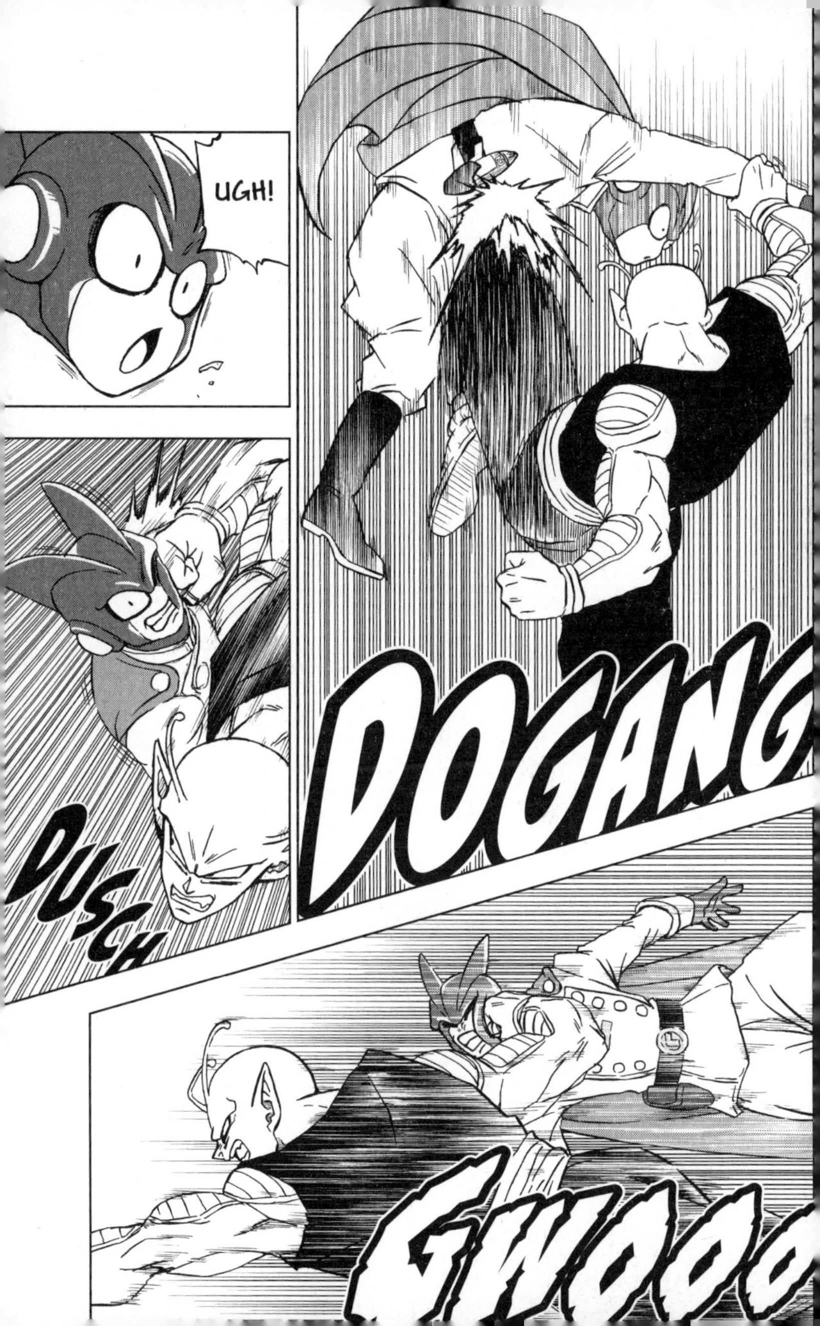
UGH!
DOGANG
DUSCH
GWOOO

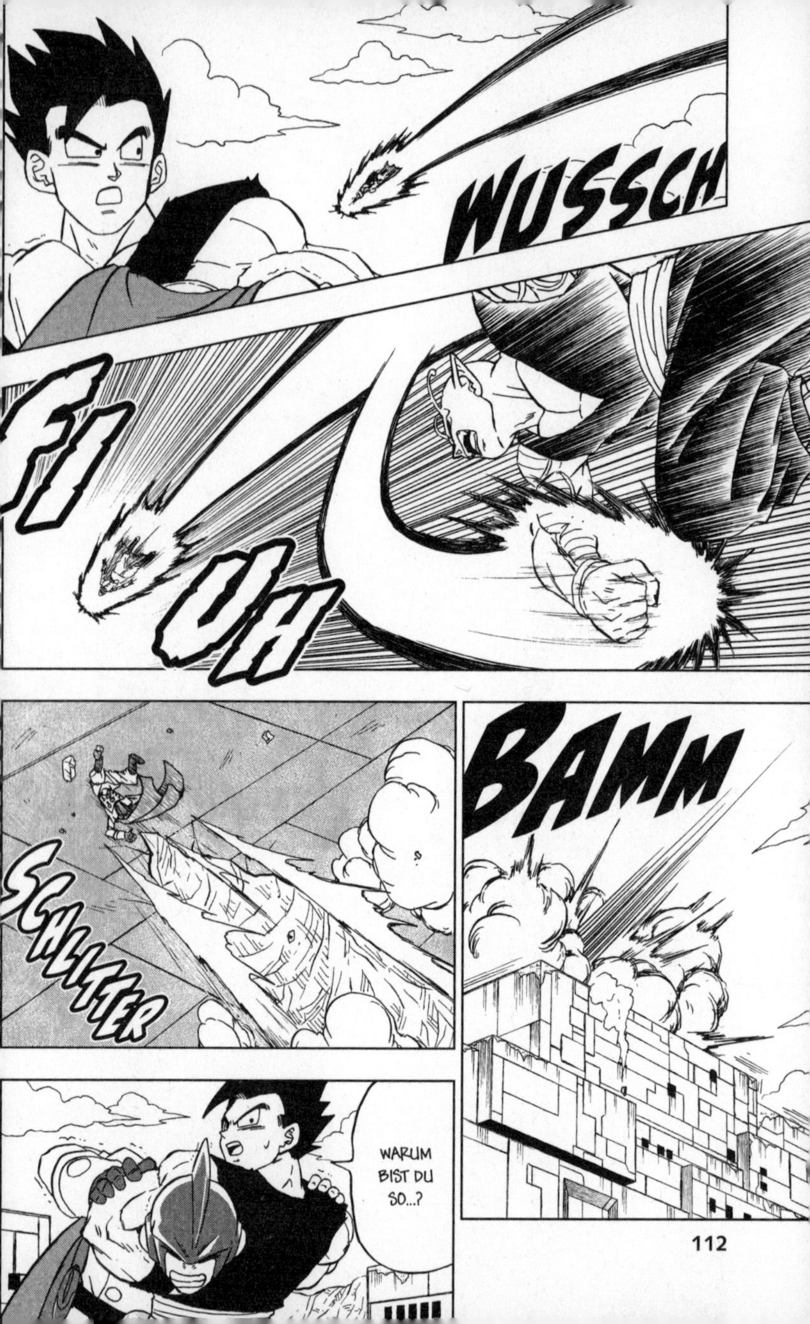
WUSSCH
FI
UH
BAMM
SCHLITTER
WARUM
BIST DU
SO...?

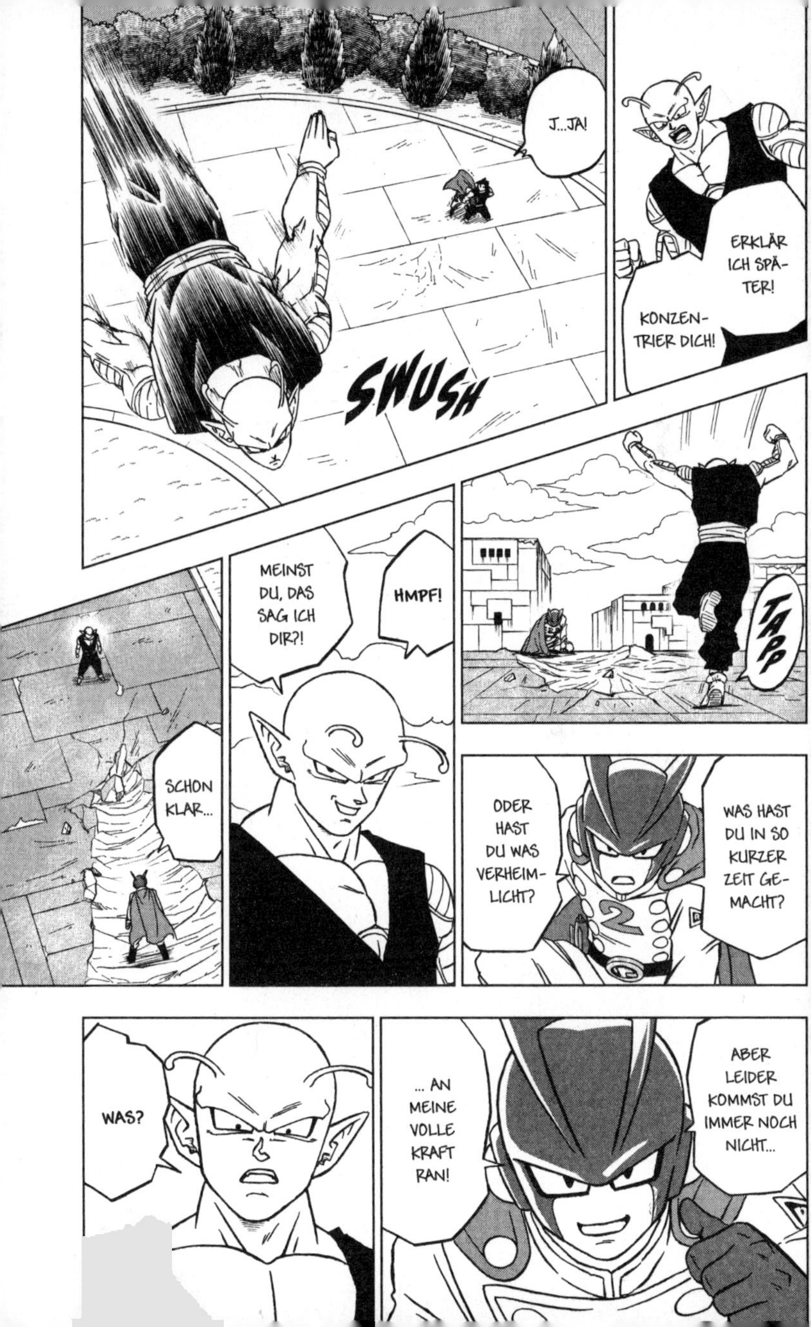
ERKLÄR ICH SPÄTER!
KONZENTRIER DICH!
J...JA!
SWUSH
TAPP
WAS HAST DU IN SO KURZER ZEIT GEMACHT?
ODER HAST DU WAS VERHEIMLICHT?
HMPF!
MEINST DU, DAS SAG ICH DIR?!
SCHON KLAR...
ABER LEIDER KOMMST DU IMMER NOCH NICHT...
... AN MEINE VOLLE KRAFT RAN!
WAS?

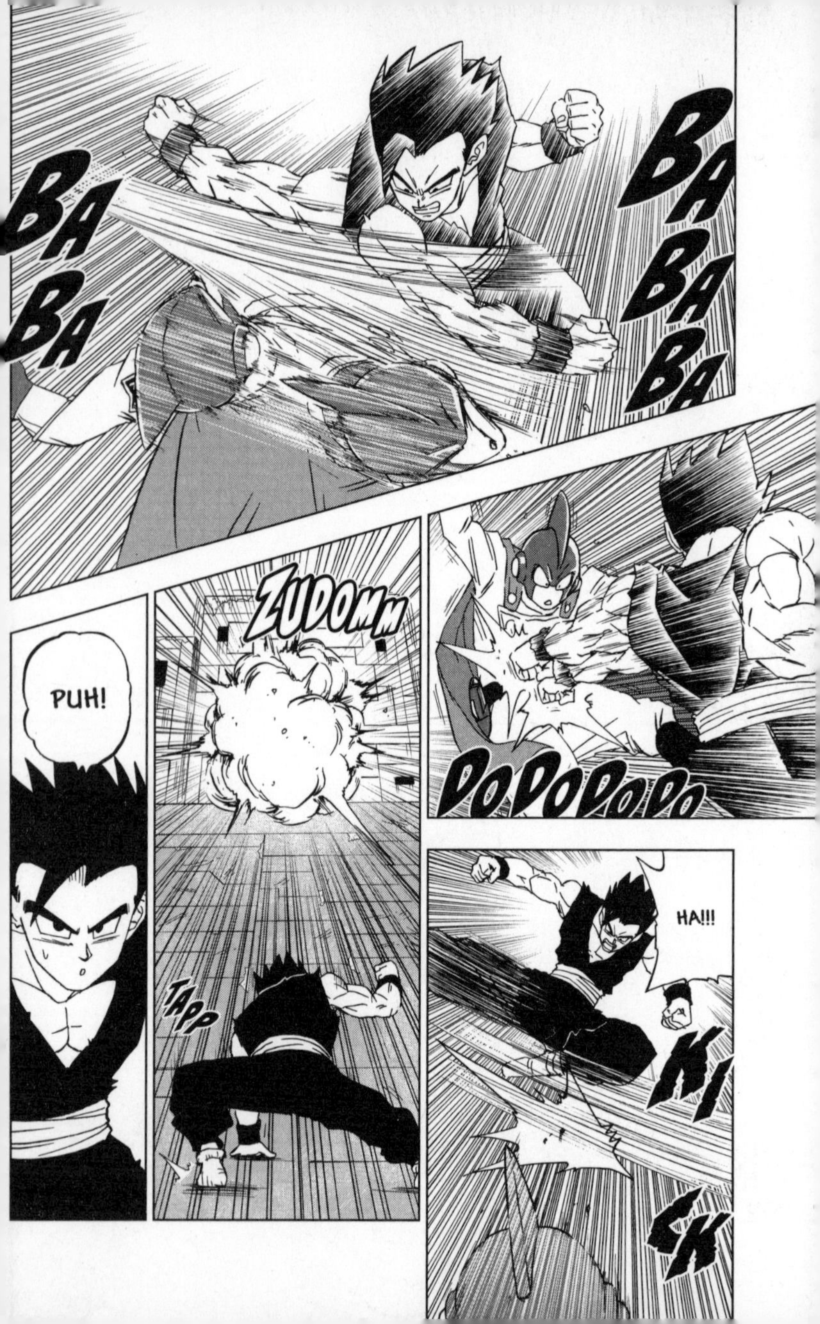
BABABABABA
BABABA
DODODODODO
HA!!!
KICK
ZUDOMM
TAPP
PUH!

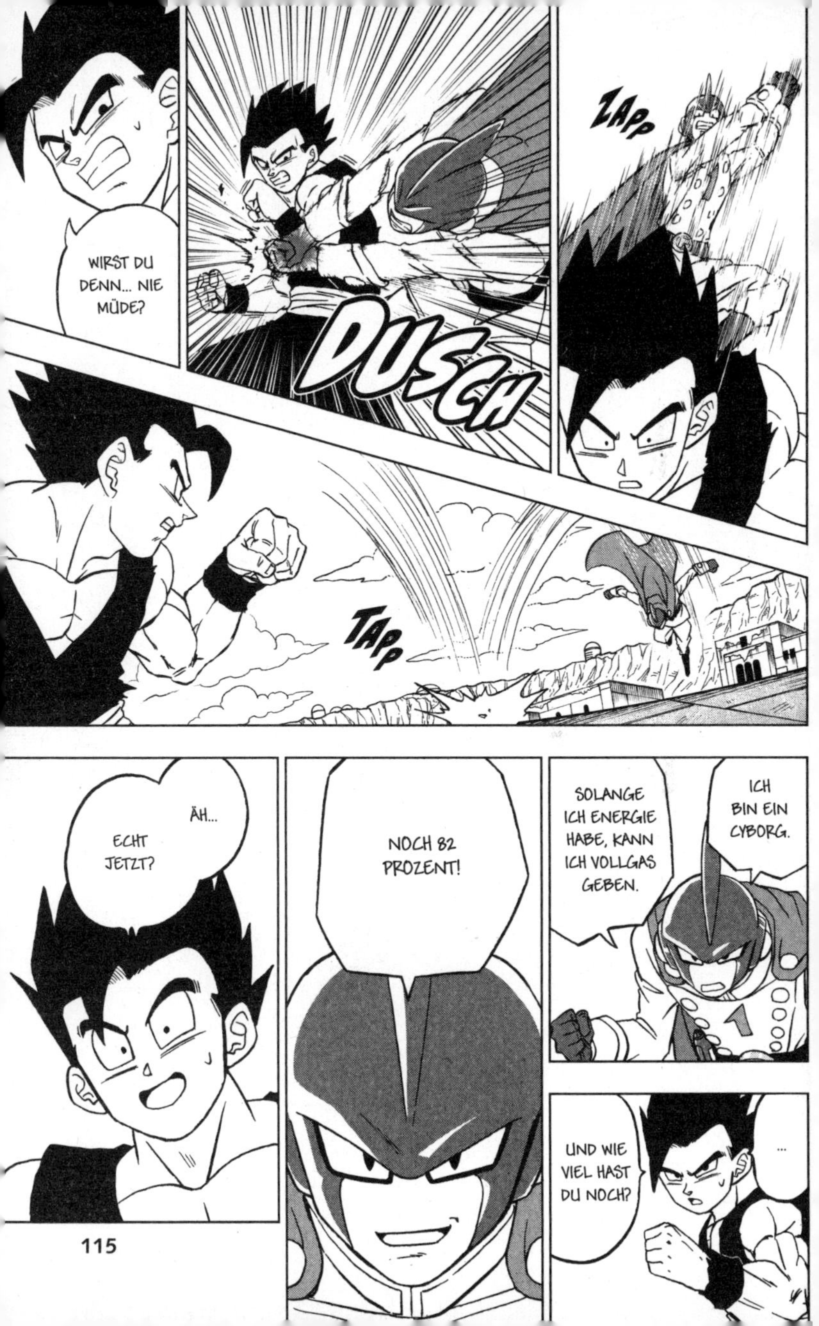
ZAPP
DUSCH
WIRST DU DENN... NIE MÜDE?
TAPP
ICH BIN EIN CYBORG.
SOLANGE ICH ENERGIE HABE, KANN ICH VOLLGAS GEBEN.
...
UND WIE VIEL HAST DU NOCH?
NOCH 82 PROZENT!
ÄH...
ECHT JETZT?

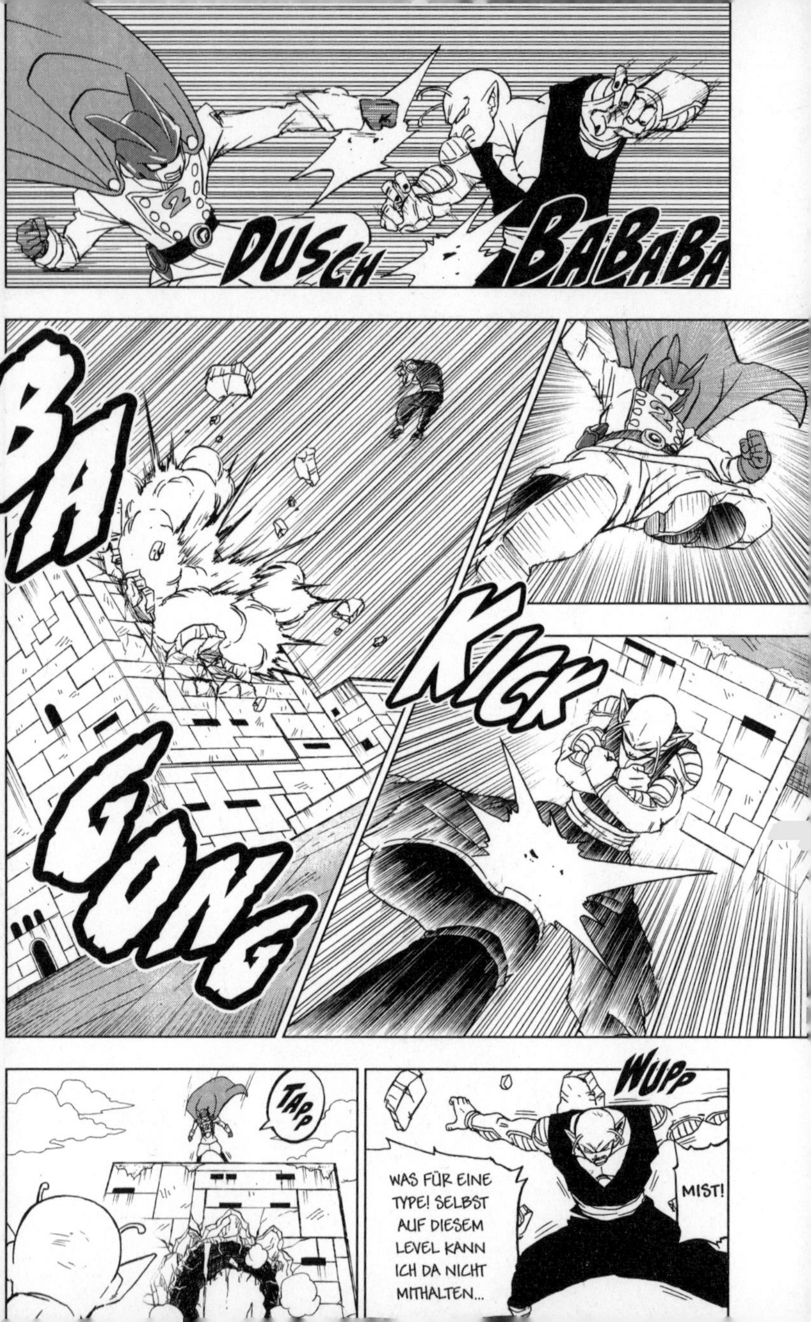
BABABA
DUSCH
KICK
BA
GONG
WUPP
MIST!
WAS FÜR EINE TYPE! SELBST AUF DIESEM LEVEL KANN ICH DA NICHT MITHALTEN...
TAPP

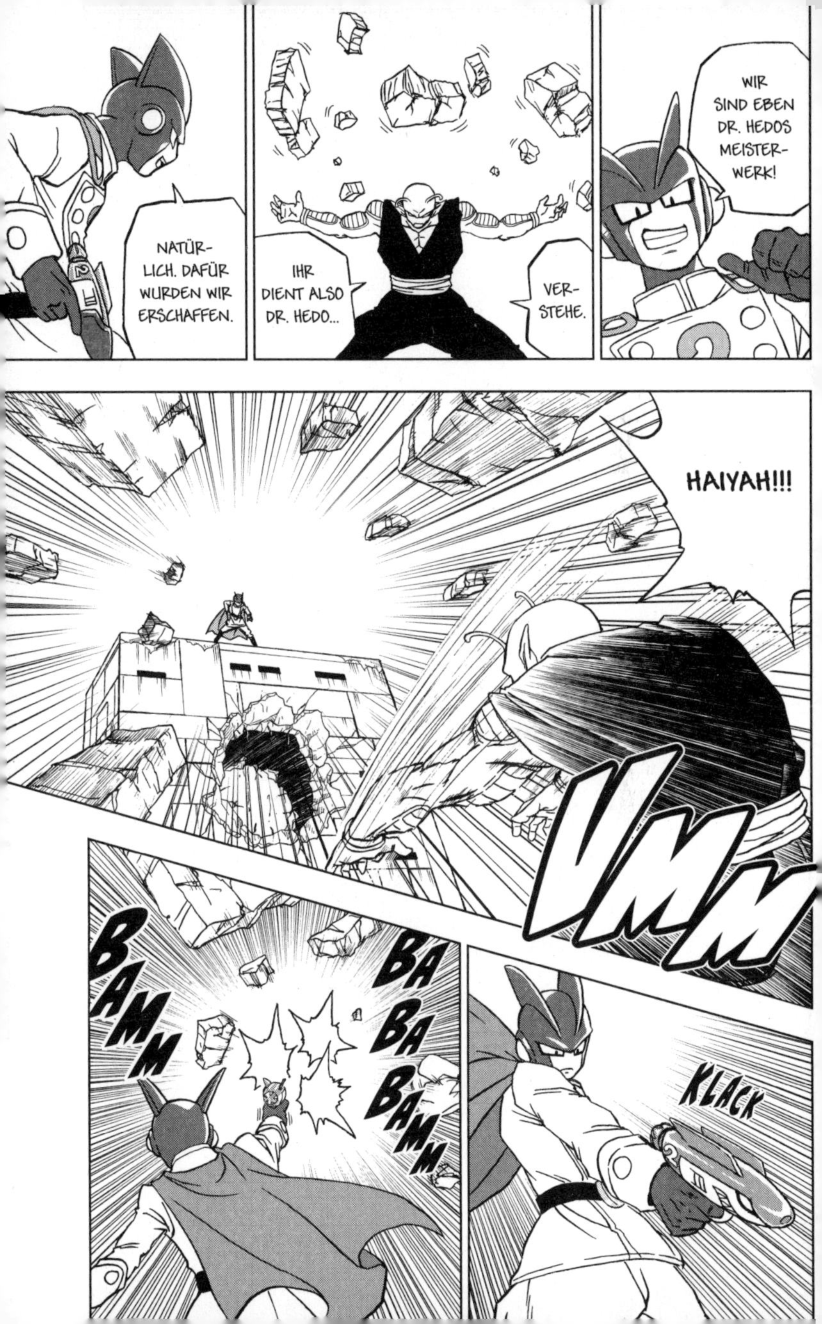
NATÜR-LICH. DAFÜR WURDEN WIR ERSCHAFFEN.
IHR DIENT ALSO DR. HEDO...
VER-STEHE.
WIR SIND EBEN DR. HEDOS MEISTER-WERK!
HAIYAH!!!
VUMM
BAMM
BA BA BA BAMM
KLACK

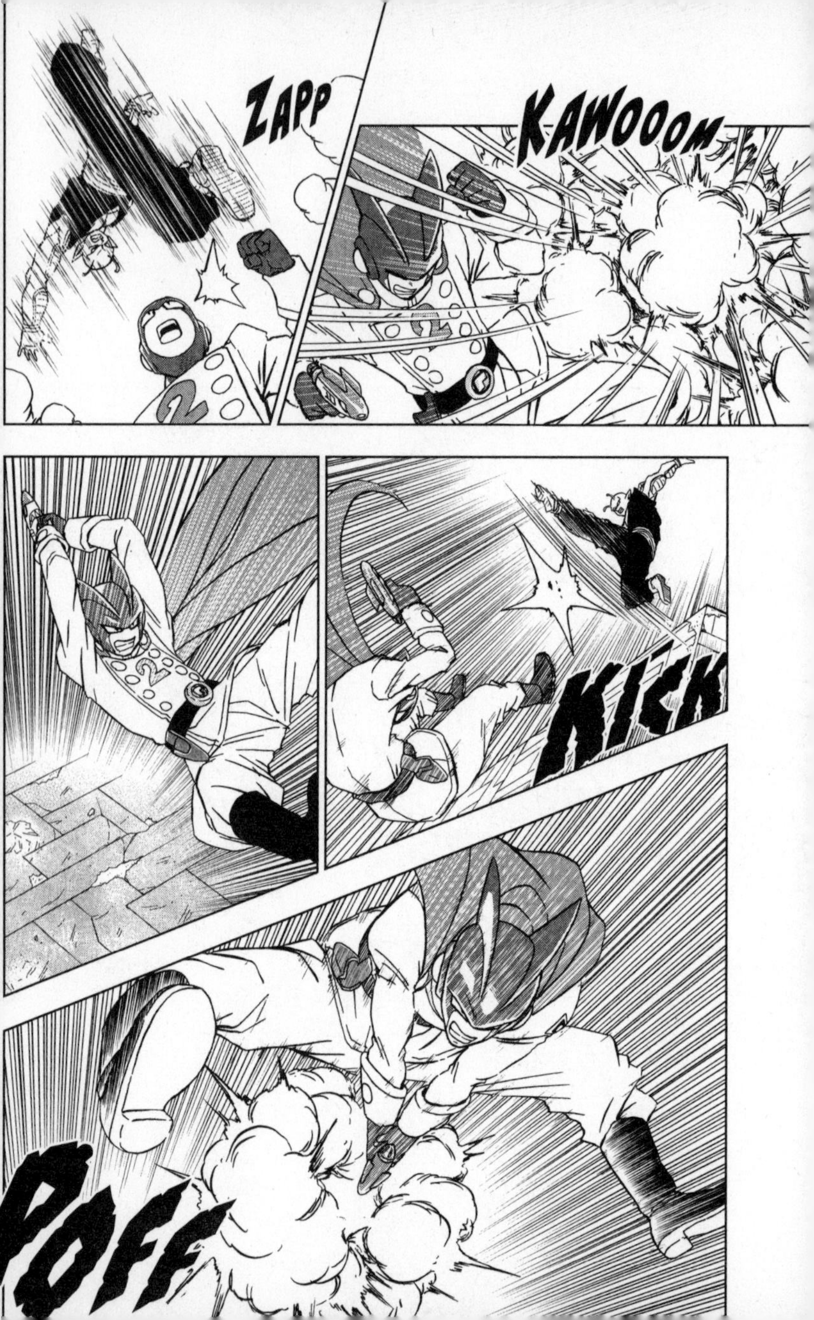
ZAPP
KAWOOOM
KICK
POFF

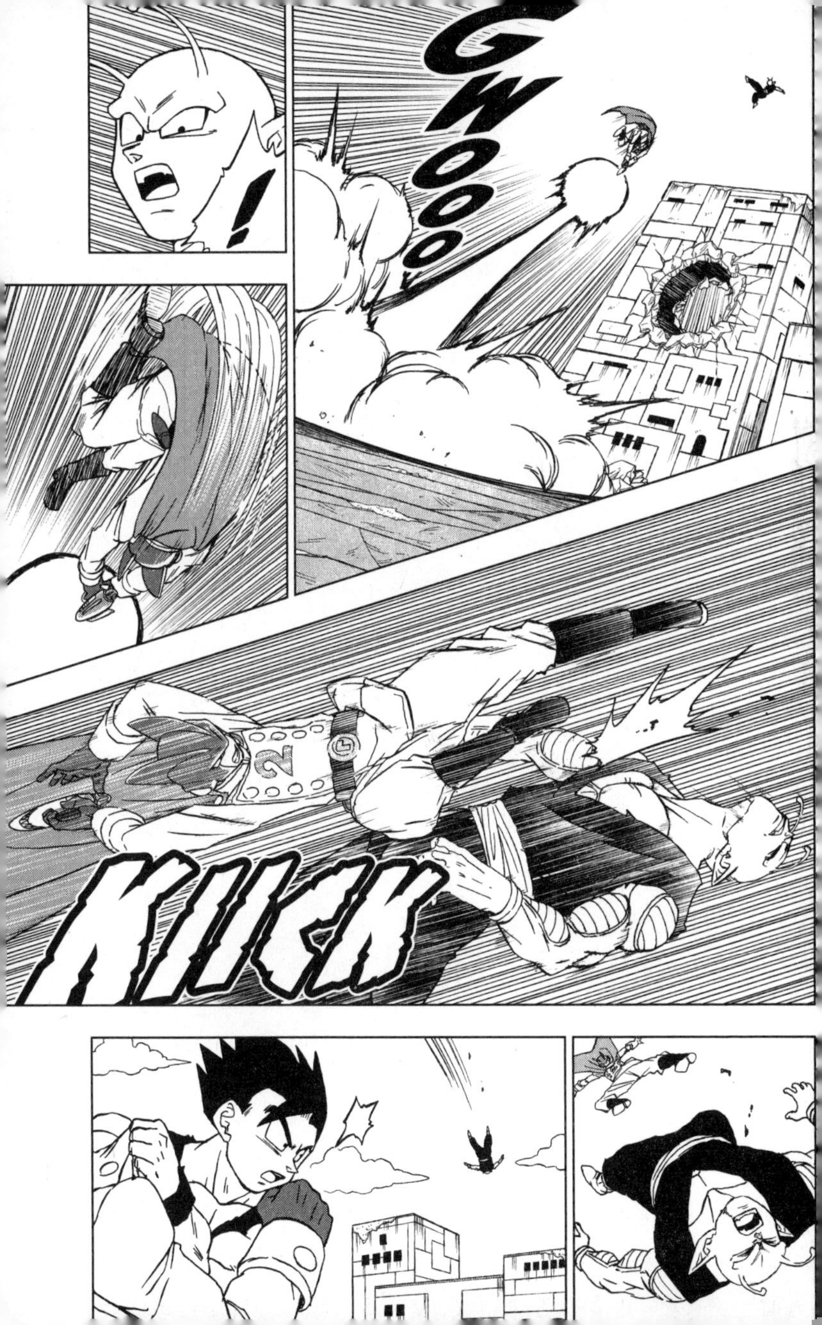

GWOOOO!
KICK

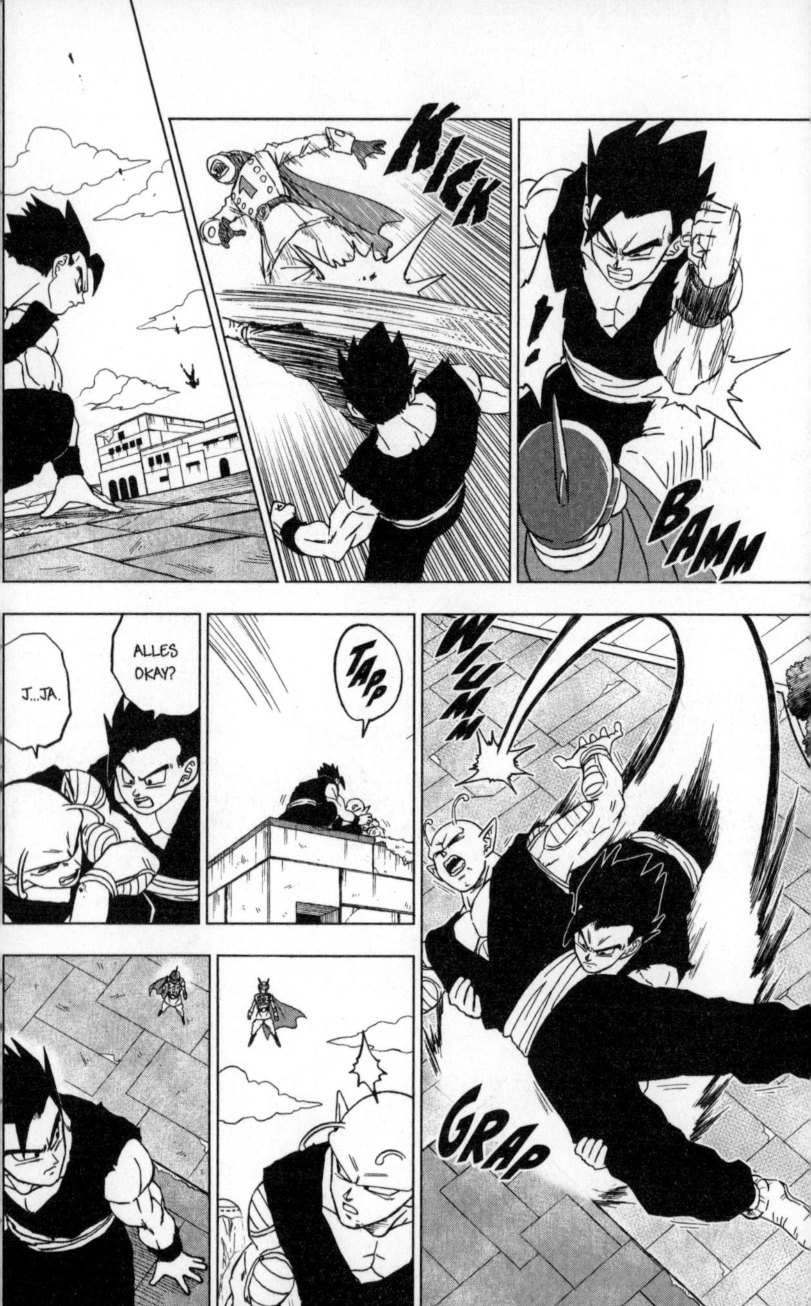
BAMM
!
KICK
WIUMM
TAPP
ALLES OKAY?
J...JA.
GRAP

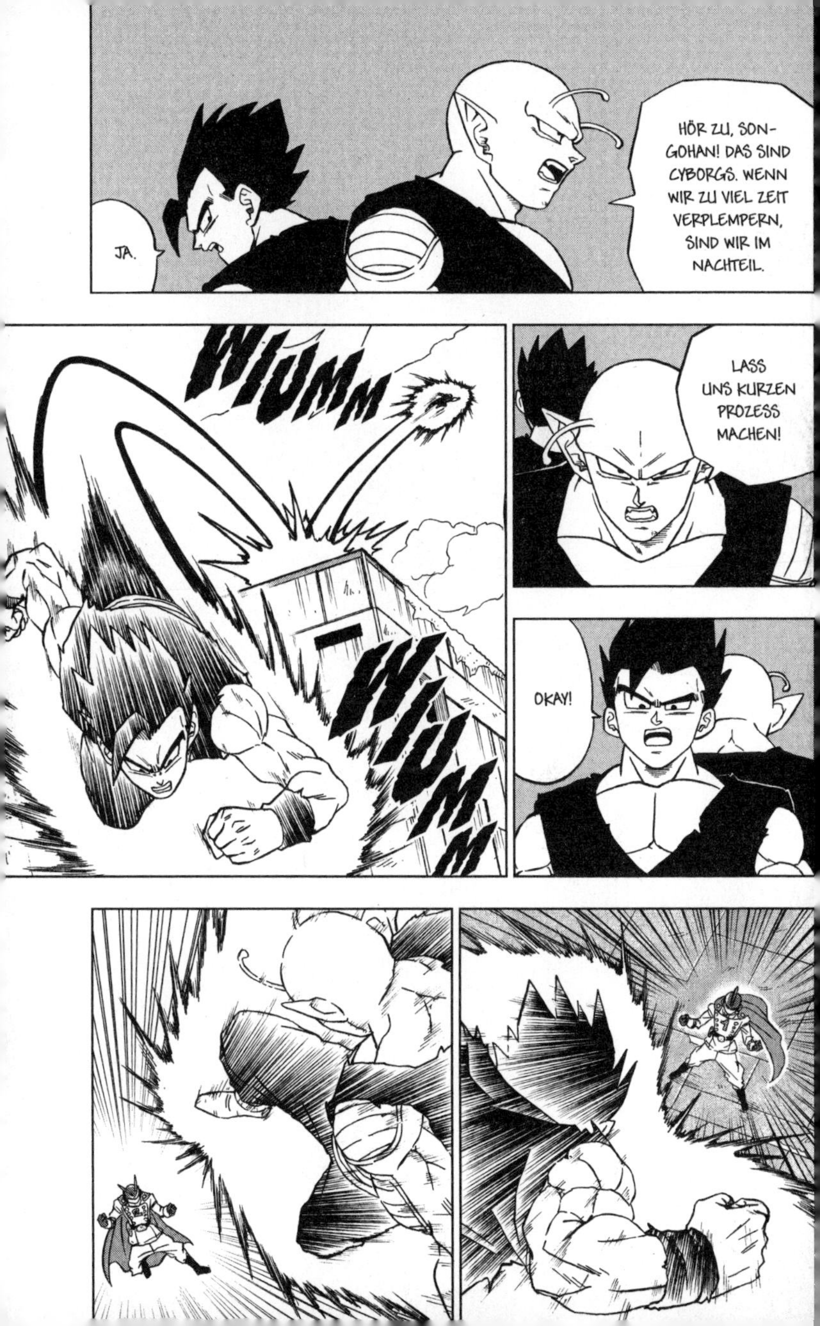
HÖR ZU, SON-GOHAN! DAS SIND CYBORGS. WENN WIR ZU VIEL ZEIT VERPLEMPERN, SIND WIR IM NACHTEIL.
JA.
WUMM
LASS UNS KURZEN PROZESS MACHEN!
WUMM
OKAY!

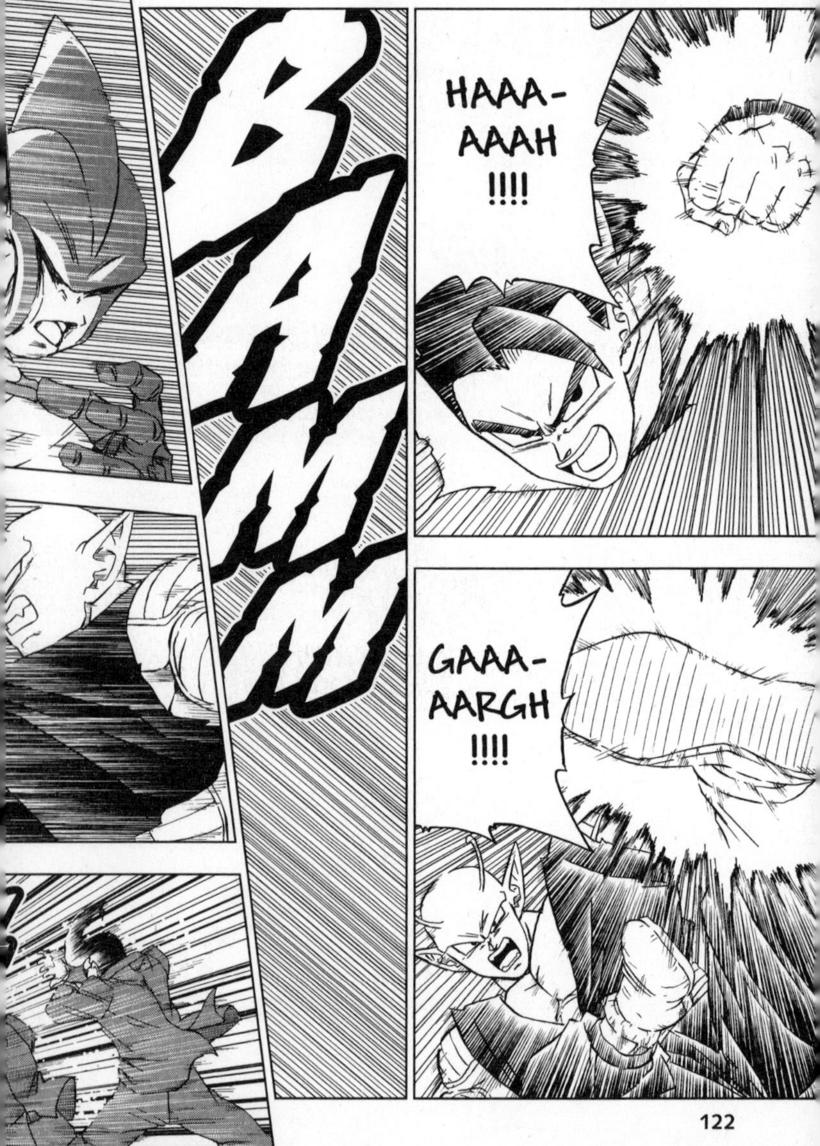
HAAA-
AAAH
!!!!
BAM
GAAA-
AARGH
!!!!

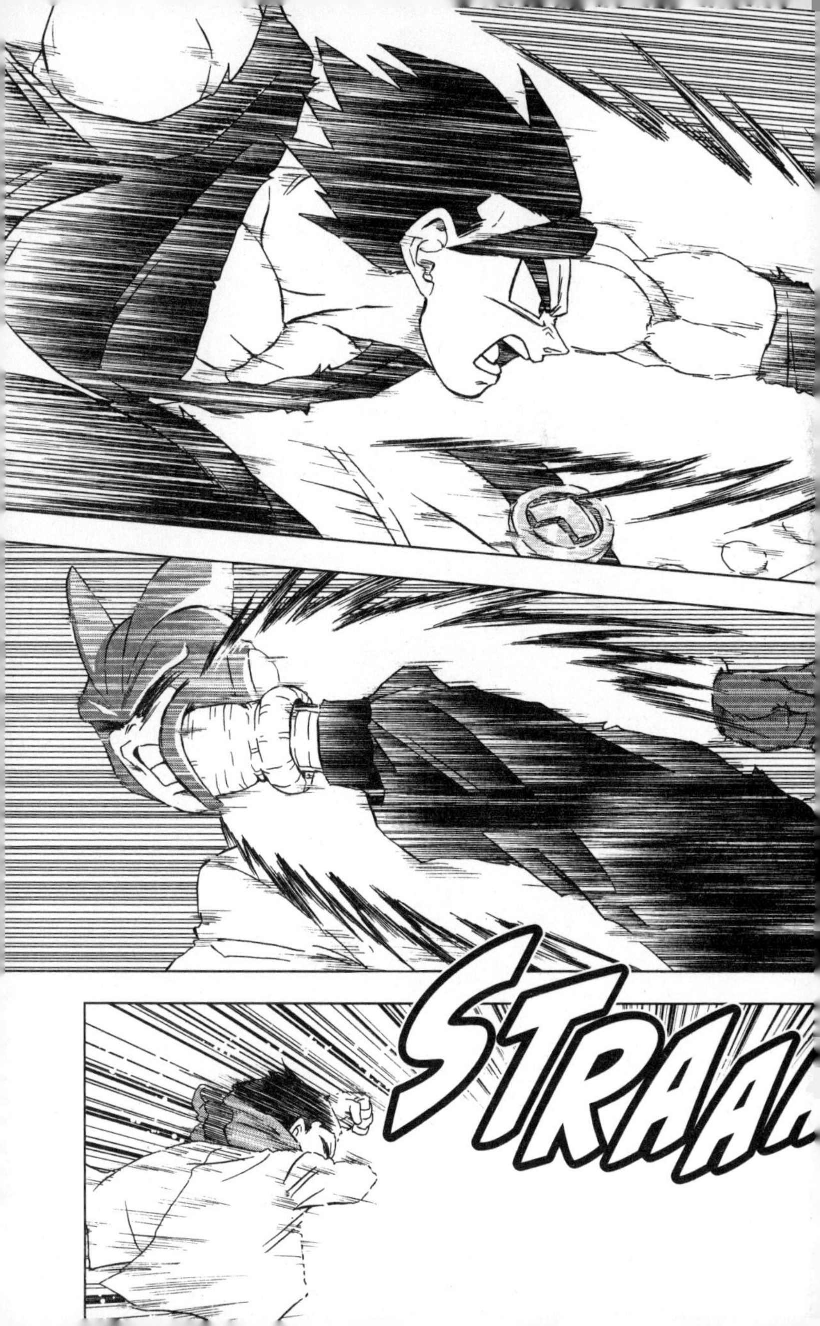
STRAA

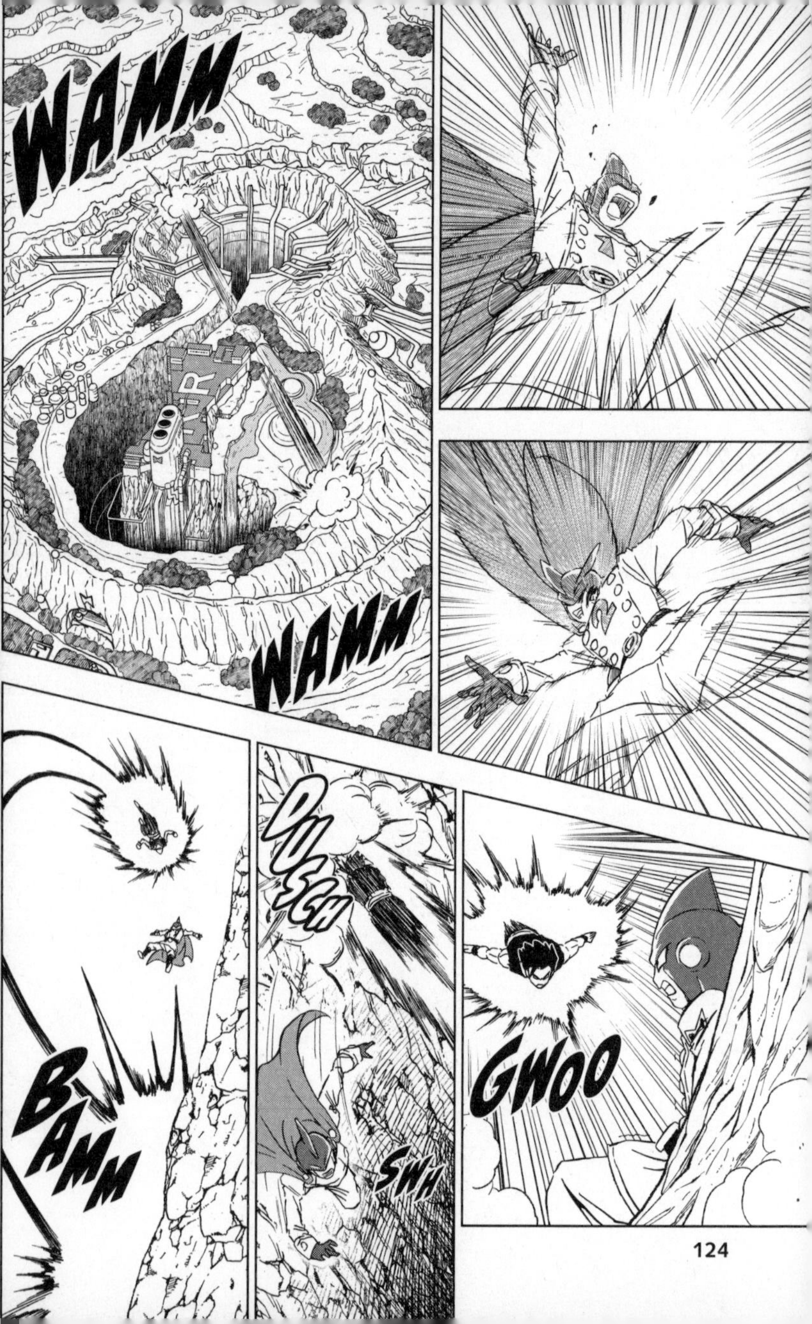
WAMM
WAMM
GWOO
DUSCH
SWH
BAMM

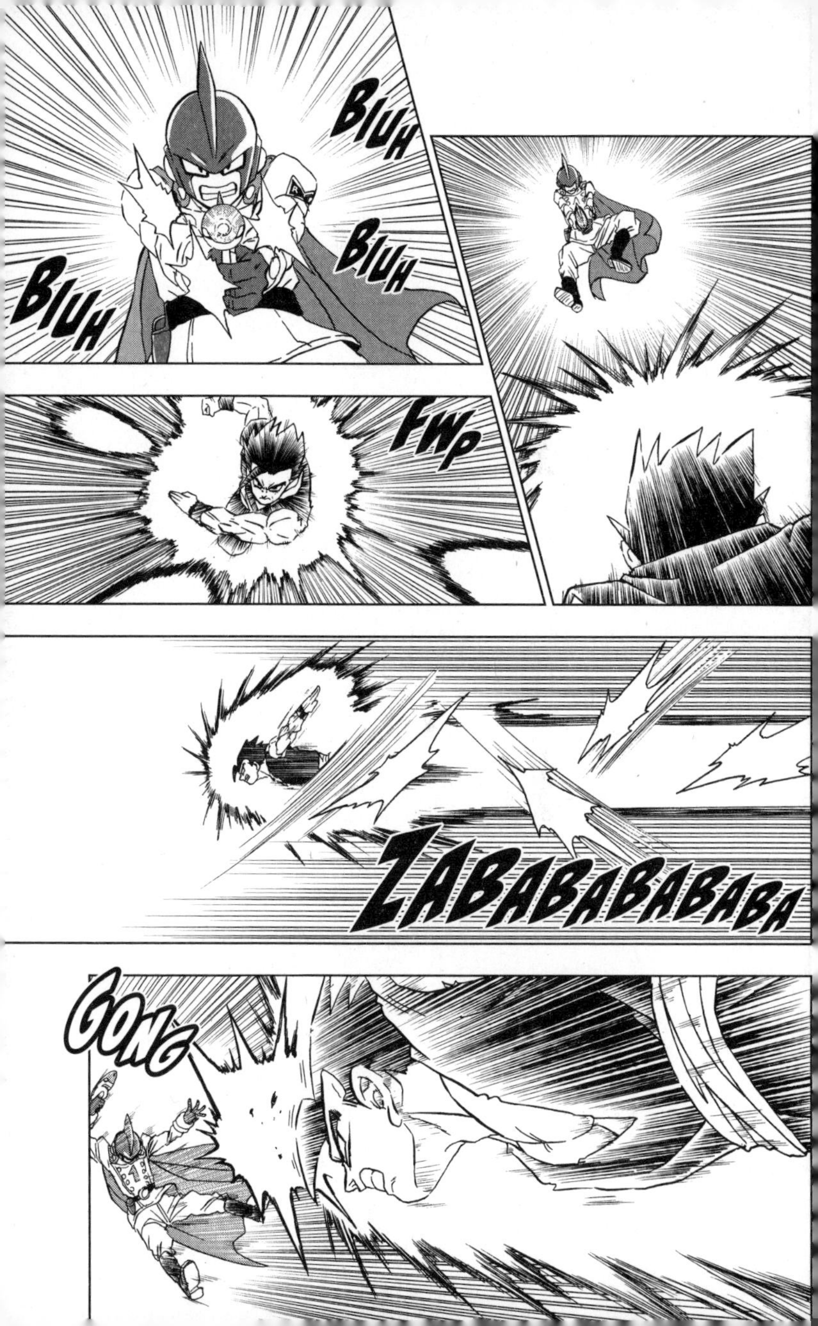
BIUH
BIUH
BIUH
FWP
ZABABABABABABA
GONG

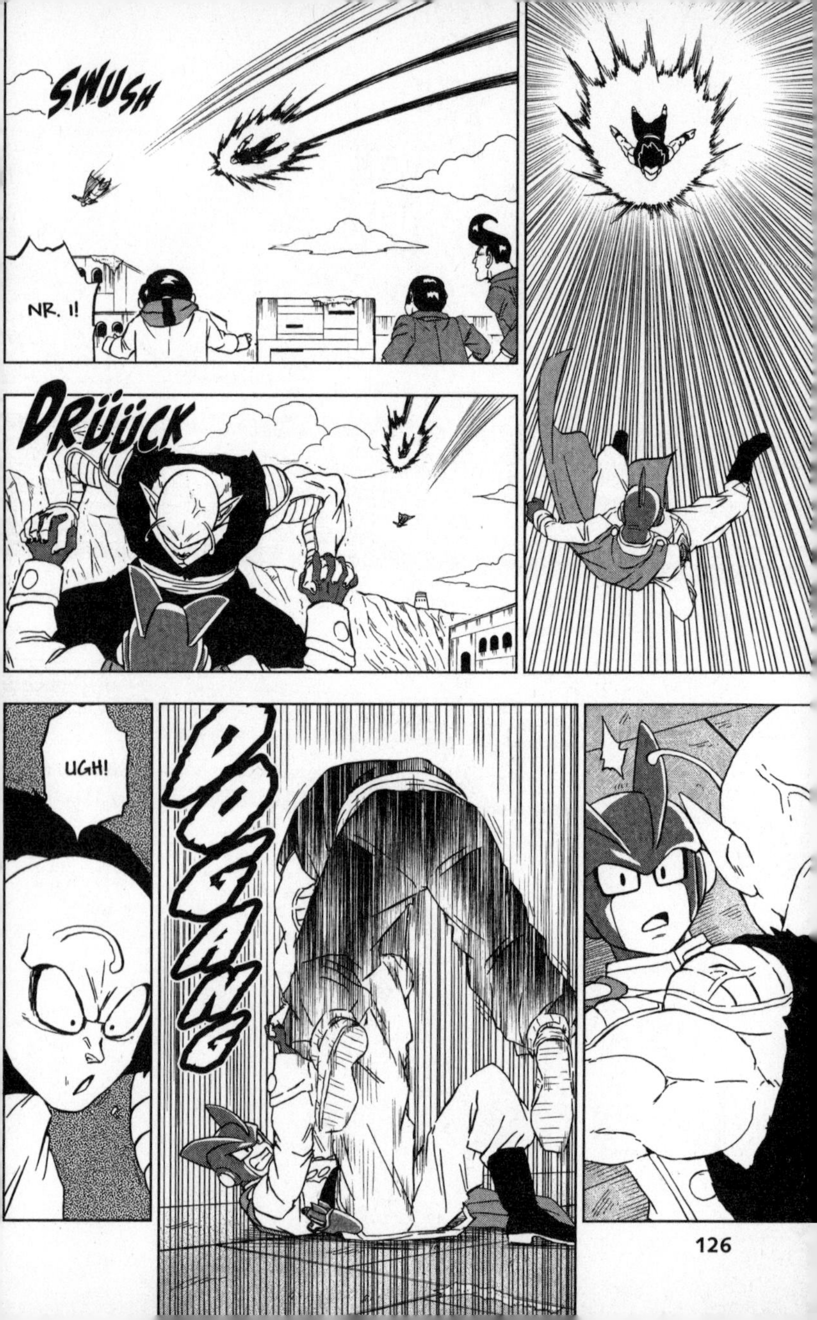
SWUSH
NR. 1!
DRÜÜCK
UGH!
DOGANG

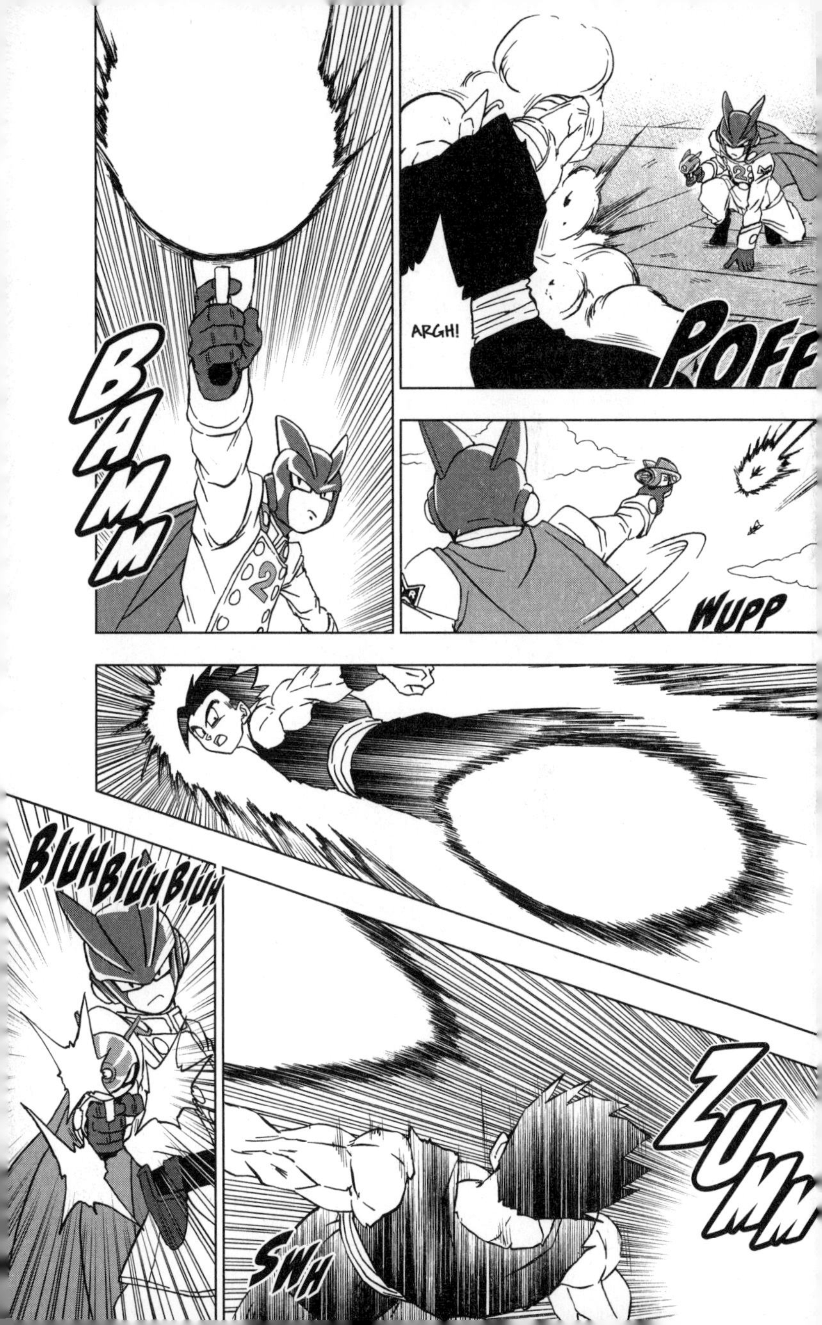
ARGH!
POFF
BAMM
WUPP
BIUHBIUHBIUH
ZUMM
SWH

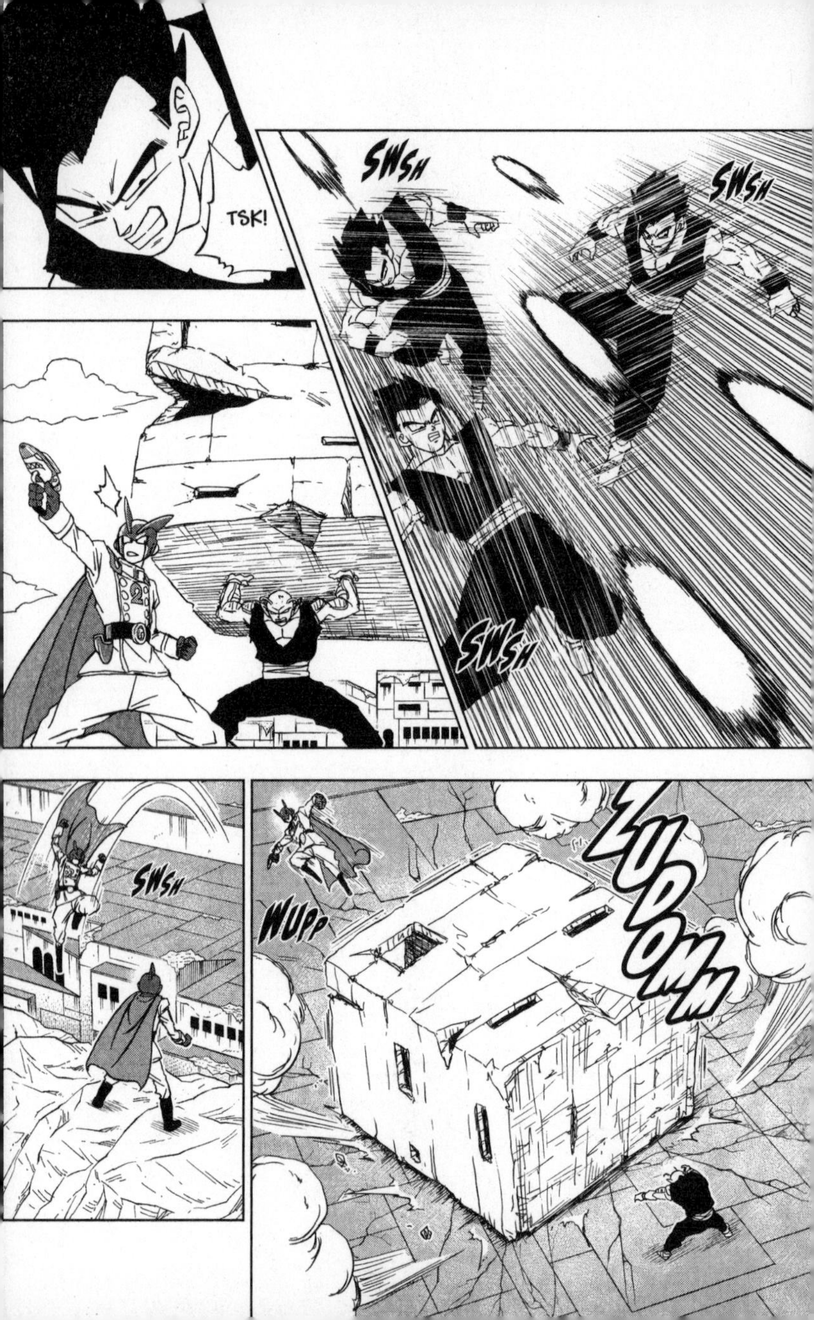
SWSH
SWSH
SWSH
TSK!
ZUDOMM
WUPP
SWSH

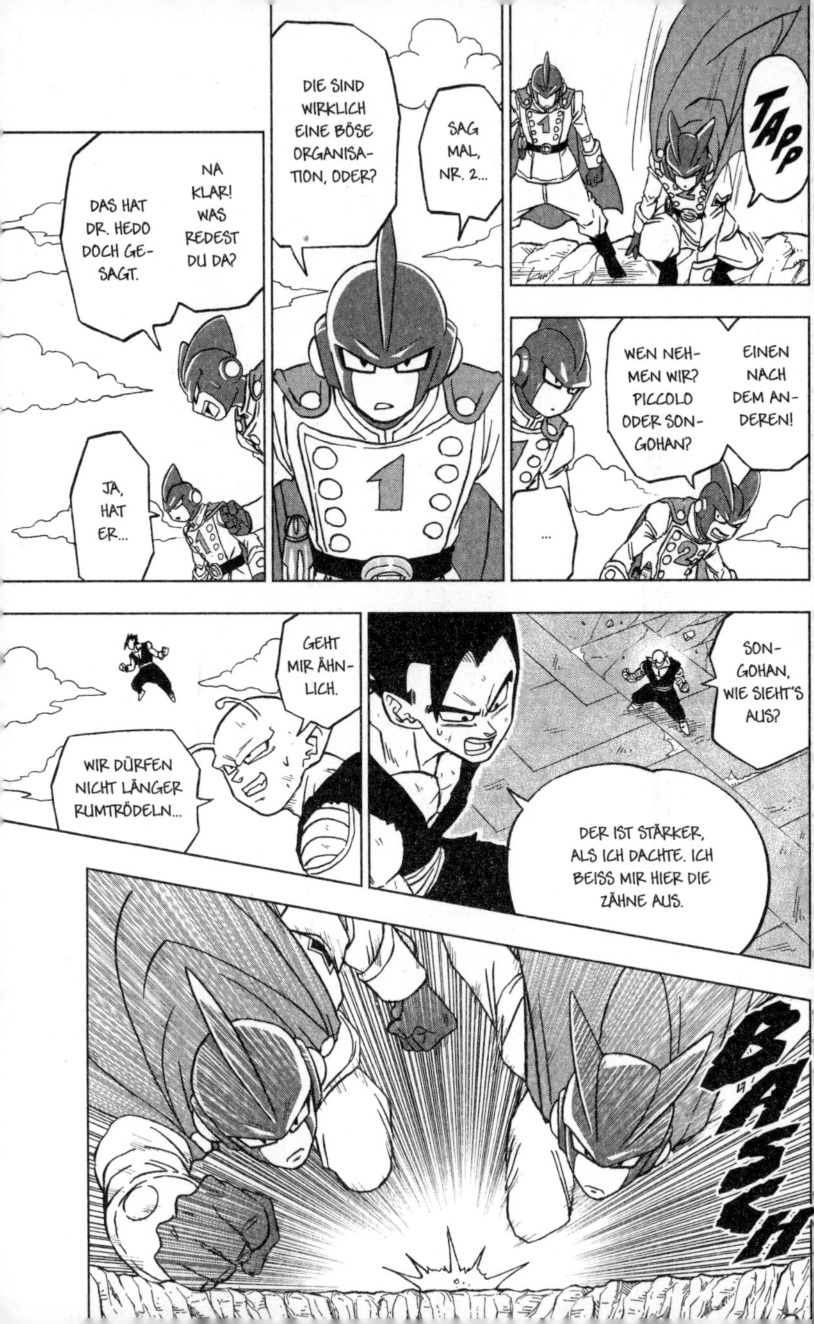
TAPP
WEN NEHMEN WIR? PICCOLO ODER SON-GOHAN?
EINEN NACH DEM ANDEREN!
...
SAG MAL, NR. 2...
DIE SIND WIRKLICH EINE BÖSE ORGANISATION, ODER?
NA KLAR! WAS REDEST DU DA?
DAS HAT DR. HEDO DOCH GESAGT.
JA, HAT ER...
SON-GOHAN, WIE SIEHT'S AUS?
DER IST STÄRKER, ALS ICH DACHTE. ICH BEISS MIR HIER DIE ZÄHNE AUS.
GEHT MIR ÄHNLICH.
WIR DÜRFEN NICHT LÄNGER RUMTRÖDELN...
BASCH

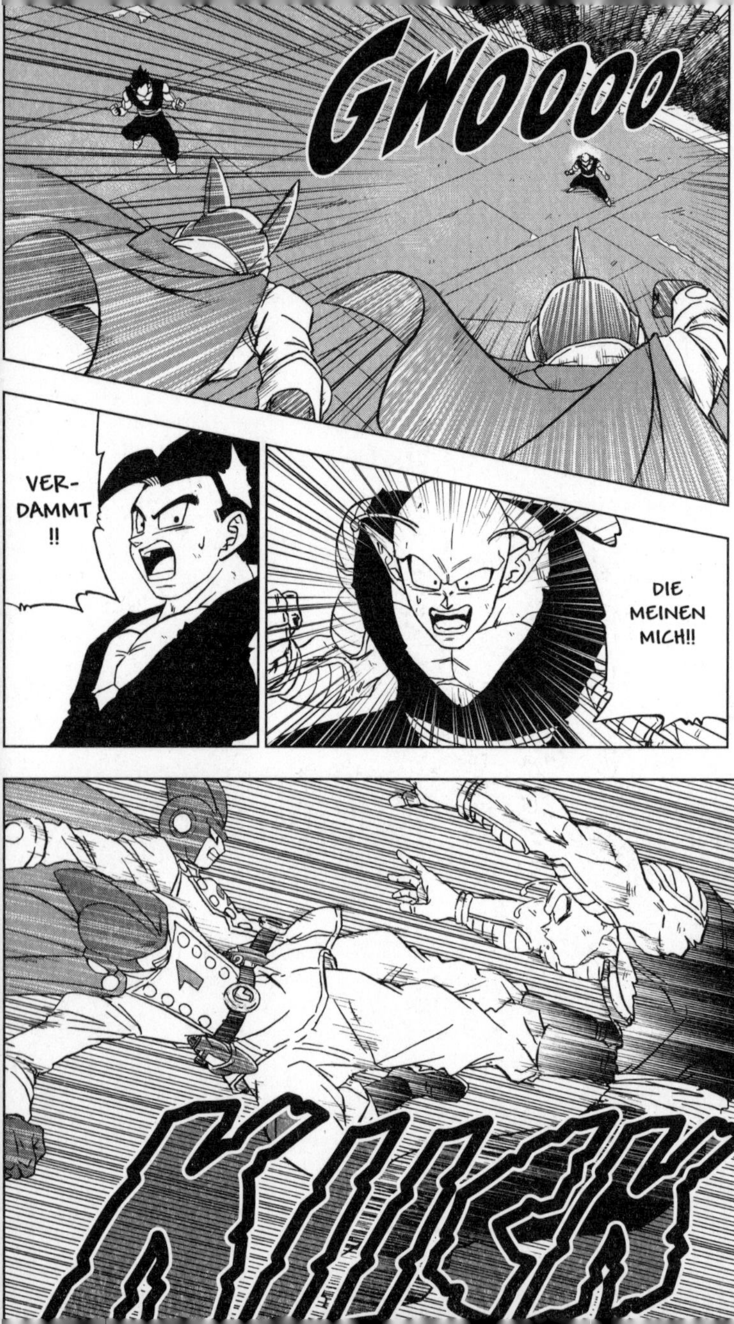
GWOOOO
DIE MEINEN MICH!!
VER-DAMMT !!

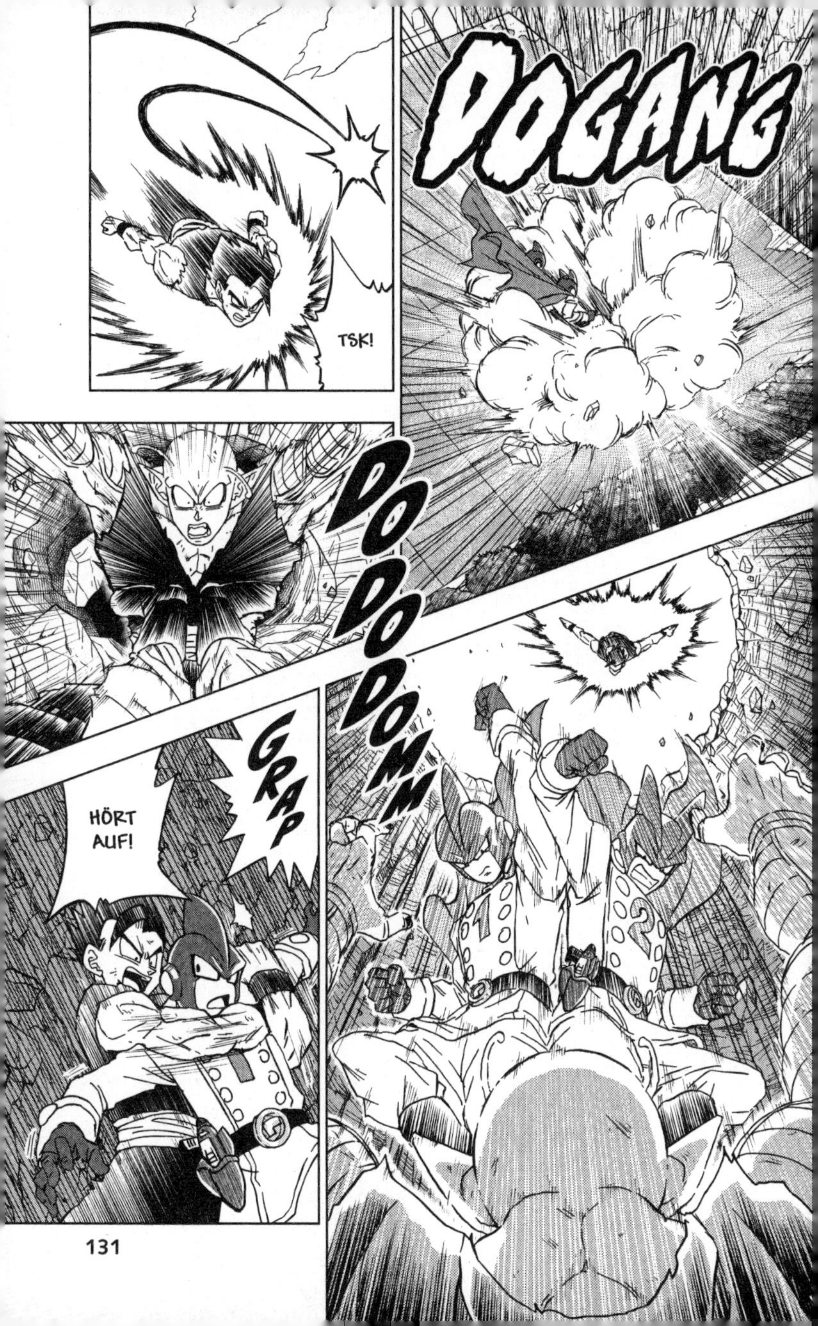
DOGANG
TSK!
DODODOMM
GRAP
HÖRT AUF!

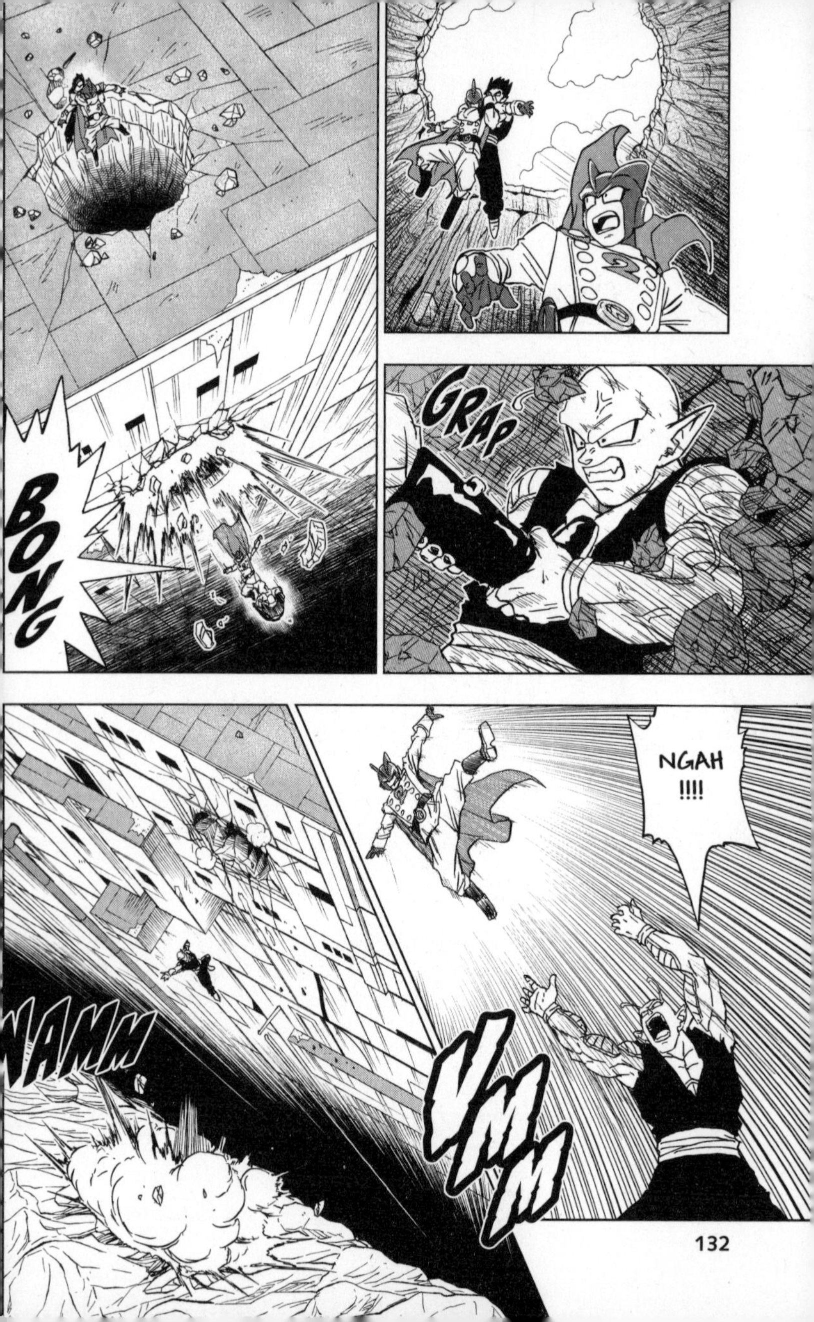
BONG
GRAP
NGAH !!!!

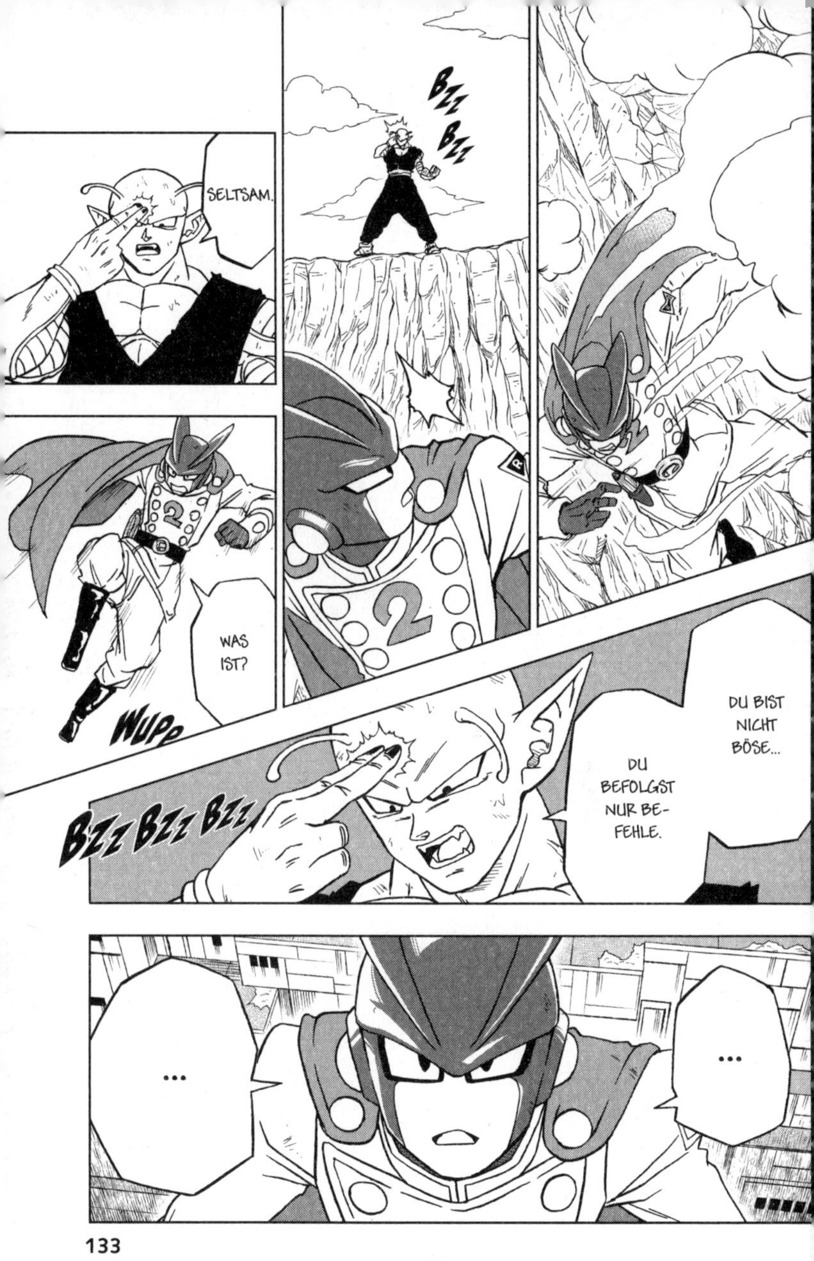
BZZ BZZ
SELTSAM.
WAS IST?
WUPP
DU BIST NICHT BÖSE...
DU BEFOLGST NUR BE-FEHLE.
BZZ BZZ BZZ
...
...

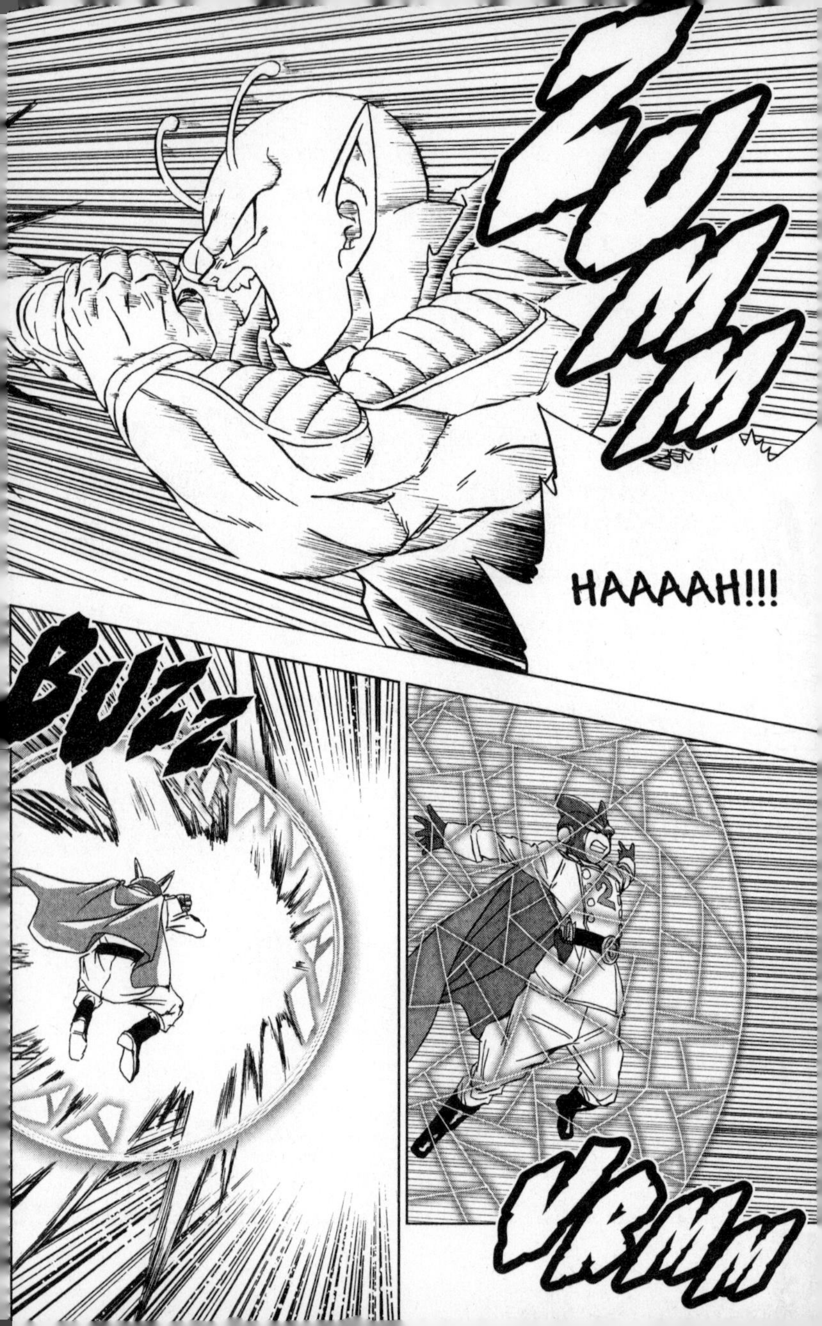
ZOMM
HAAAAH!!!
VRMM
BUZZ

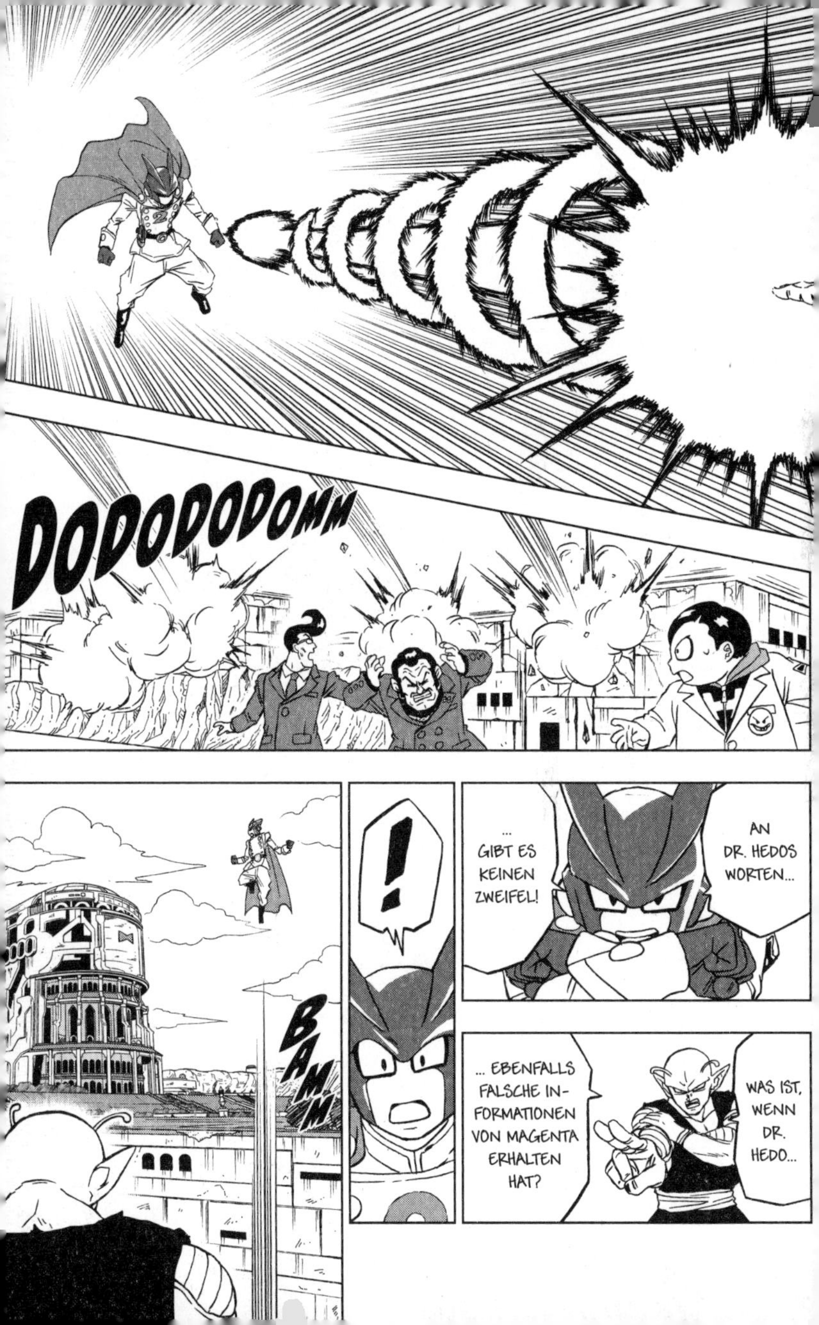
DODODODOMM
AN DR. HEDOS WORTEN...
... GIBT ES KEINEN ZWEIFEL!
WAS IST, WENN DR. HEDO...
... EBENFALLS FALSCHE IN-FORMATIONEN VON MAGENTA ERHALTEN HAT?
!
BAMM

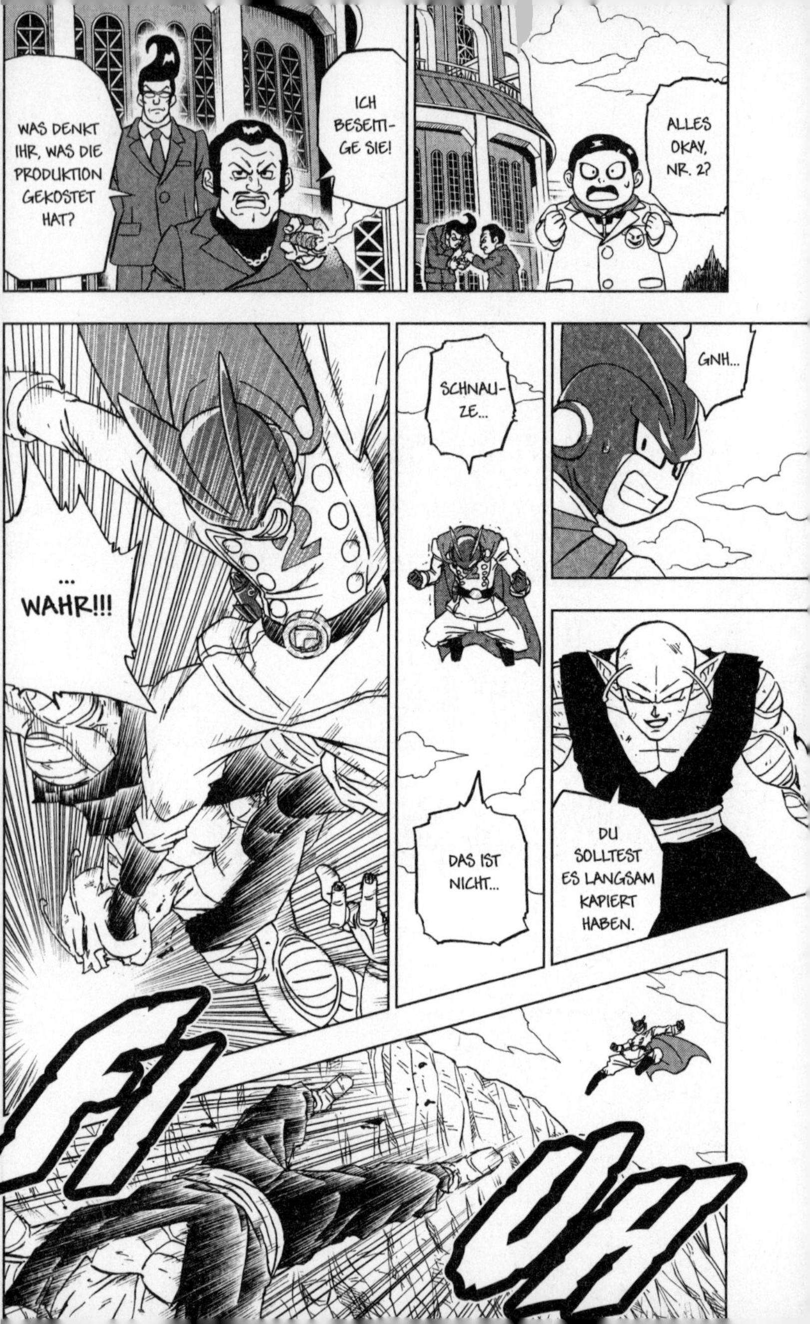
ALLES OKAY, NR. 2?
ICH BESEITI-GE SIE!
WAS DENKT IHR, WAS DIE PRODUKTION GEKOSTET HAT?
GNH...
SCHNAU-ZE...
DU SOLLTEST ES LANGSAM KAPIERT HABEN.
DAS IST NICHT...
... WAHR!!!

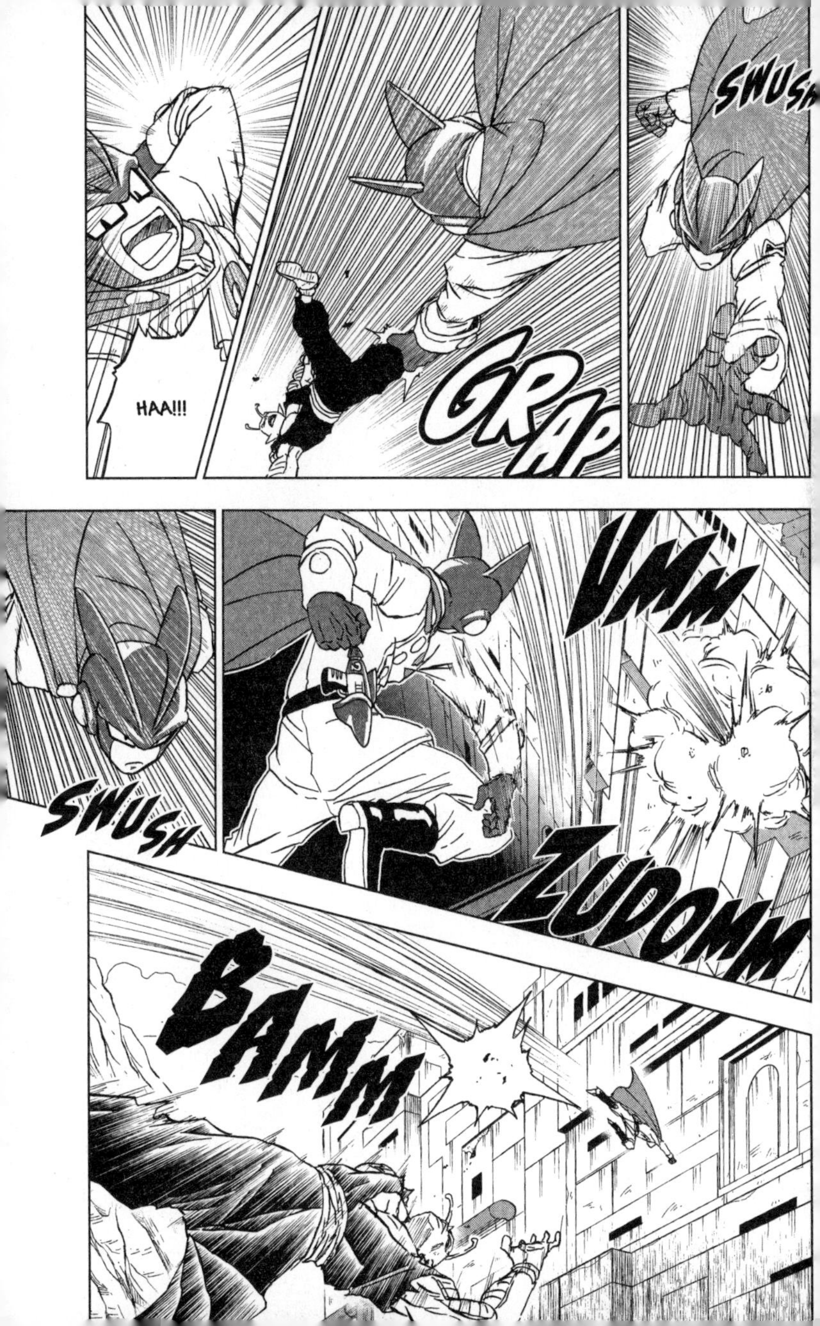

SWUSH
GRAP
HAA!!!
SWUSH
VMM
ZUDOMM
BAMM

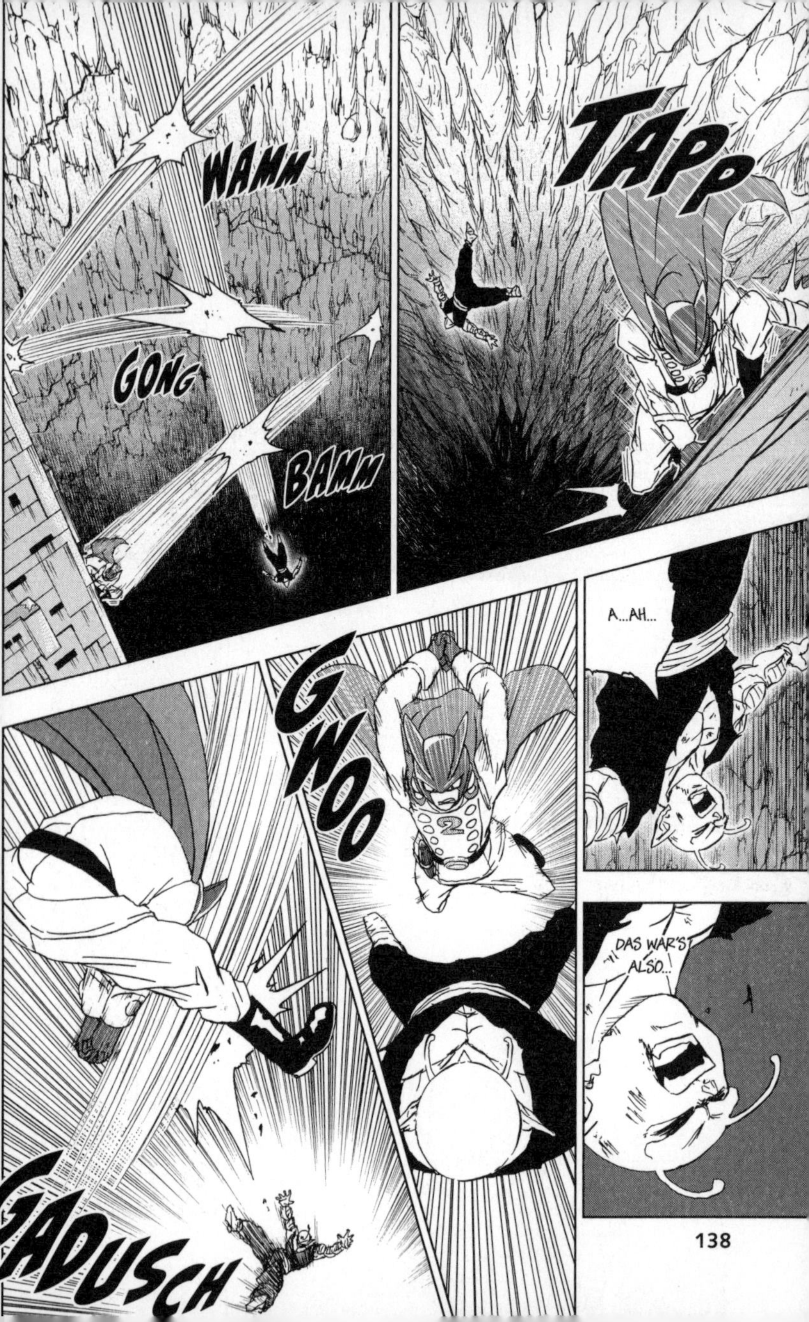
TAPP
WAMM
GONG
BAMM
A...AH...
GWOO
DAS WAR'S ALSO...
GADUSCH

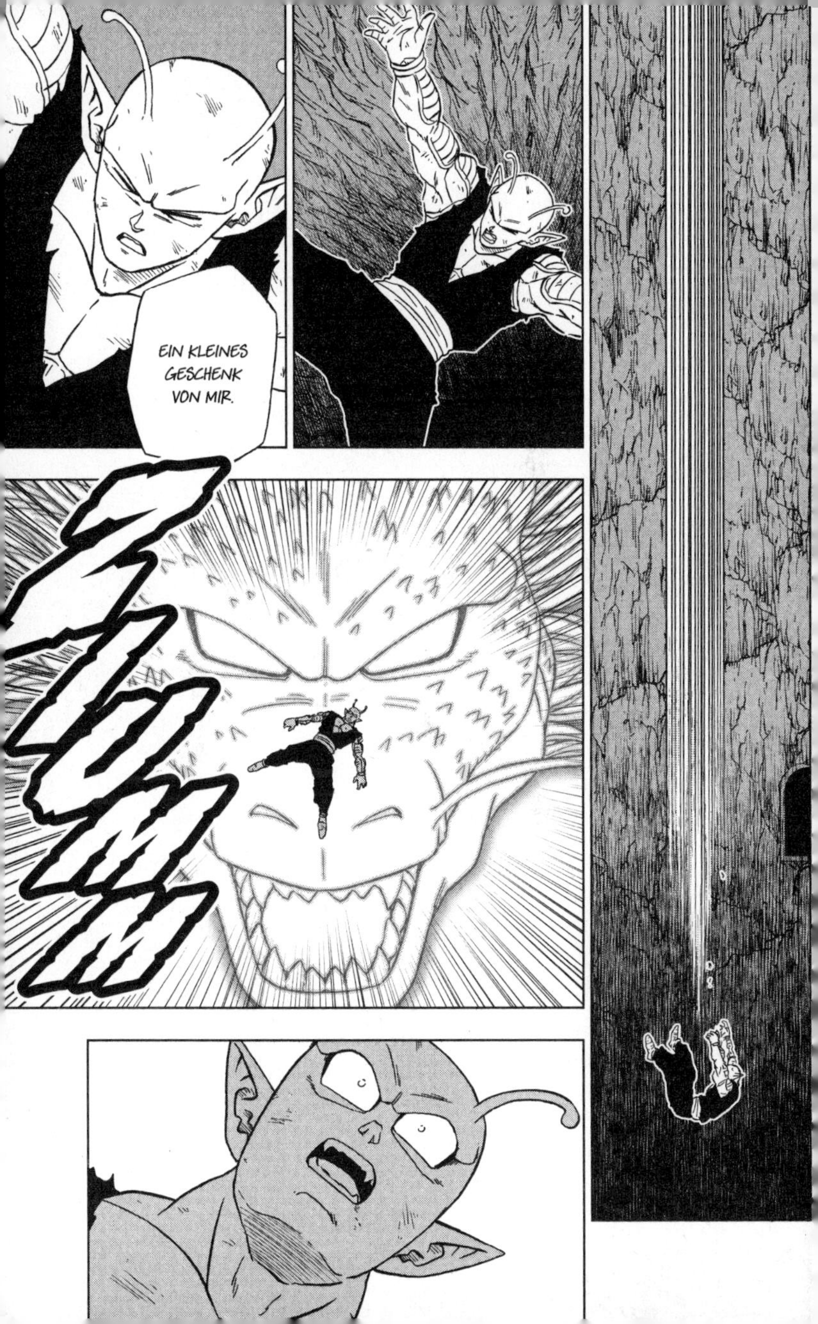
EIN KLEINES GESCHENK VON MIR.

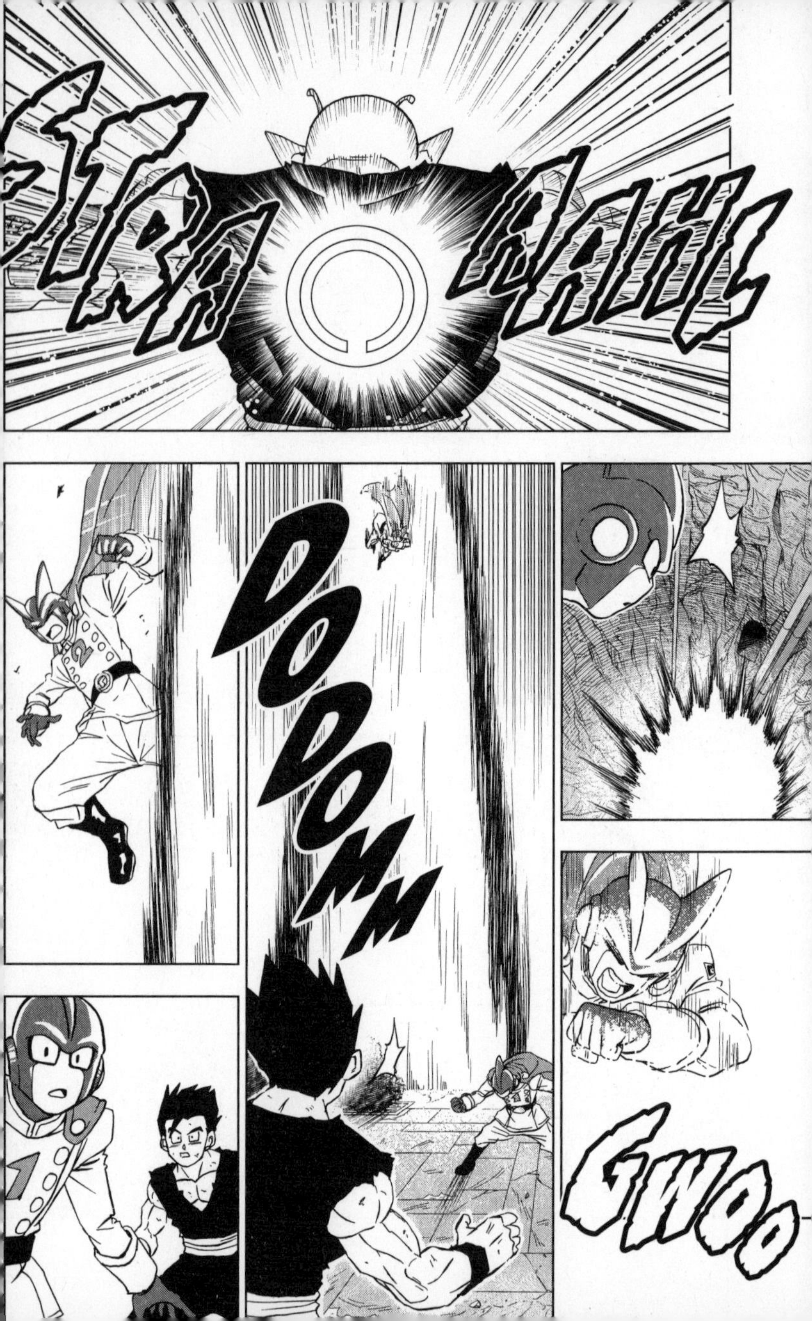
DODOMM
GWOO

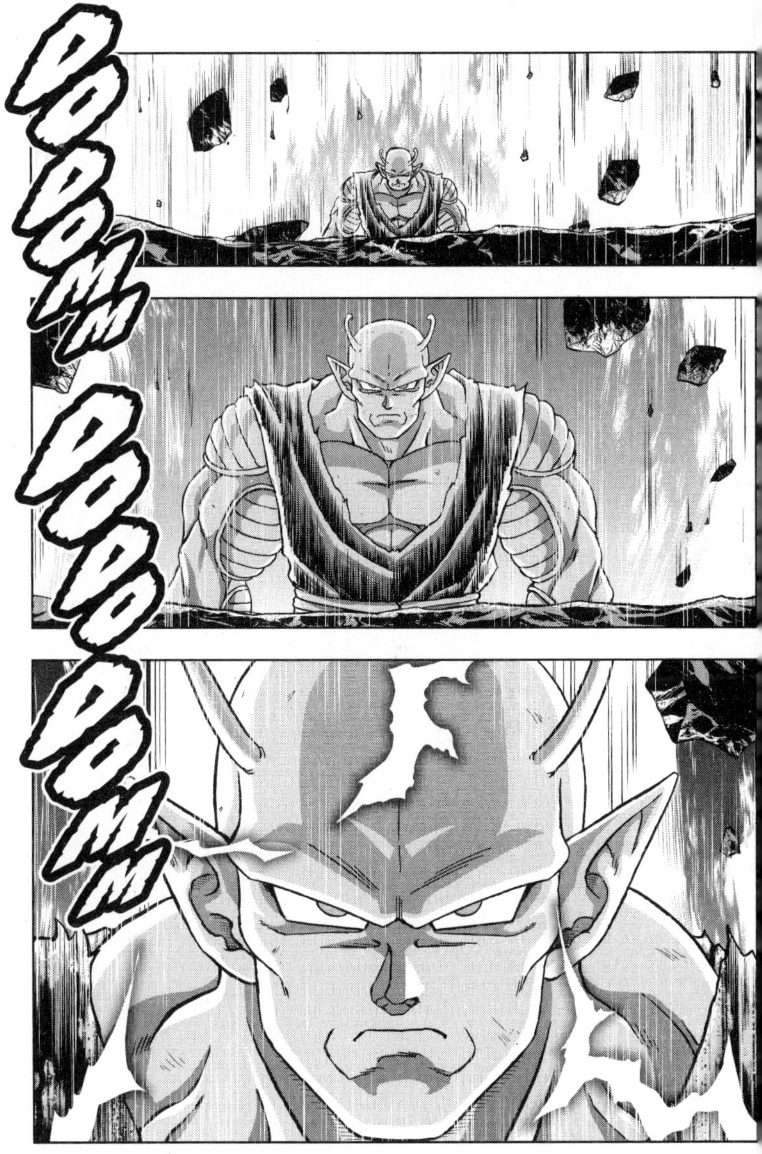
DODOM DODODODOM

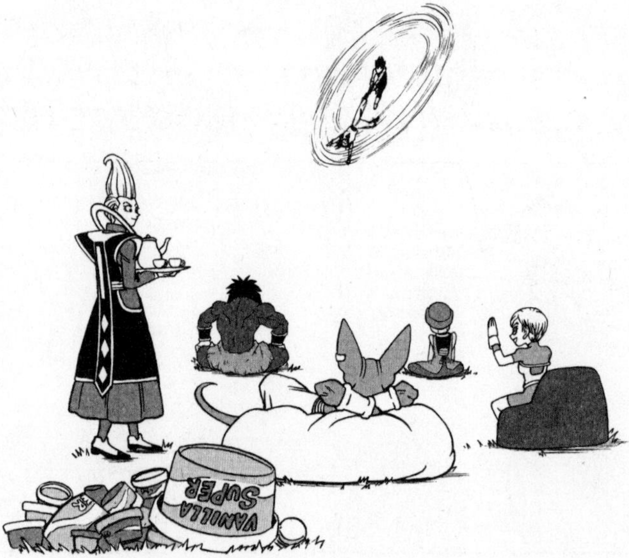
VANILLA
SUPER

DRAGON BALL SUPER

KAPITEL 96: RING FREI FÜR DIE SAIYAMAN

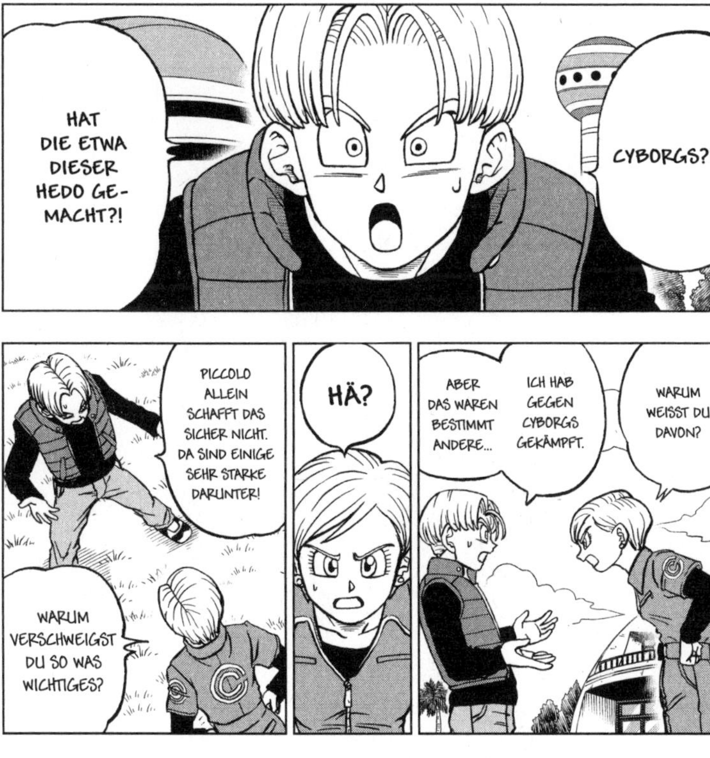

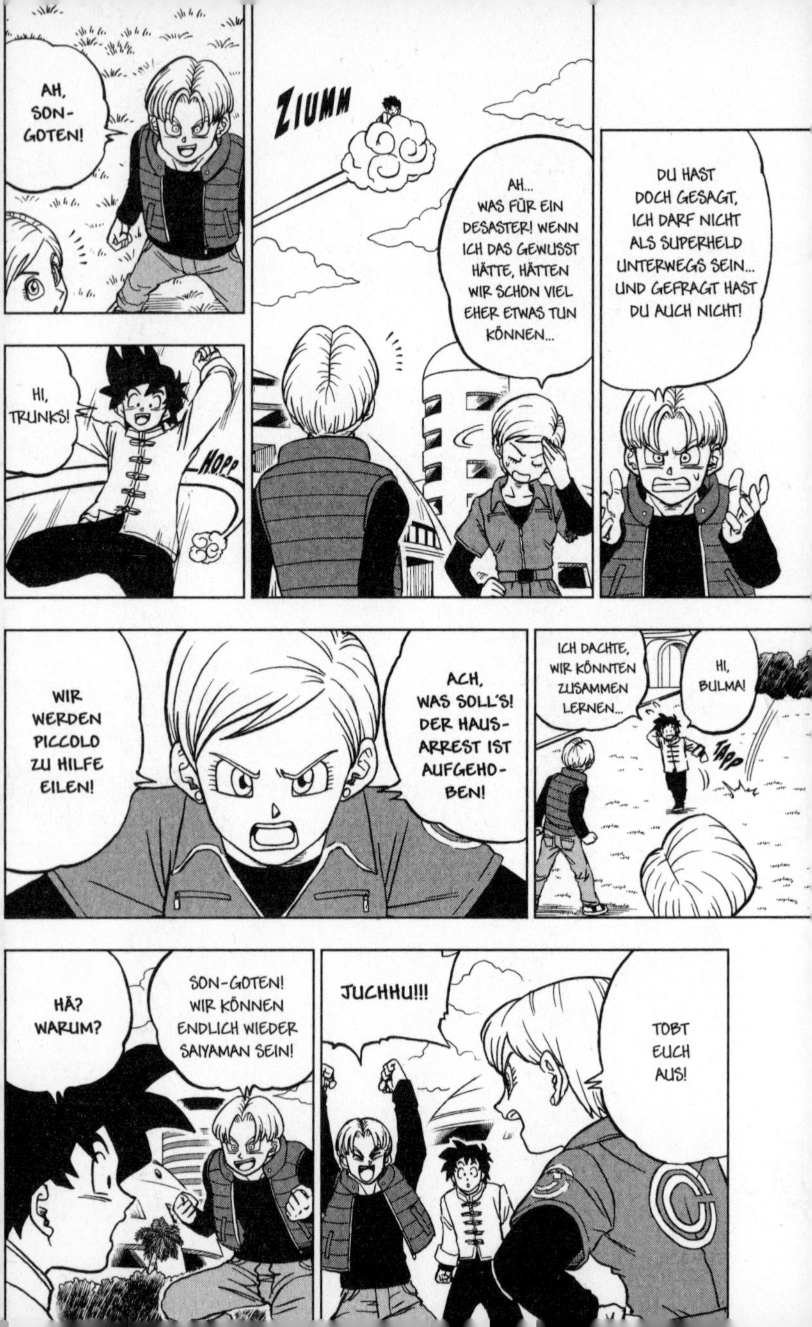
AH, SON-GOTEN!
ZIUMM
HI, TRUNKS!
HOPP
AH... WAS FÜR EIN DESASTER! WENN ICH DAS GEWUSST HÄTTE, HÄTTEN WIR SCHON VIEL EHER ETWAS TUN KÖNNEN...
DU HAST DOCH GESAGT, ICH DARF NICHT ALS SUPERHELD UNTERWEGS SEIN... UND GEFRAGT HAST DU AUCH NICHT!
ICH DACHTE, WIR KÖNNTEN ZUSAMMEN LERNEN...
HI, BULMA!
TAPP
ACH, WAS SOLL'S! DER HAUS-ARREST IST AUFGEHO-BEN!
WIR WERDEN PICCOLO ZU HILFE EILEN!
HÄ? WARUM?
SON-GOTEN! WIR KÖNNEN ENDLICH WIEDER SAIYAMAN SEIN!
JUCHHU!!!
TOBT EUCH AUS!

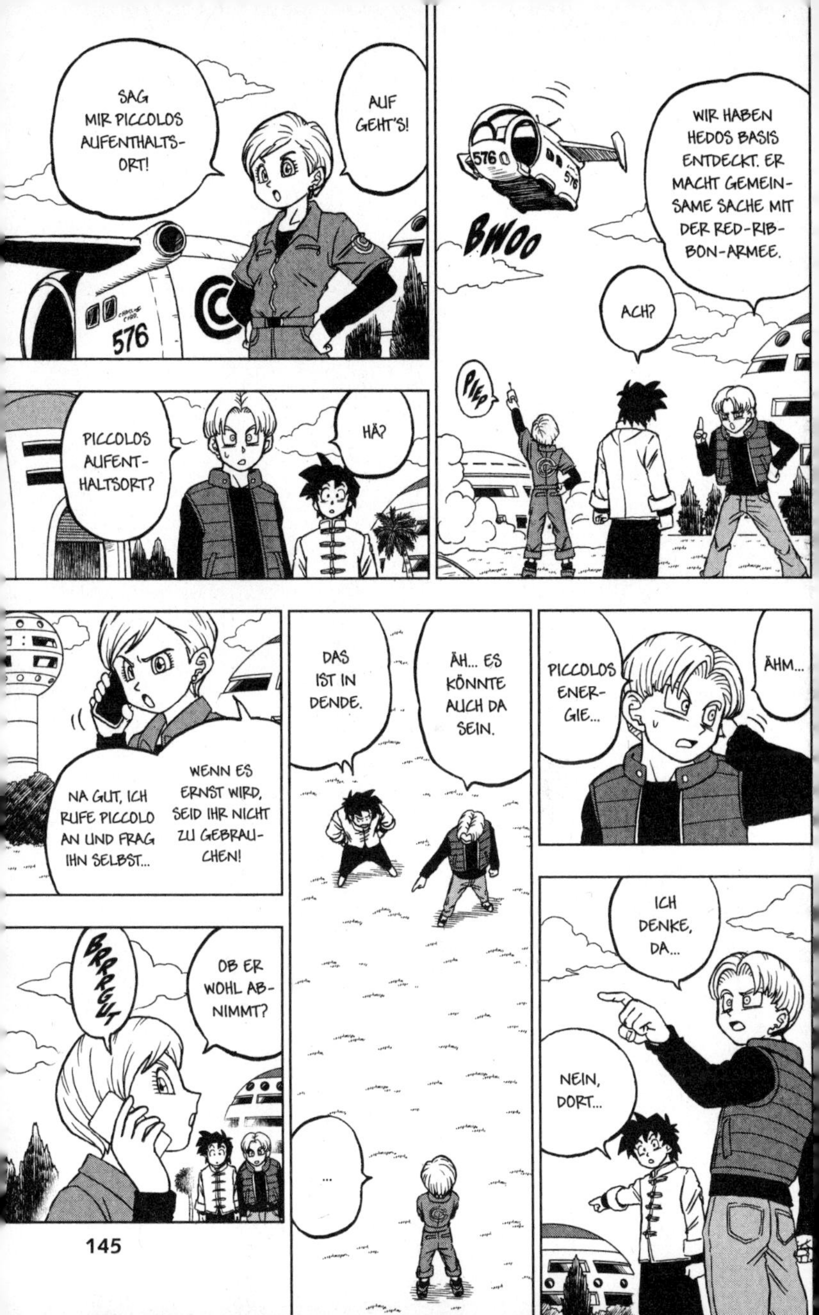
WIR HABEN HEDOS BASIS ENTDECKT. ER MACHT GEMEINSAME SACHE MIT DER RED-RIBBON-ARMEE.
BWOO
ACH?
PIEP
AUF GEHT'S!
SAG MIR PICCOLOS AUFENTHALTSORT!
HÄ?
PICCOLOS AUFENTHALTSORT?
ÄHM...
PICCOLOS ENERGIE...
ÄH... ES KÖNNTE AUCH DA SEIN.
DAS IST IN DENDE.
WENN ES ERNST WIRD, SEID IHR NICHT ZU GEBRAUCHEN!
NA GUT, ICH RUFE PICCOLO AN UND FRAG IHN SELBST...
ICH DENKE, DA...
NEIN, DORT...
...
OB ER WOHL ABNIMMT?
BRRRGU

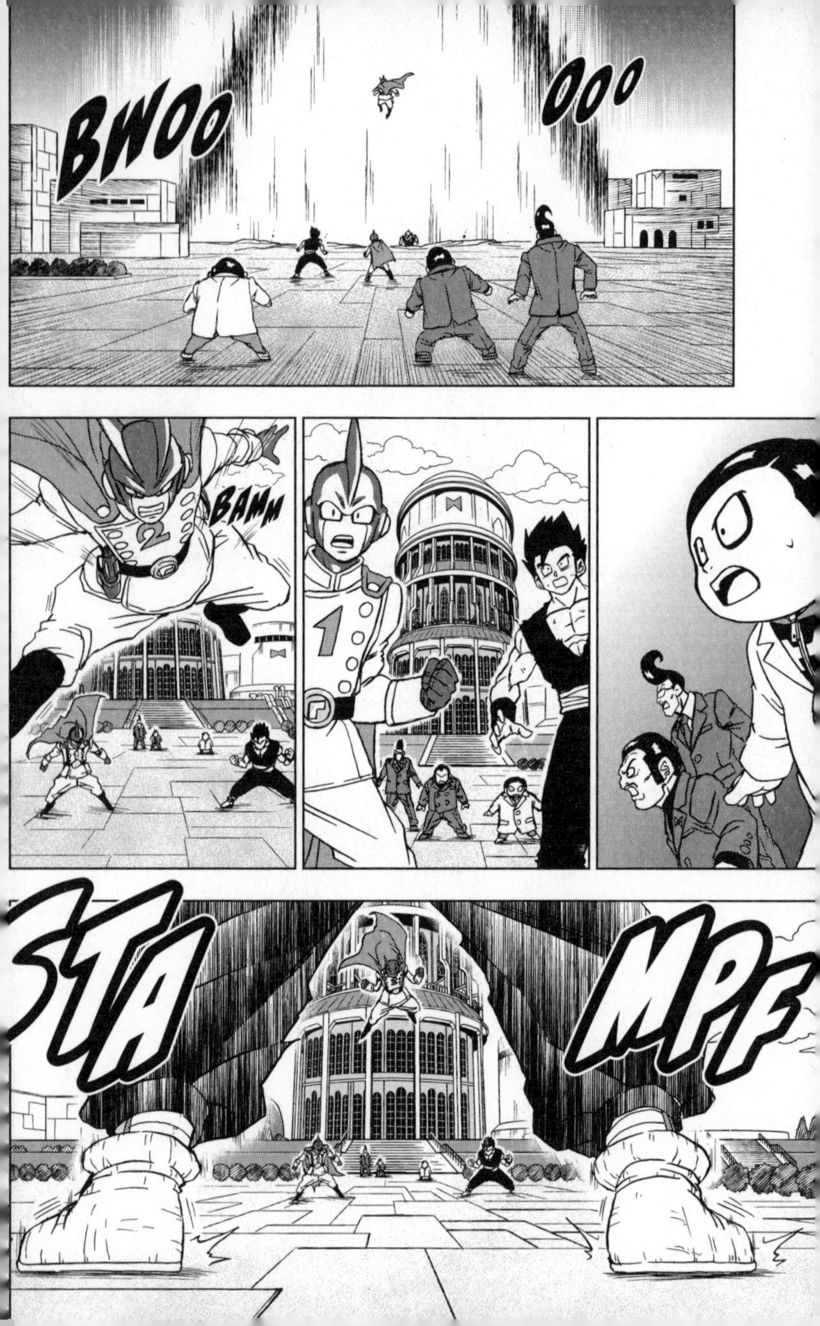
BWOOOOO
BAMM
STAMPF

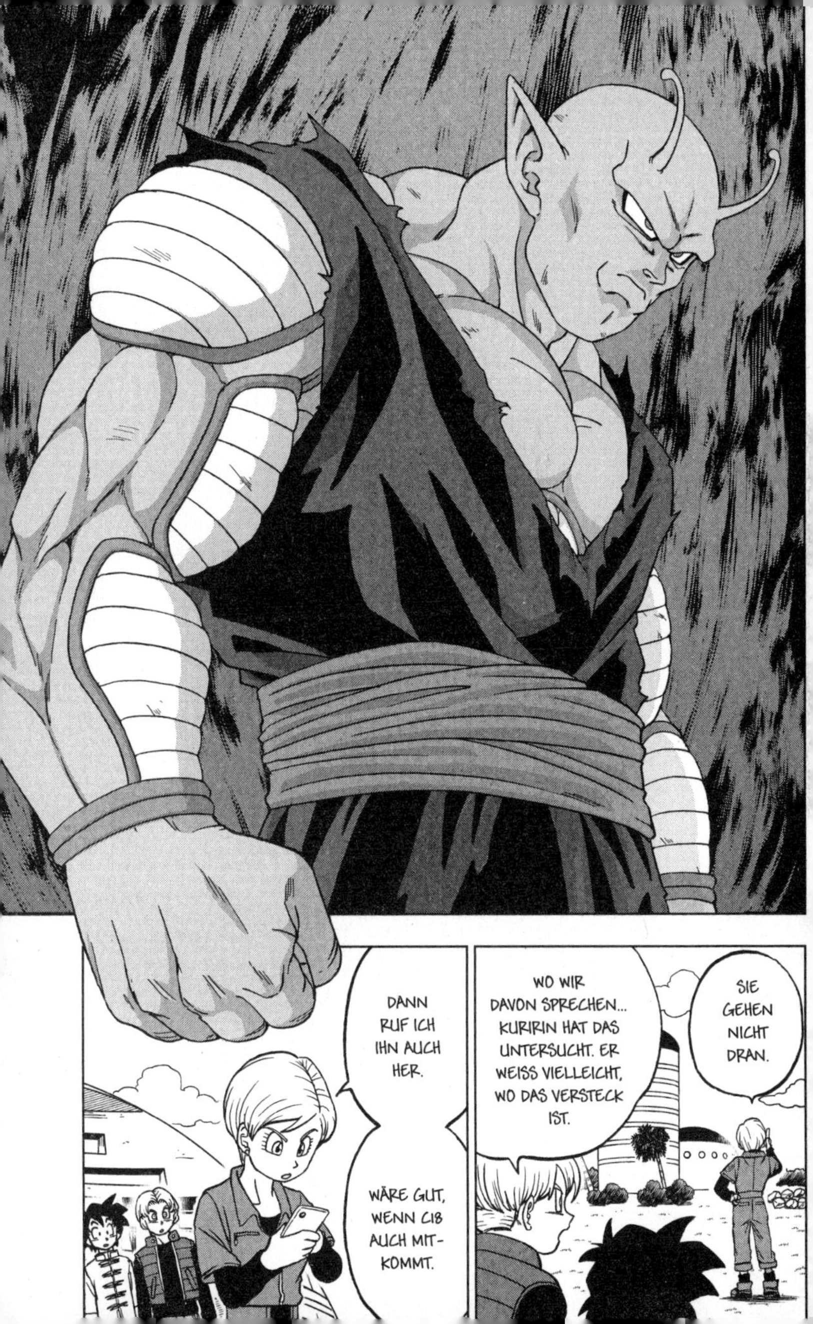
SIE GEHEN NICHT DRAN.
WO WIR DAVON SPRECHEN... KURIRIN HAT DAS UNTERSUCHT. ER WEISS VIELLEICHT, WO DAS VERSTECK IST.
DANN RUF ICH IHN AUCH HER.
WÄRE GUT, WENN C18 AUCH MIT-KOMMT.

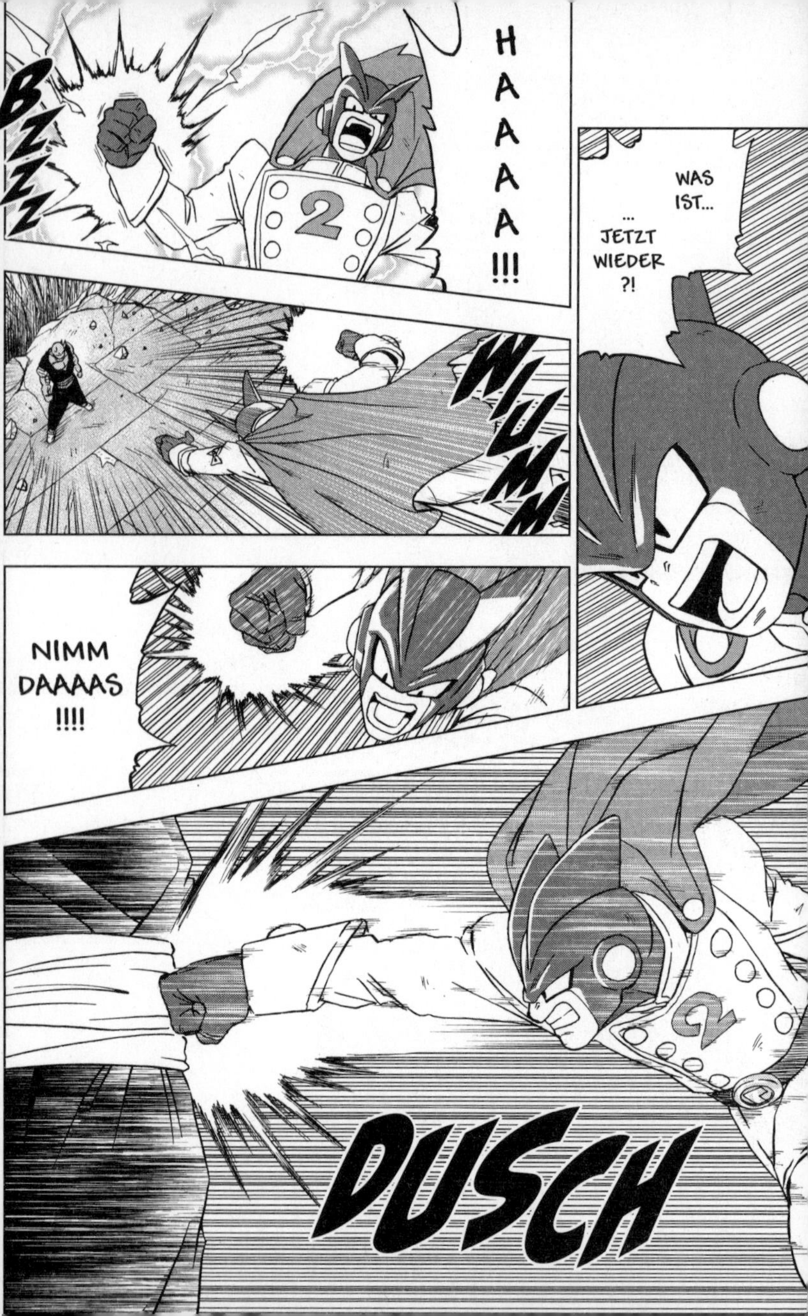
BZZZZ
HAAAAA!!!
WAS IST...
... JETZT WIEDER ?!
WUMM
NIMM DAAAAS !!!!
DUSCH

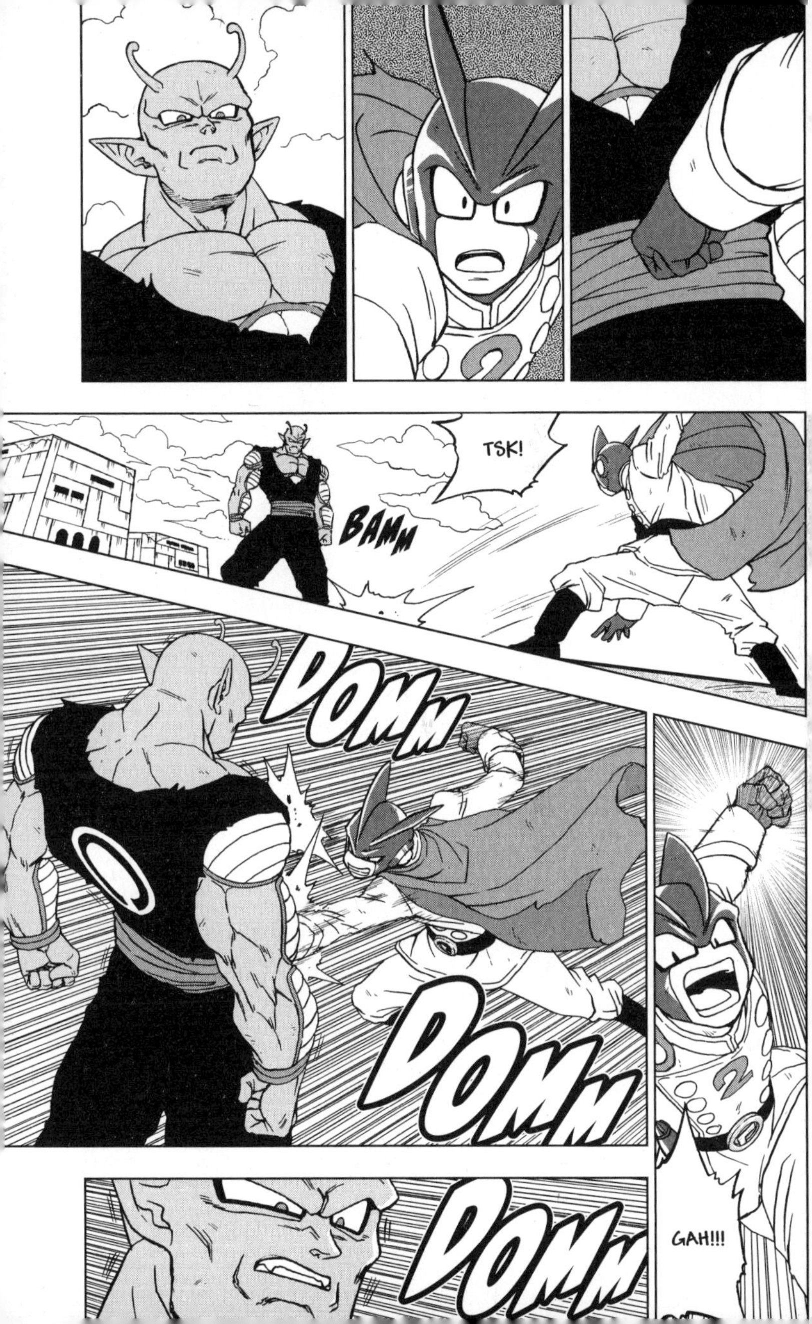
TSK!
BAMM
DOMM
DOMM
DOMM
GAH!!!

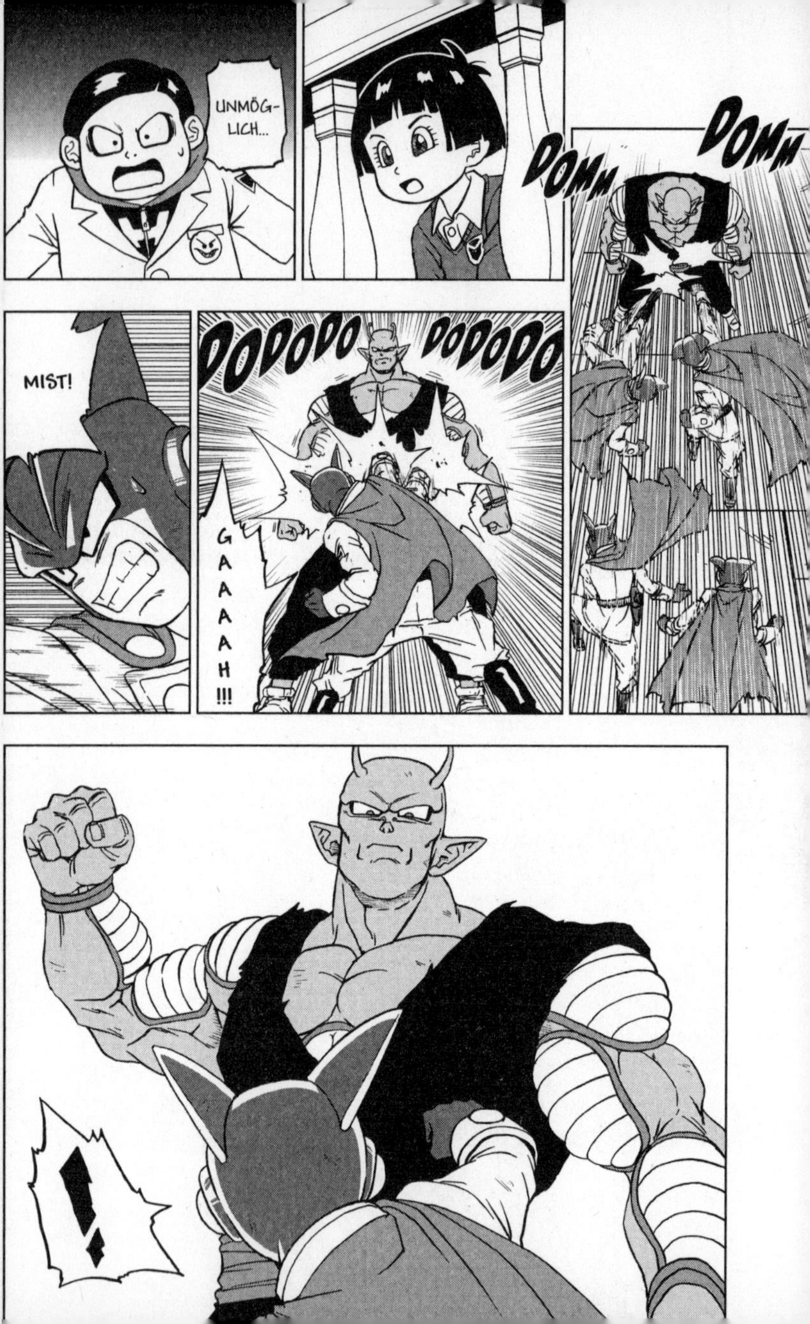

DOMM
DOMM
UNMÖG-
LICH...
DODODO
DODODO
GAAAAAH!!!
MIST!
!

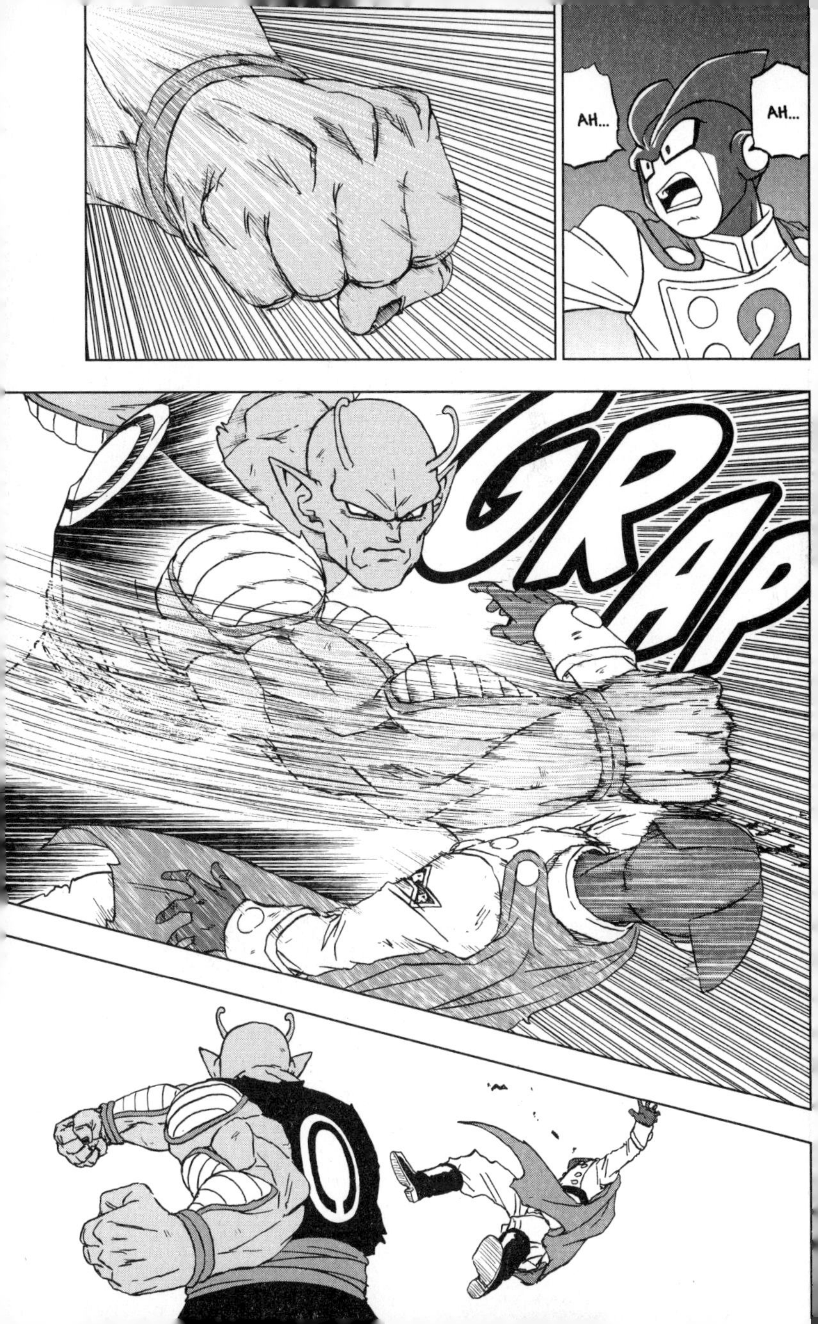
AH...
AH...
GRAP

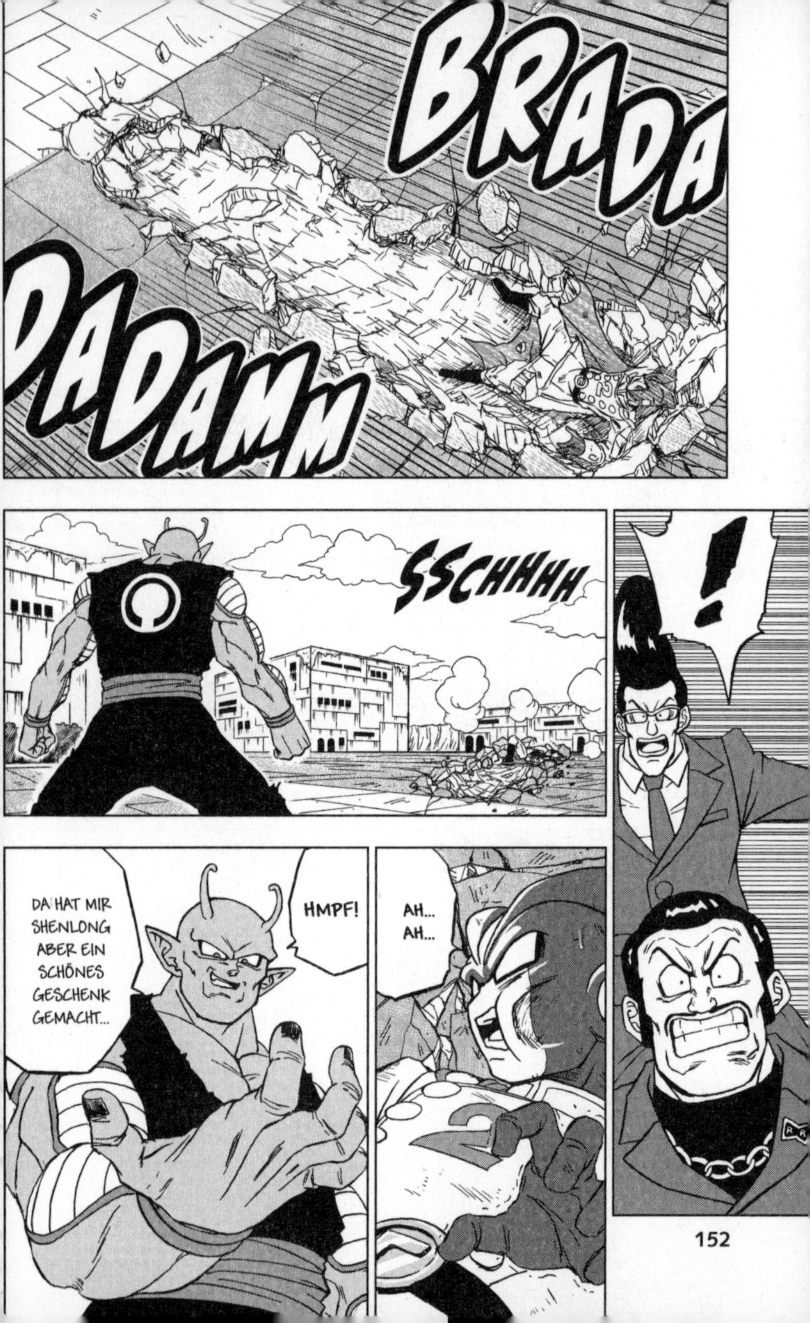
BRADA
DADAMM
!
SSCHHHH
AH...
AH...
HMPF!
DA HAT MIR SHENLONG ABER EIN SCHÖNES GESCHENK GEMACHT...

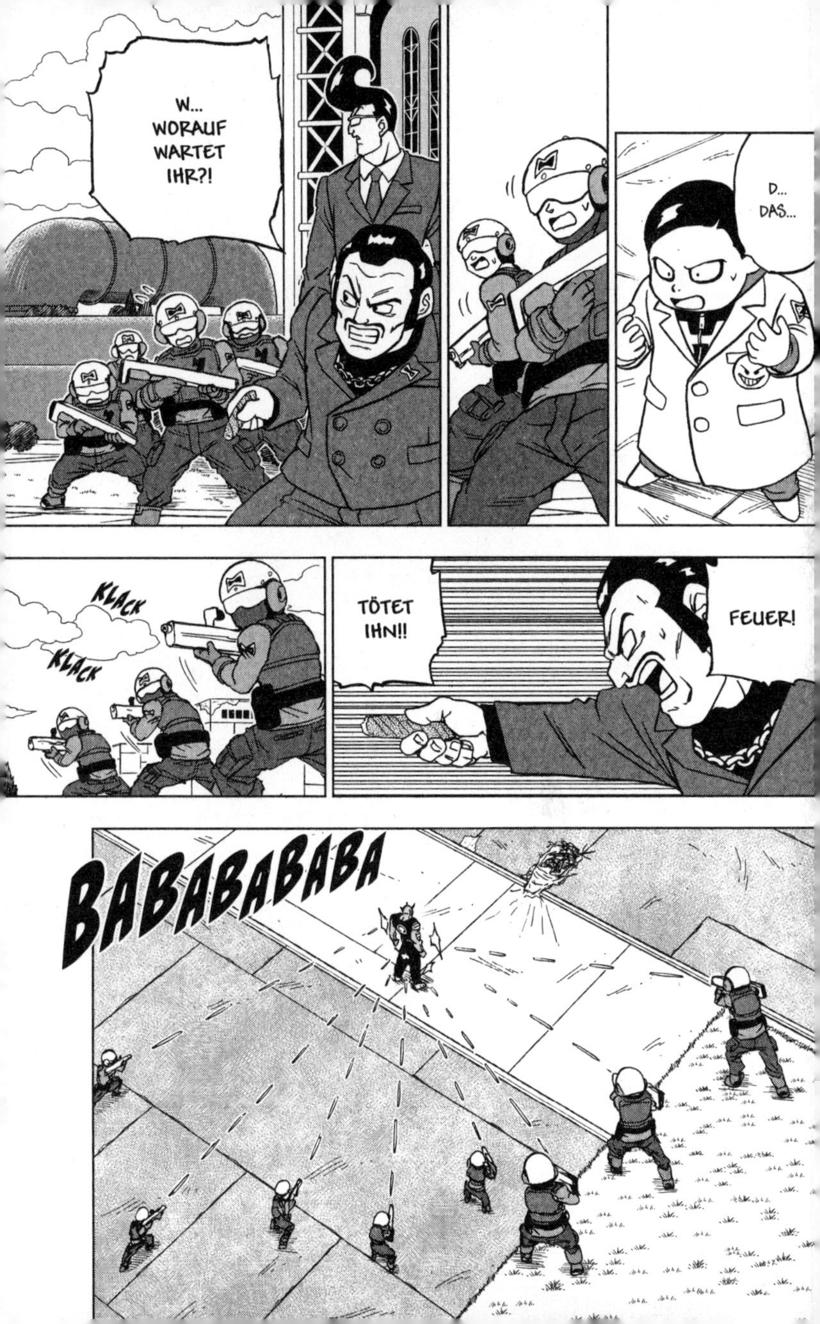
D... DAS...
W... WORAUF WARTET IHR?!
FEUER!
TÖTET IHN!!
KLACK
KLACK
BABABABABA

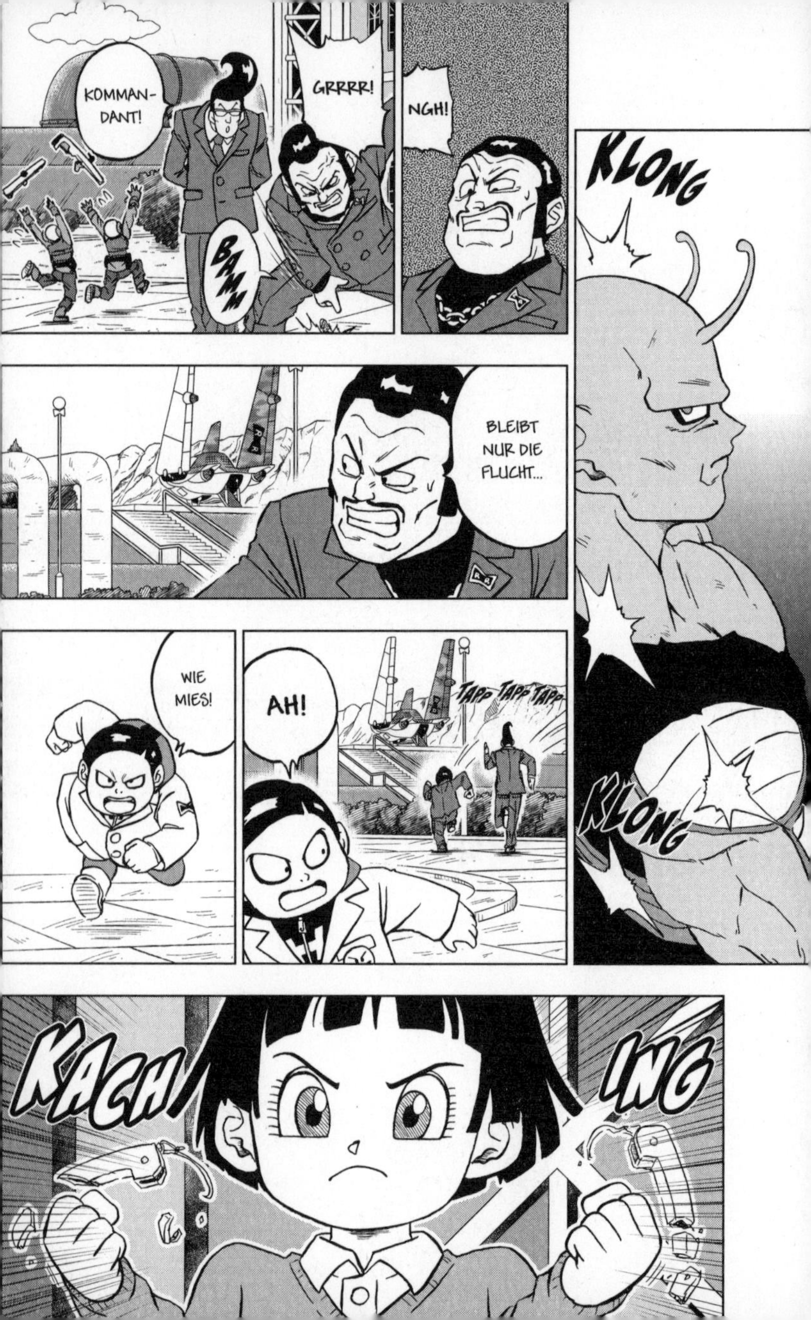
KLONG
KLONG
NGH!
GRRRR!
BAMM
KOMMAN-
DANT!
BLEIBT
NUR DIE
FLUCHT...
TAPP TAPP TAPP
AH!
WIE
MIES!
KACH
ING

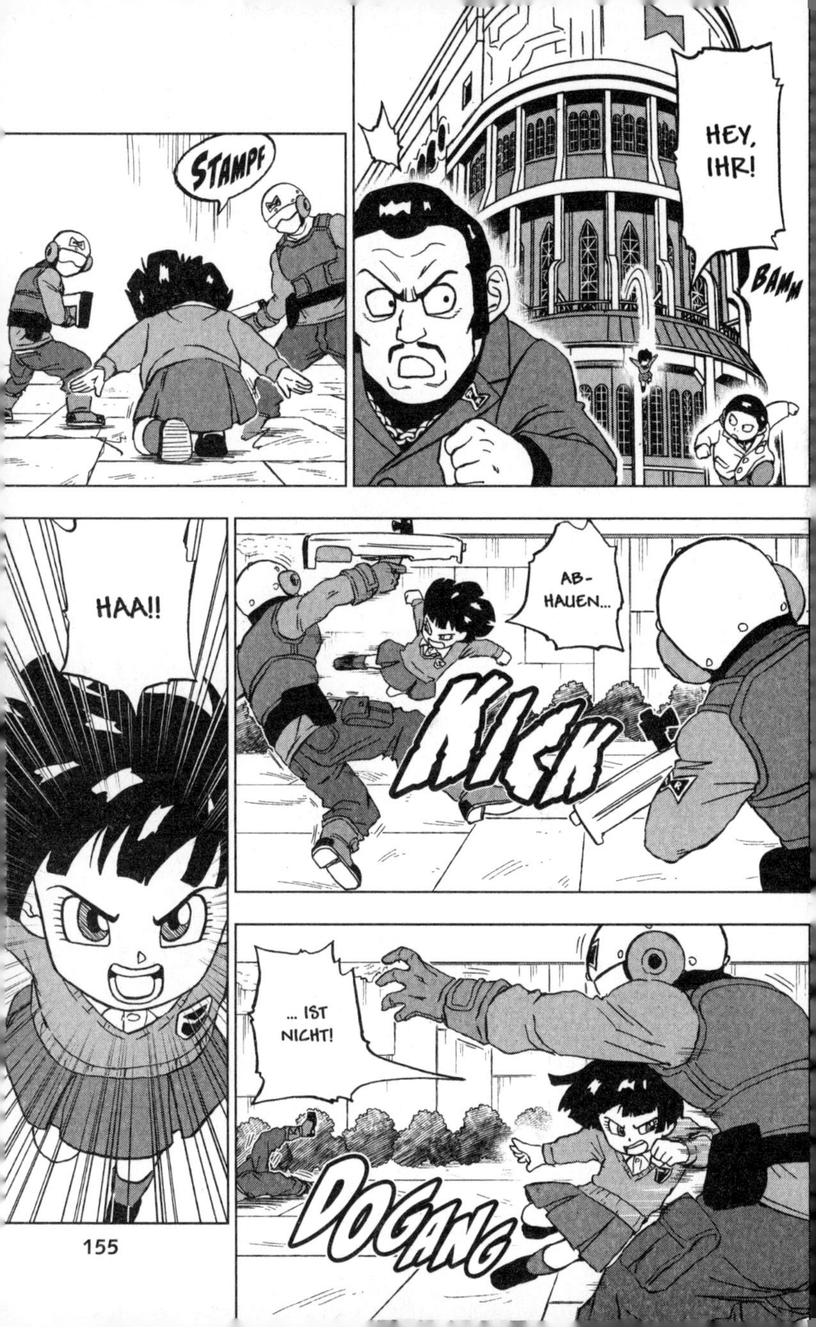
HEY, IHR!
BAMM
STAMPF
AB- HAUEN...
KICK
... IST NICHT!
DOGANG
HAA!!

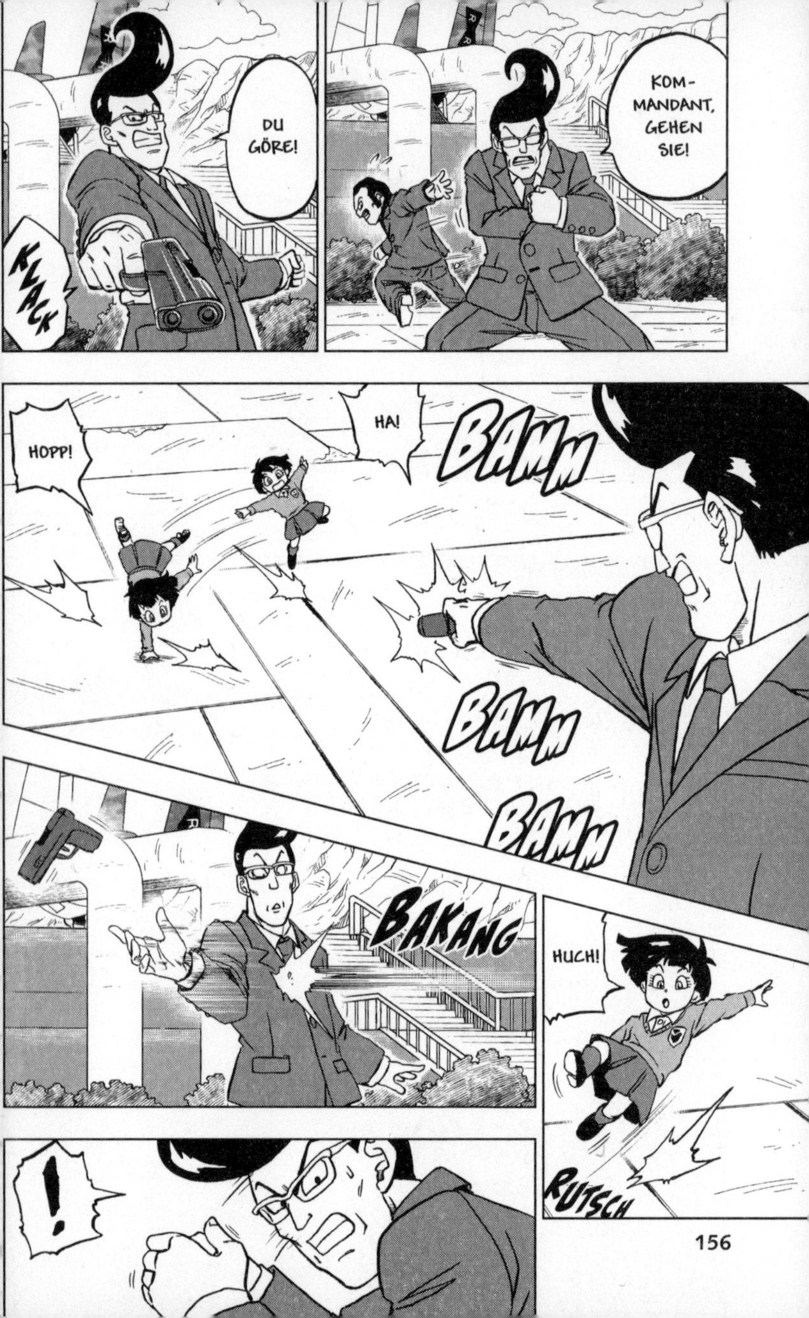
KOM-MANDANT, GEHEN SIE!
DU GÖRE!
KLACK
HA!
HOPP!
BAMM
BAMM
BAMM
HUCH!
RUTSCH
BAKANG
!

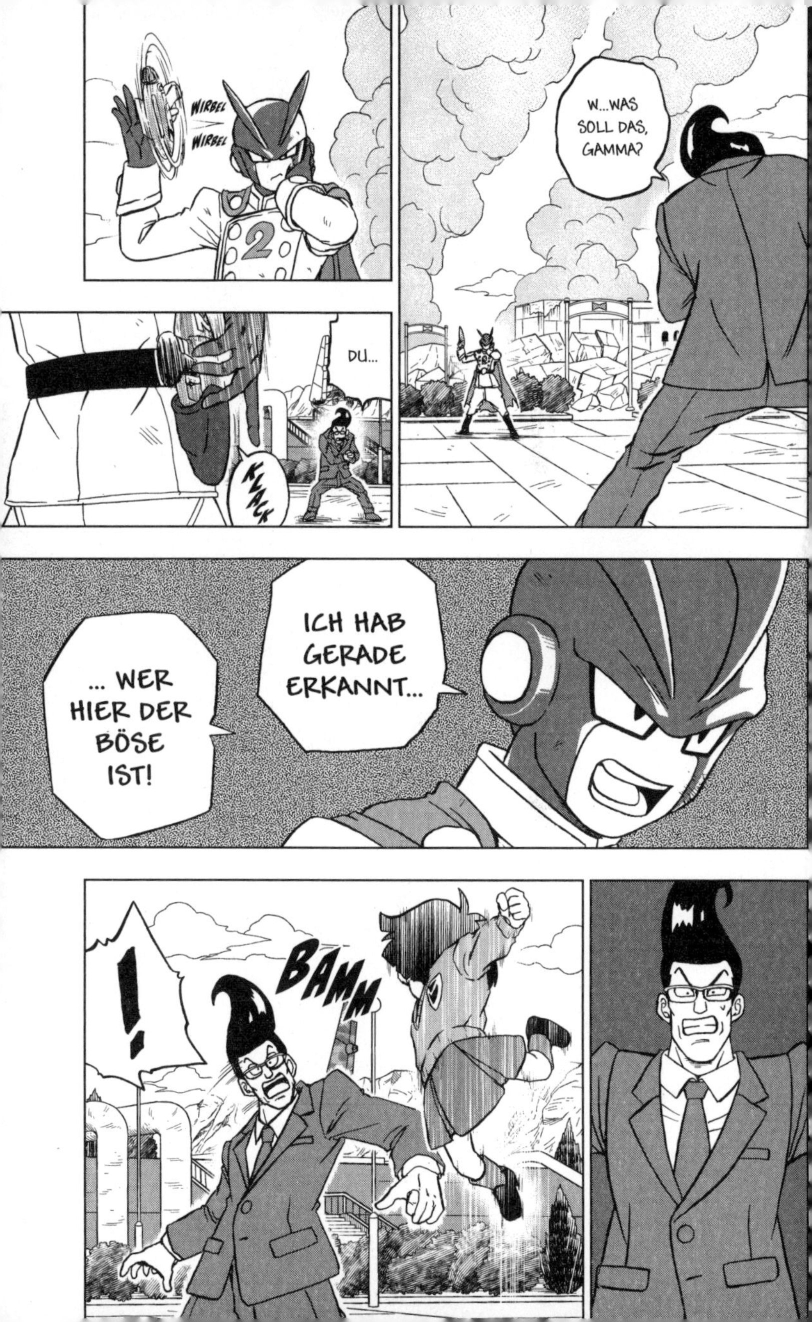
W...WAS SOLL DAS, GAMMA?
WIRBEL
WIRBEL
DU...
KLACK
ICH HAB GERADE ERKANNT...
... WER HIER DER BÖSE IST!
!
BAMM

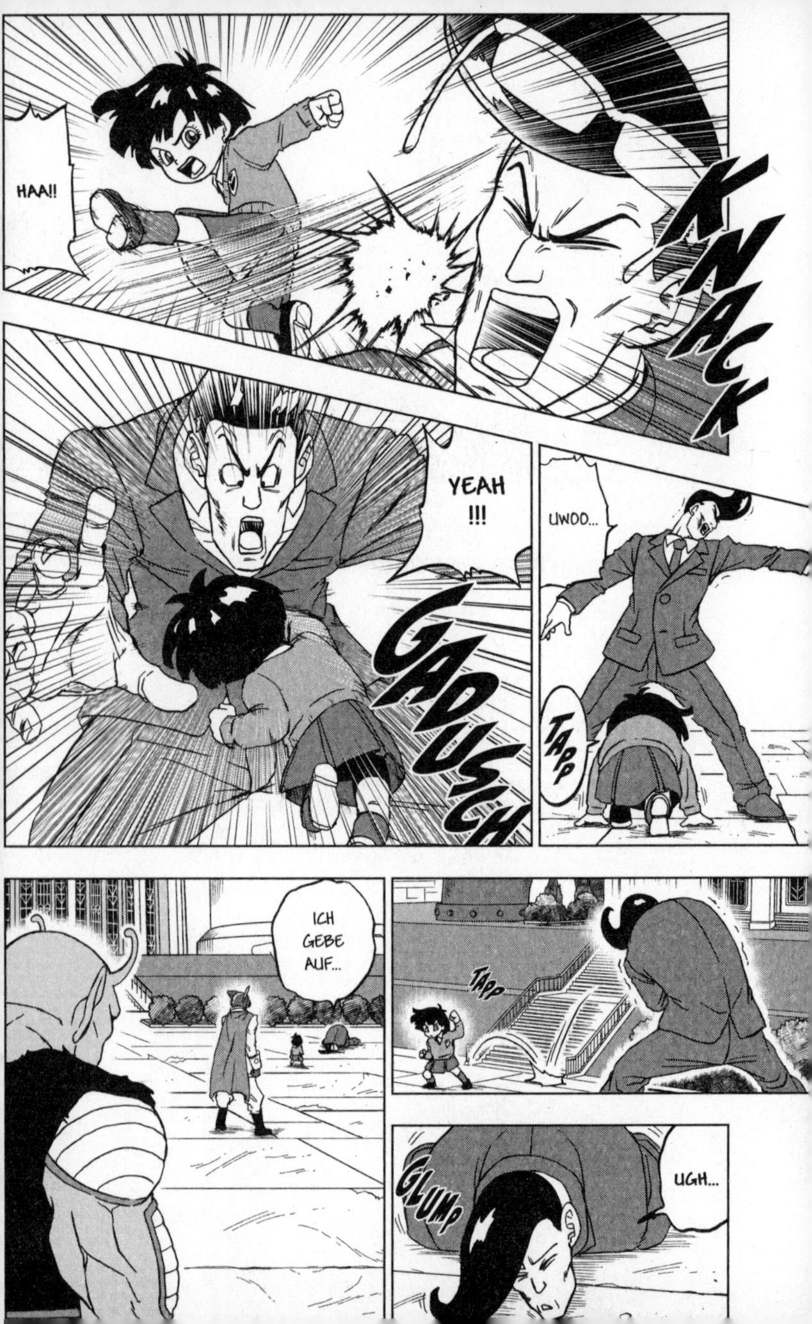
KNACK
HAA!!
UWOO...
TAPP
YEAH !!!
GADUSCH
TAPP
UGH...
GLUMP
ICH GEBE AUF...

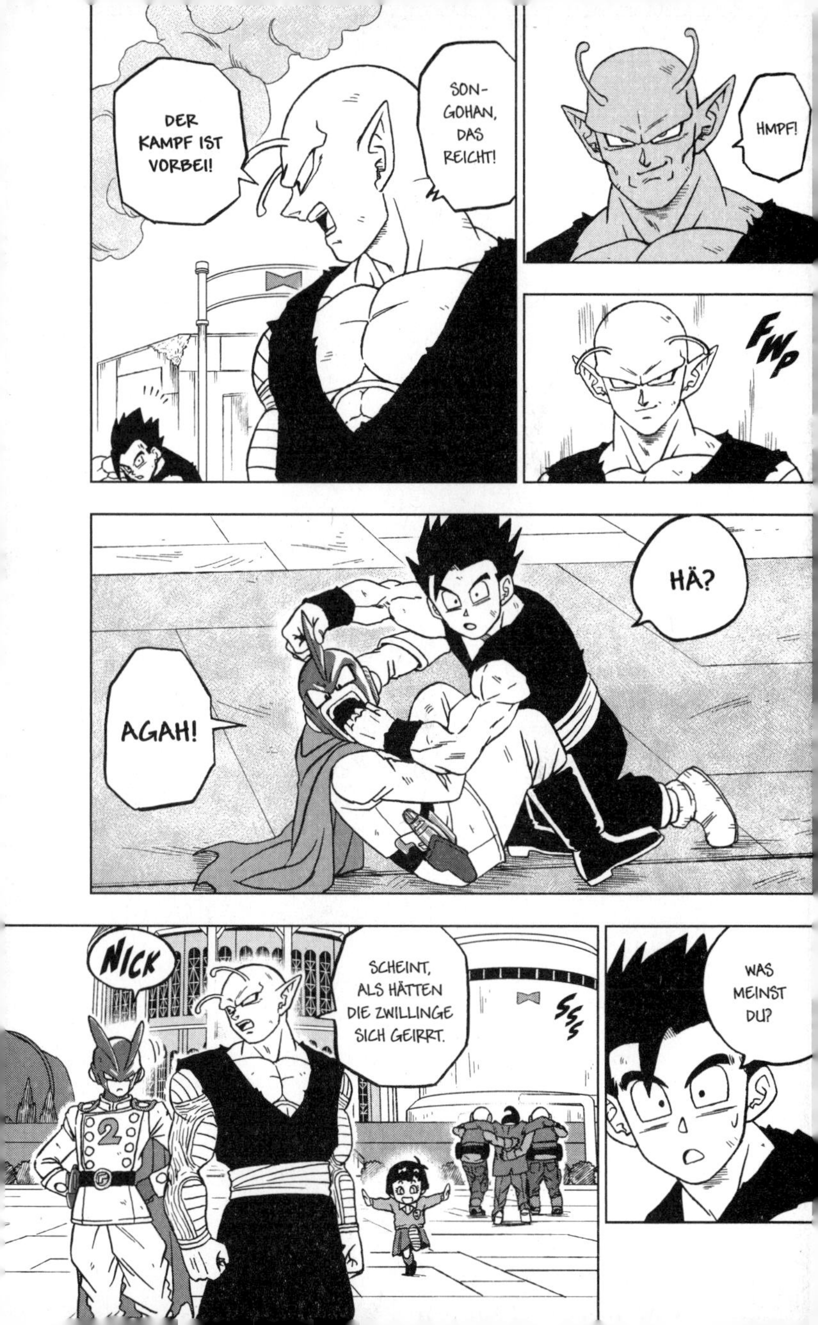
SON-GOHAN, DAS REICHT!
DER KAMPF IST VORBEI!
HMPF!
FWP
HÄ?
AGAH!
NICK
SCHEINT, ALS HÄTTEN DIE ZWILLINGE SICH GEIRRT.
SSS
WAS MEINST DU?

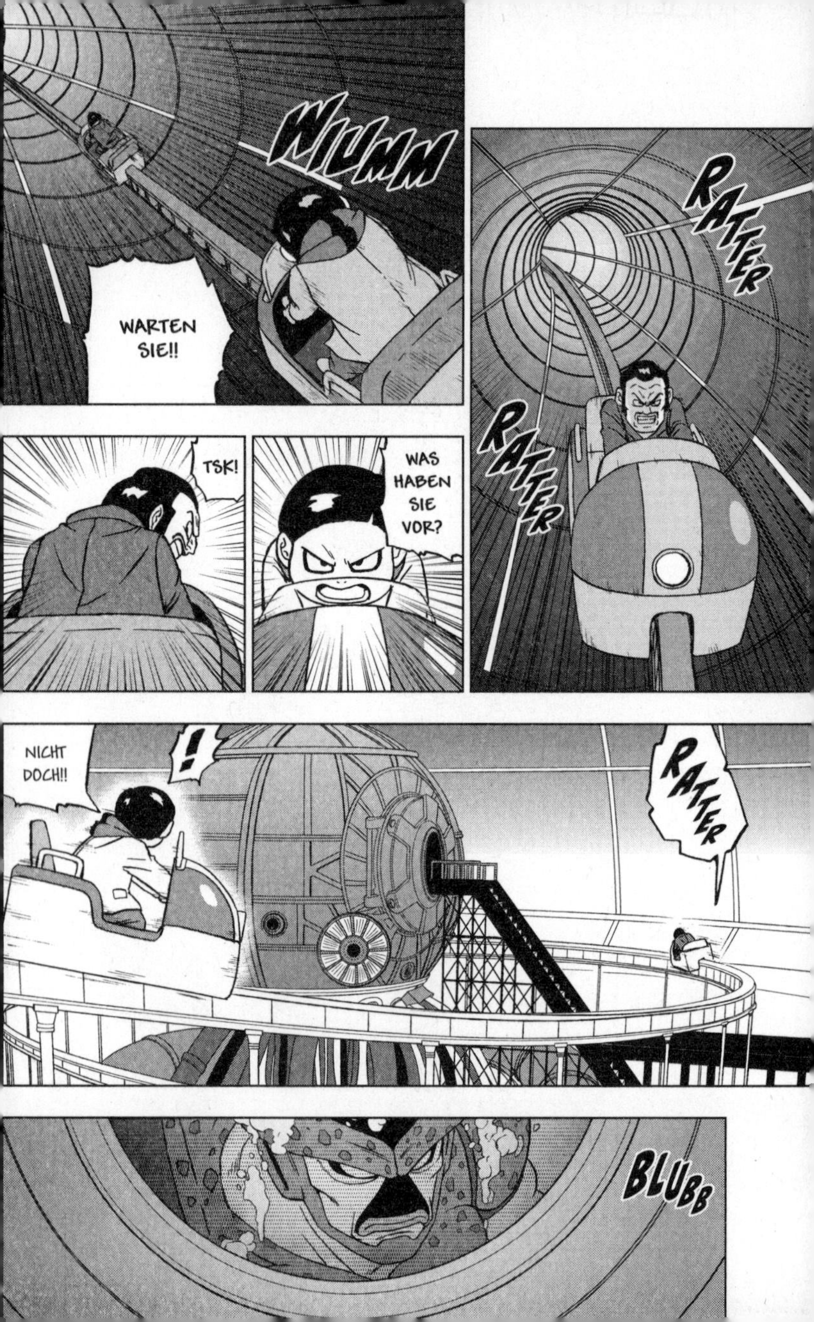
WIUMM
WARTEN SIE!!
RATTER
RATTER
WAS HABEN SIE VOR?
TSK!
RATTER
!
NICHT DOCH!!
BLUBB

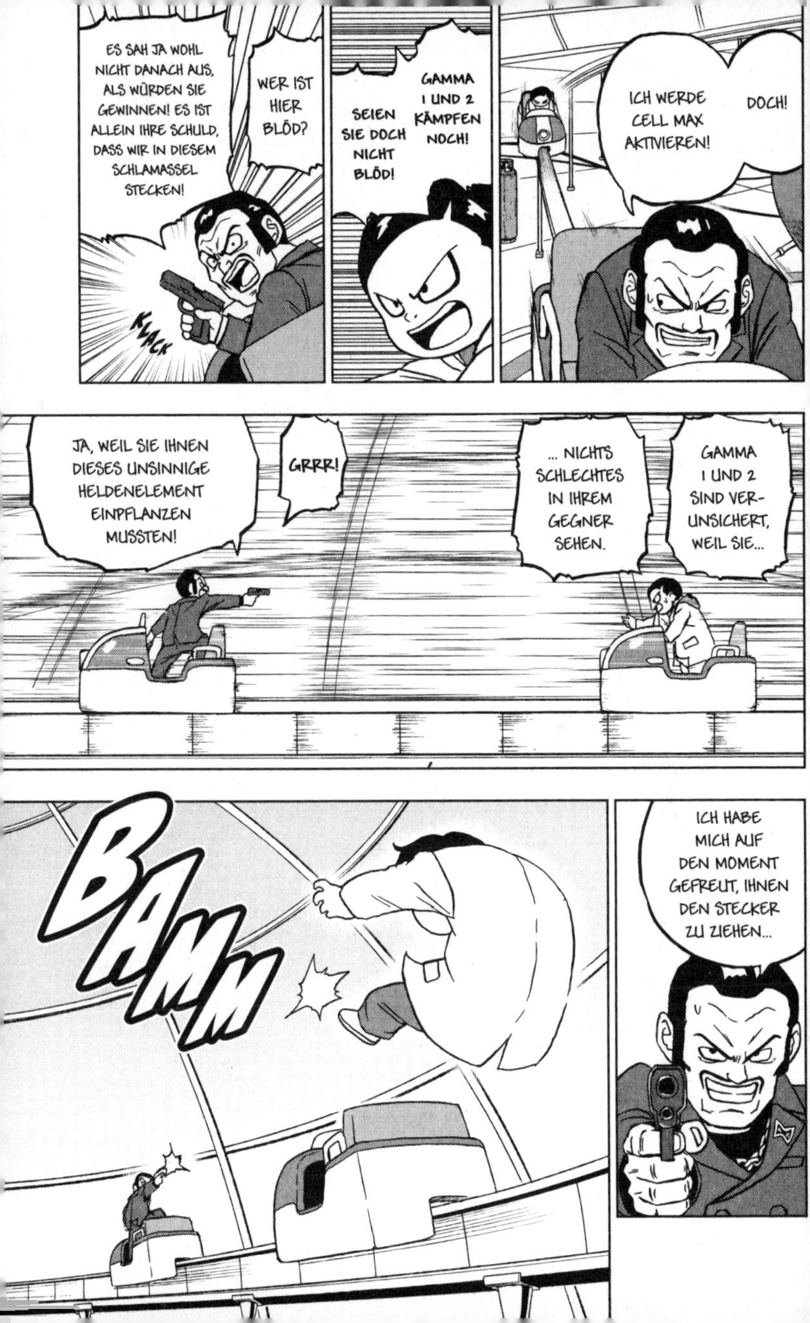
DOCH!
ICH WERDE CELL MAX AKTIVIEREN!
GAMMA 1 UND 2 KÄMPFEN NOCH!
SEIEN SIE DOCH NICHT BLÖD!
WER IST HIER BLÖD?
ES SAH JA WOHL NICHT DANACH AUS, ALS WÜRDEN SIE GEWINNEN! ES IST ALLEIN IHRE SCHULD, DASS WIR IN DIESEM SCHLAMASSEL STECKEN!
KLACK
GAMMA 1 UND 2 SIND VER-UNSICHERT, WEIL SIE...
... NICHTS SCHLECHTES IN IHREM GEGNER SEHEN.
GRRR!
JA, WEIL SIE IHNEN DIESES UNSINNIGE HELDENELEMENT EINPFLANZEN MUSSTEN!
ICH HABE MICH AUF DEN MOMENT GEFREUT, IHNEN DEN STECKER ZU ZIEHEN...
BAMM

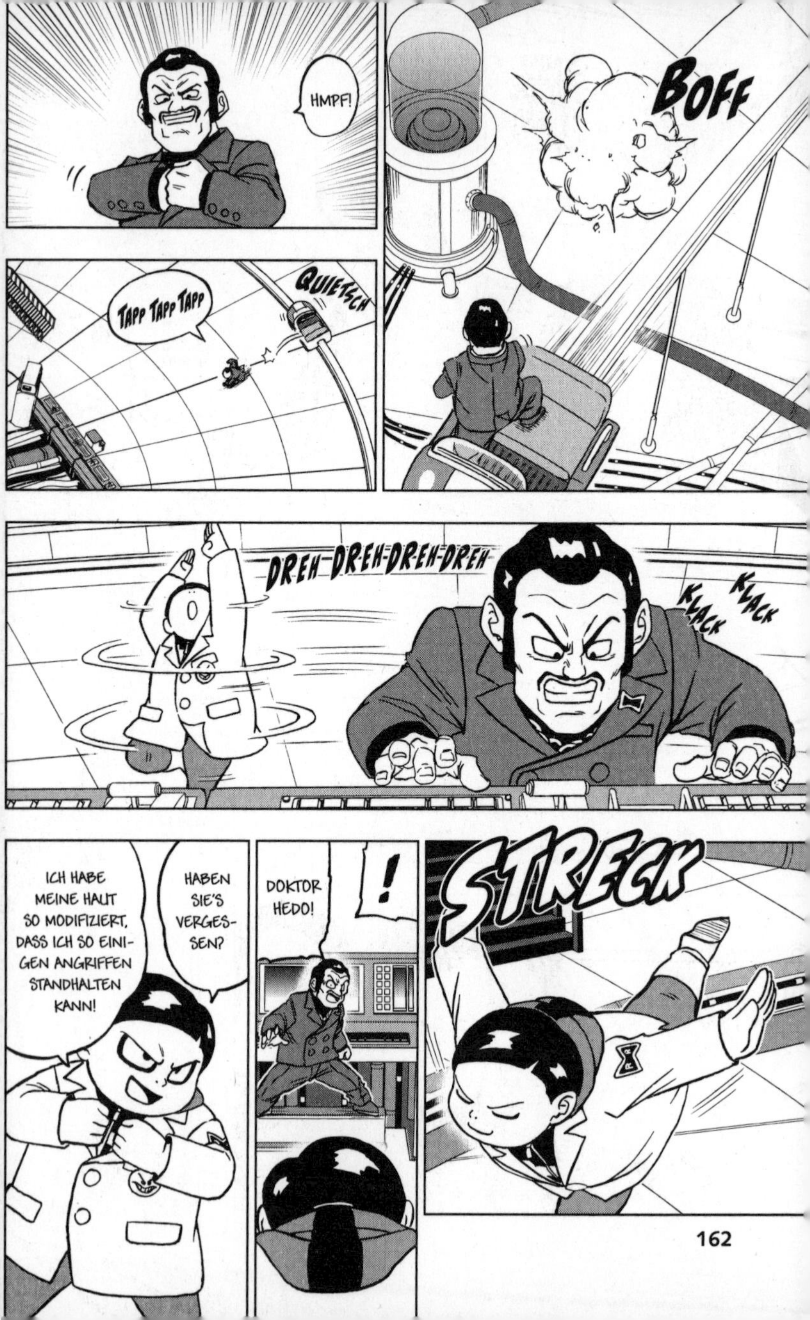
HMPF!
BOFF
TAPP TAPP TAPP
QUIETSCH
DREH DREH DREH DREH
KLACK KLACK
STRECK
!
DOKTOR HEDO!
HABEN SIE'S VERGESSEN?
ICH HABE MEINE HAUT SO MODIFIZIERT, DASS ICH SO EINIGEN ANGRIFFEN STANDHALTEN KANN!

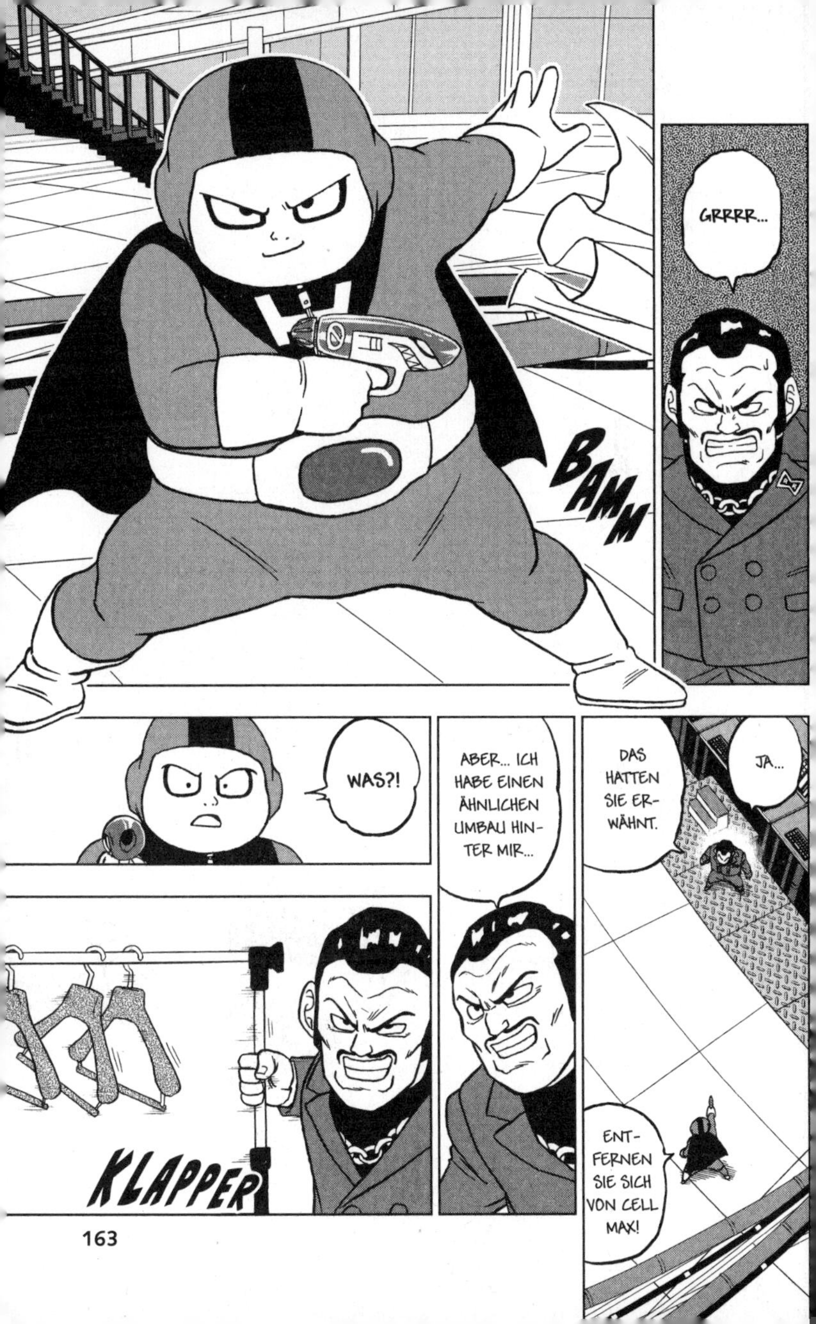
GRRRR...
BAMM
JA...
DAS HATTEN SIE ERWÄHNT.
ABER... ICH HABE EINEN ÄHNLICHEN UMBAU HINTER MIR...
WAS?!
ENTFERNEN SIE SICH VON CELL MAX!
KLAPPER

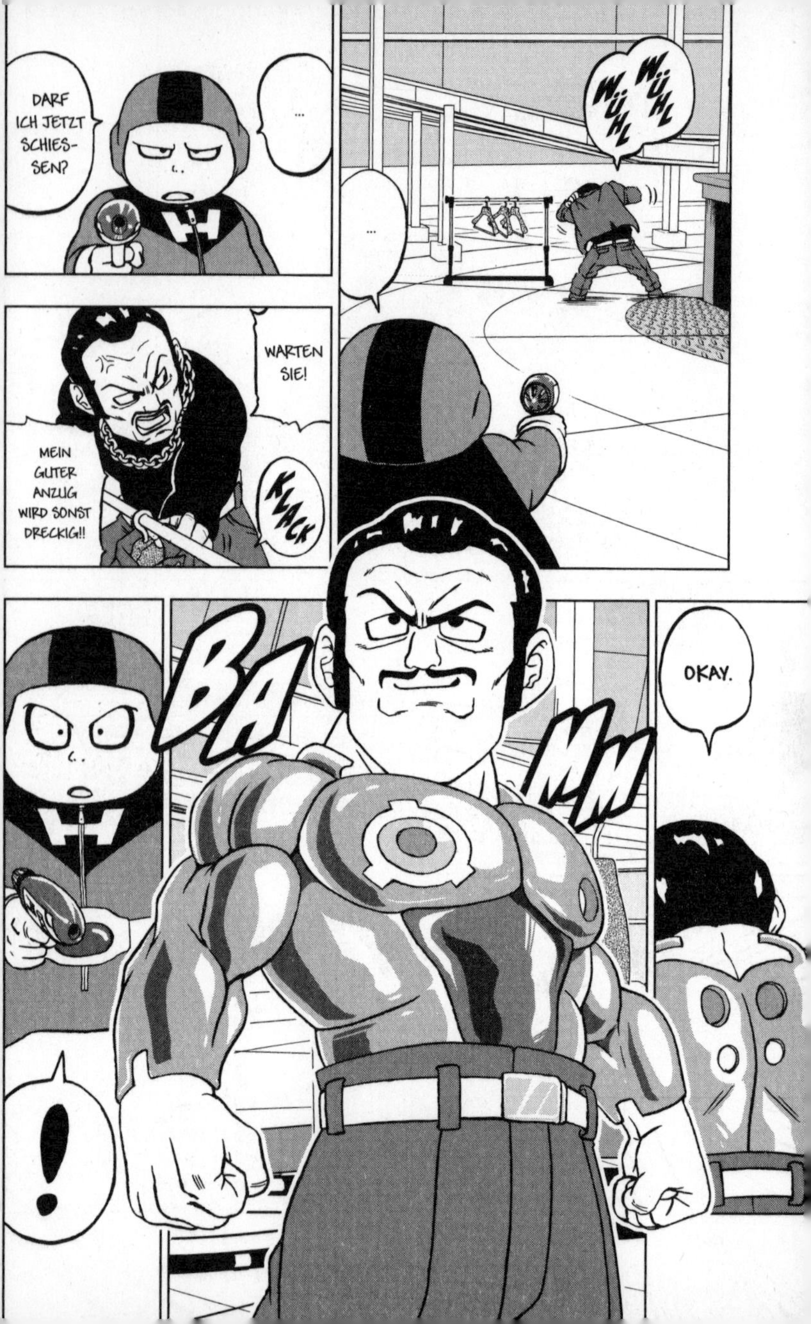
WÜHL WÜHL
...
DARF ICH JETZT SCHIES-SEN?
...
KLACK
WARTEN SIE!
MEIN GUTER ANZUG WIRD SONST DRECKIG!!
OKAY.
BAMM
!

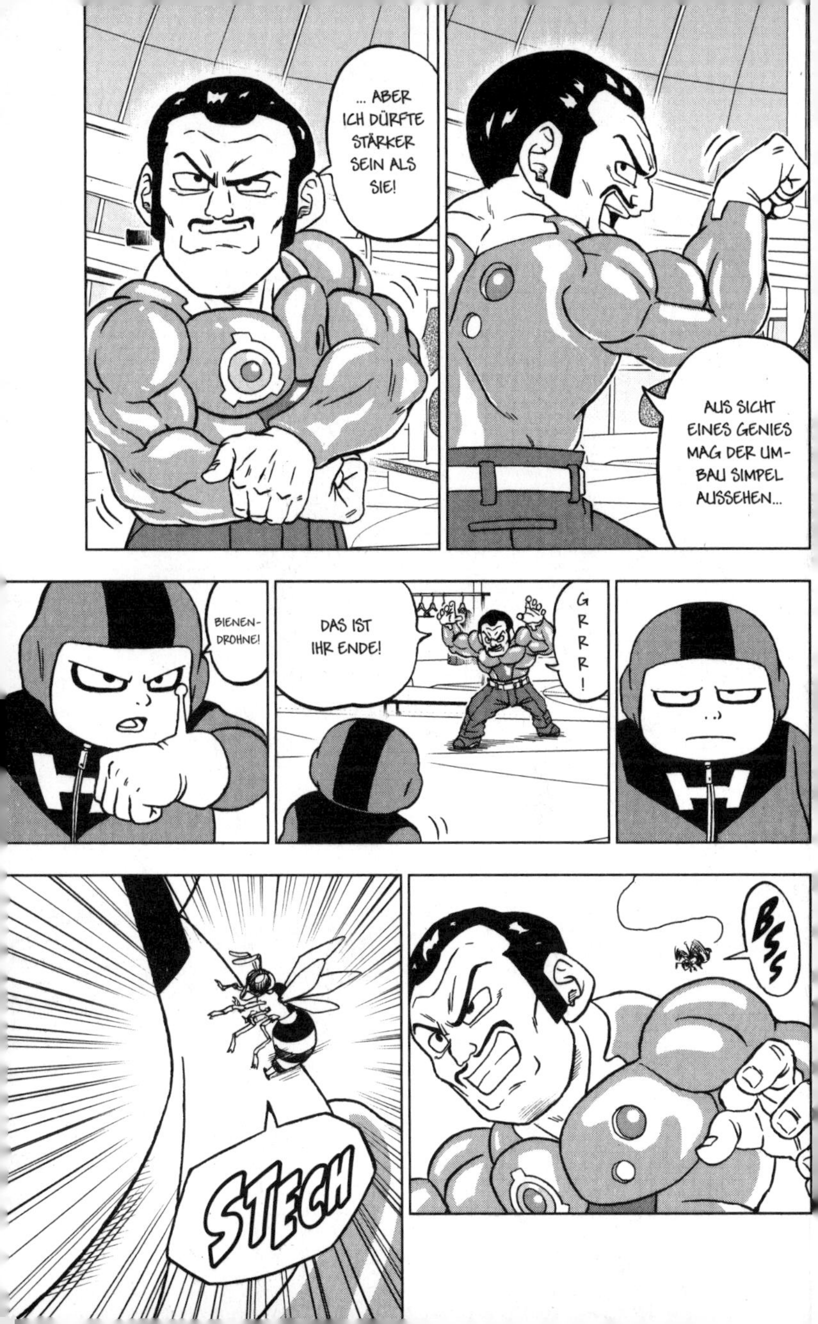
AUS SICHT EINES GENIES MAG DER UMBAU SIMPEL AUSSEHEN...
... ABER ICH DÜRFTE STÄRKER SEIN ALS SIE!
GRRR!
DAS IST IHR ENDE!
BIENEN-DROHNE!
BSS
STECH

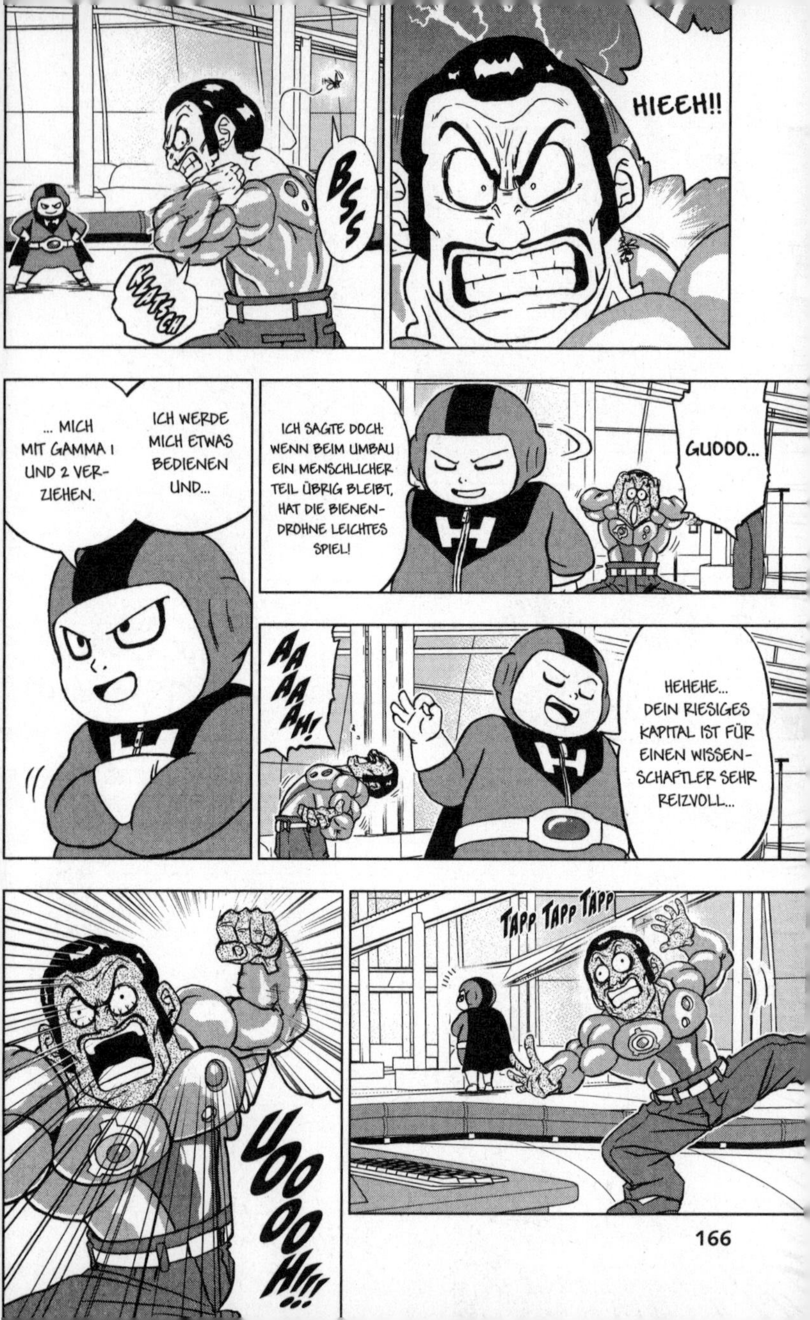
HIEEH!!
BSS
CHEECH
GUOOO...
ICH SAGTE DOCH: WENN BEIM UMBAU EIN MENSCHLICHER TEIL ÜBRIG BLEIBT, HAT DIE BIENENDROHNE LEICHTES SPIEL!
HEHEHE... DEIN RIESIGES KAPITAL IST FÜR EINEN WISSENSCHAFTLER SEHR REIZVOLL...
AAAAAH!
ICH WERDE MICH ETWAS BEDIENEN UND...
... MICH MIT GAMMA 1 UND 2 VERZIEHEN.
TAPP TAPP TAPP
UOOOOH!!!

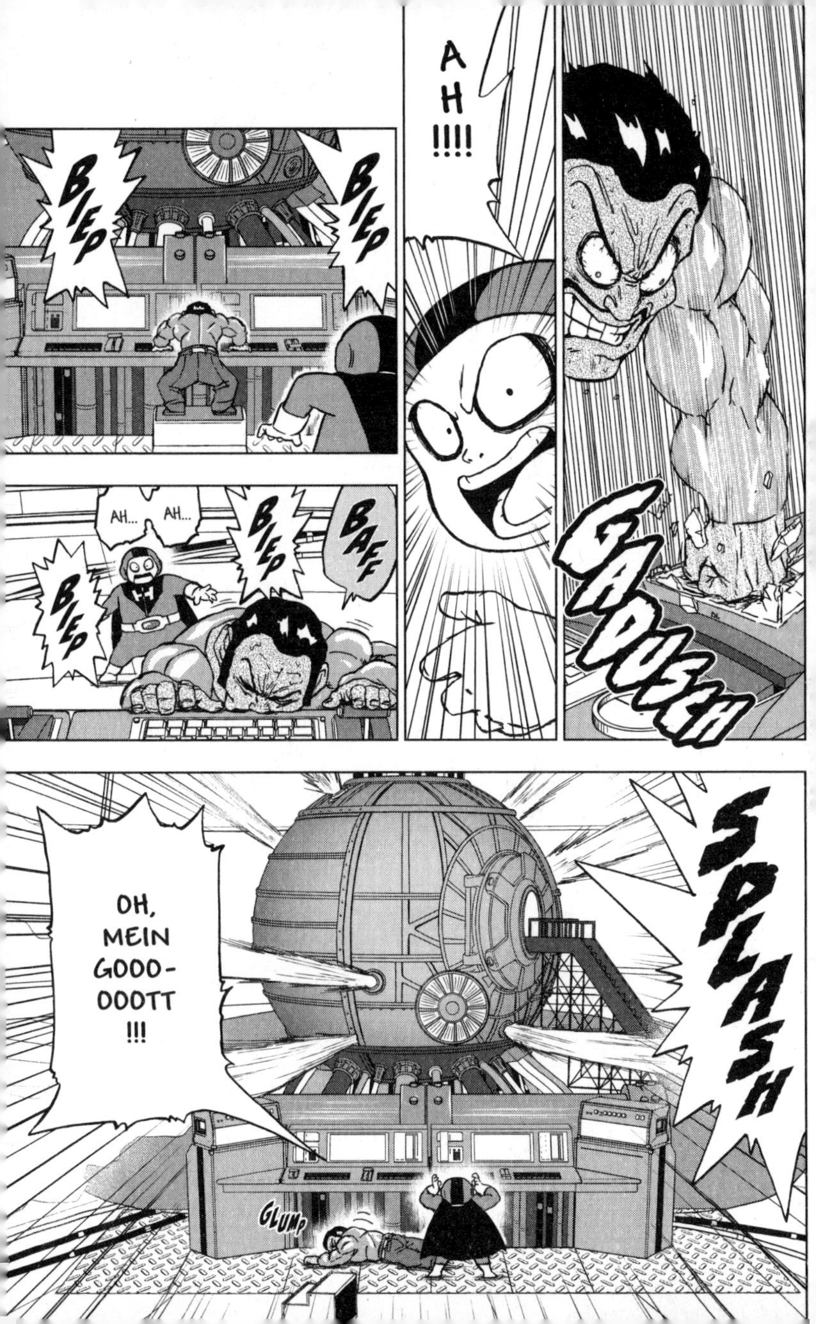
A H !!!!
GADUSCH
BIEP
BIEP
BAFF
BIEP
AH... AH...
BIEP
SPLASH
OH, MEIN GOOO-OOOTT !!!
GLUMP

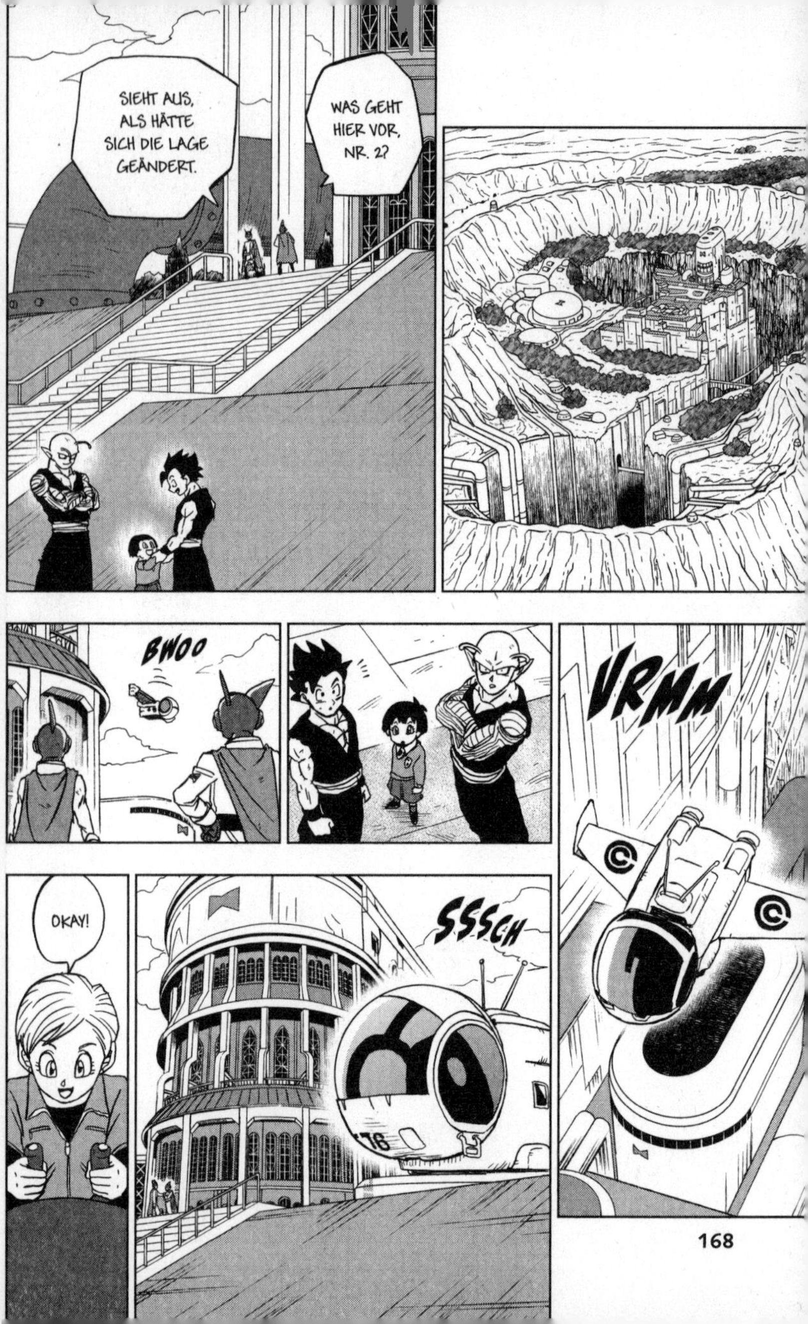
SIEHT AUS, ALS HÄTTE SICH DIE LAGE GEÄNDERT.
WAS GEHT HIER VOR, NR. 2?
BWOO
VRMM
OKAY!
SSSCH

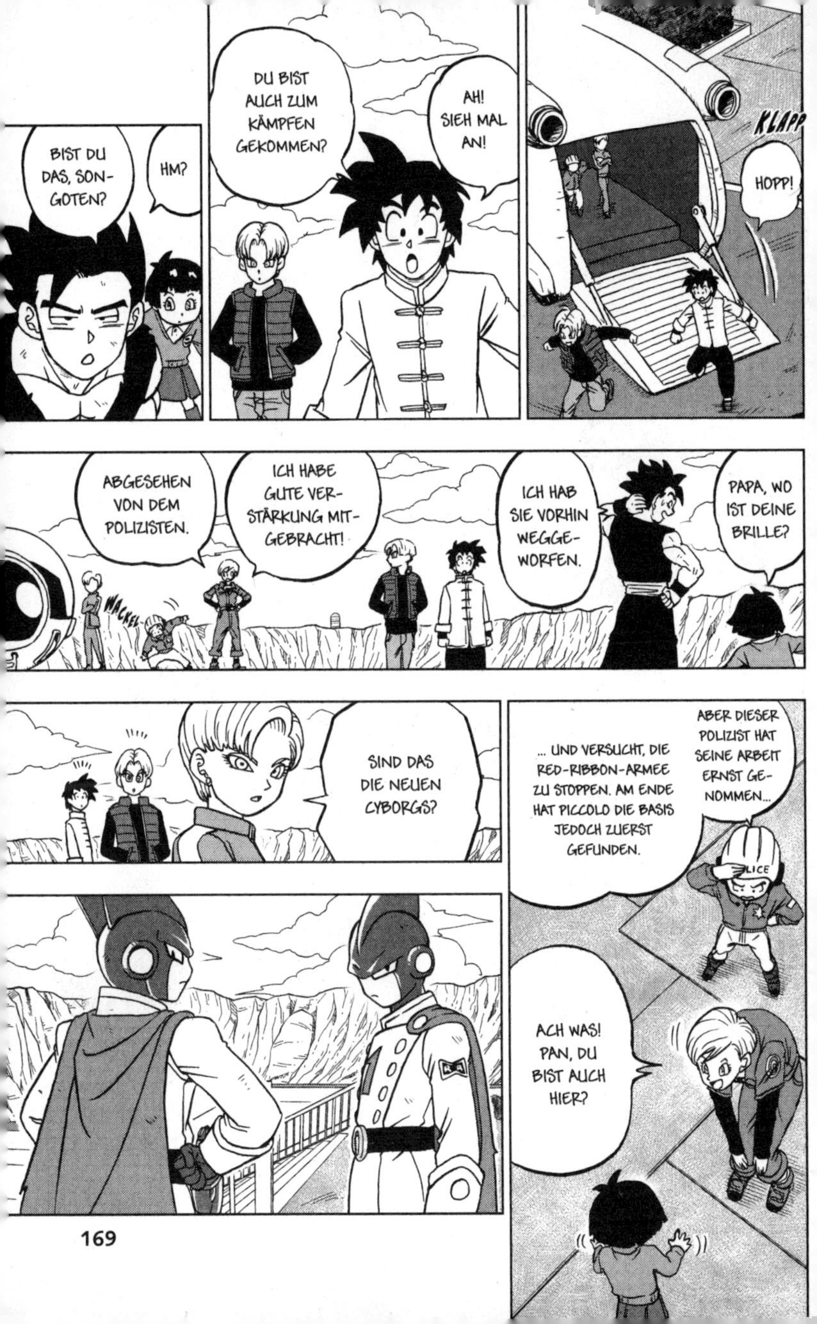
KLAPP
HOPP!
AH! SIEH MAL AN!
DU BIST AUCH ZUM KÄMPFEN GEKOMMEN?
HM?
BIST DU DAS, SON-GOTEN?
PAPA, WO IST DEINE BRILLE?
ICH HAB SIE VORHIN WEGGE-WORFEN.
ICH HABE GUTE VER-STÄRKUNG MIT-GEBRACHT!
ABGESEHEN VON DEM POLIZISTEN.
WACKEL
ABER DIESER POLIZIST HAT SEINE ARBEIT ERNST GE-NOMMEN...
... UND VERSUCHT, DIE RED-RIBBON-ARMEE ZU STOPPEN. AM ENDE HAT PICCOLO DIE BASIS JEDOCH ZUERST GEFUNDEN.
ACH WAS! PAN, DU BIST AUCH HIER?
SIND DAS DIE NEUEN CYBORGS?

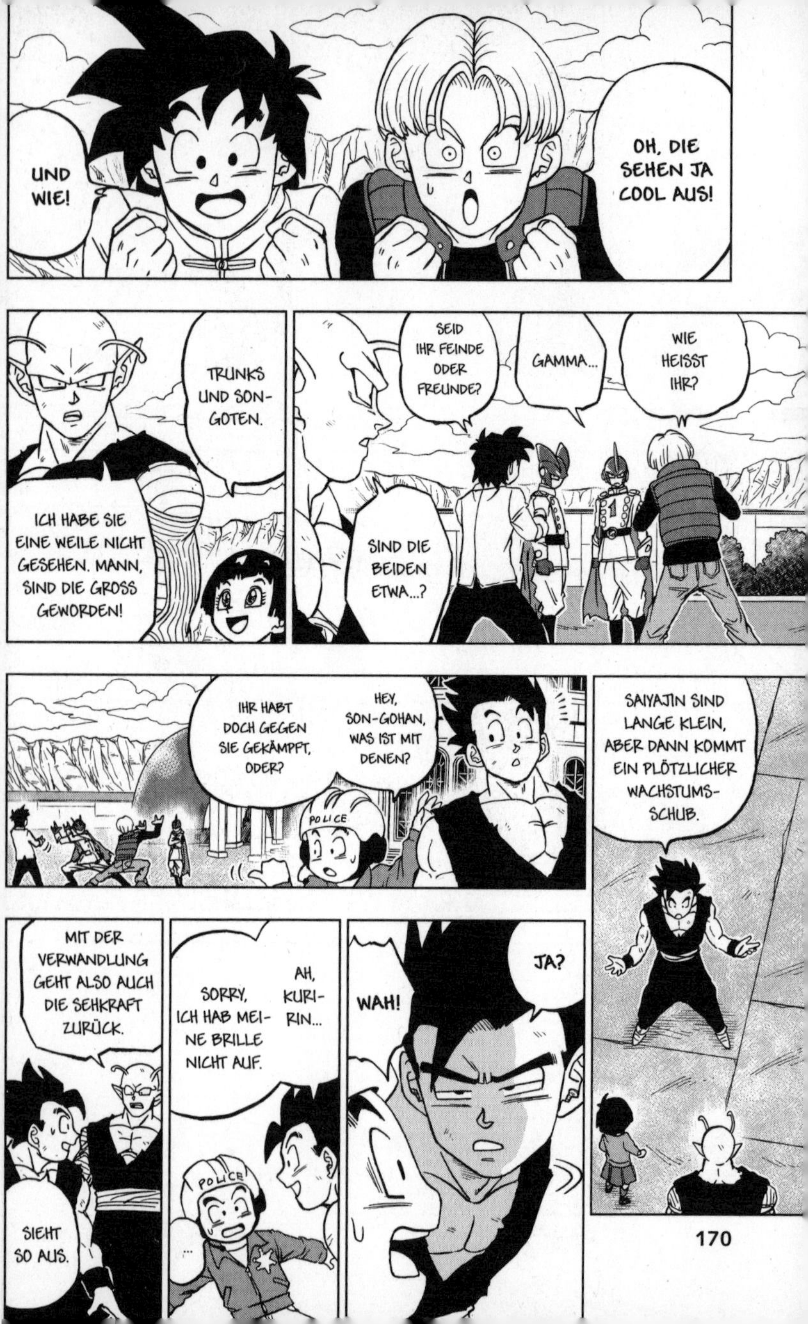
OH, DIE SEHEN JA COOL AUS!
UND WIE!
WIE HEISST IHR?
GAMMA...
SEID IHR FEINDE ODER FREUNDE?
SIND DIE BEIDEN ETWA...?
TRUNKS UND SON-GOTEN.
ICH HABE SIE EINE WEILE NICHT GESEHEN. MANN, SIND DIE GROSS GEWORDEN!
SAIYAJIN SIND LANGE KLEIN, ABER DANN KOMMT EIN PLÖTZLICHER WACHSTUMS-SCHUB.
HEY, SON-GOHAN, WAS IST MIT DENEN?
IHR HABT DOCH GEGEN SIE GEKÄMPFT, ODER?
JA?
WAH!
AH, KURI-RIN...
SORRY, ICH HAB MEI-NE BRILLE NICHT AUF.
...
MIT DER VERWANDLUNG GEHT ALSO AUCH DIE SEHKRAFT ZURÜCK.
SIEHT SO AUS.

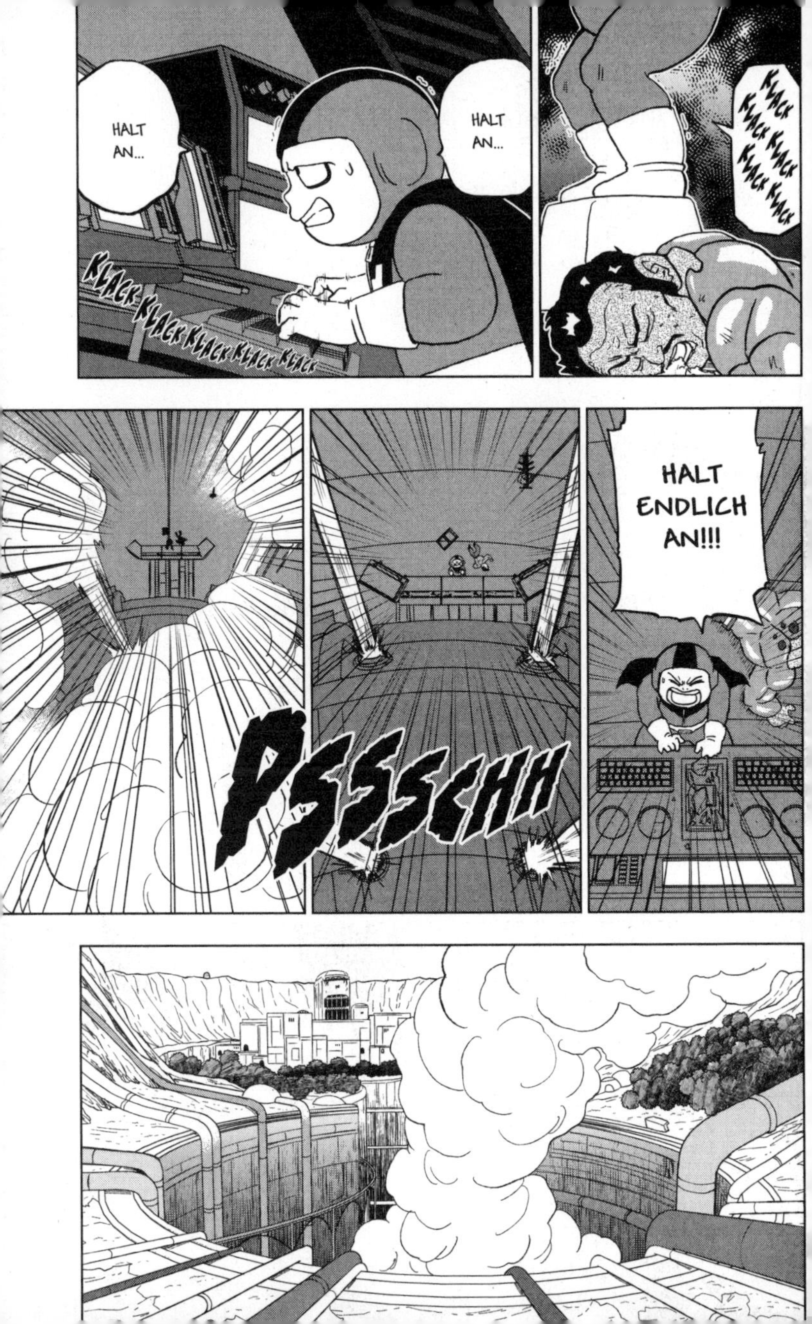
HALT AN...
HALT AN...
KLACK KLACK KLACK KLACK KLACK
KLACK KLACK KLACK KLACK KLACK KLACK
PSSSCHH
HALT ENDLICH AN!!!

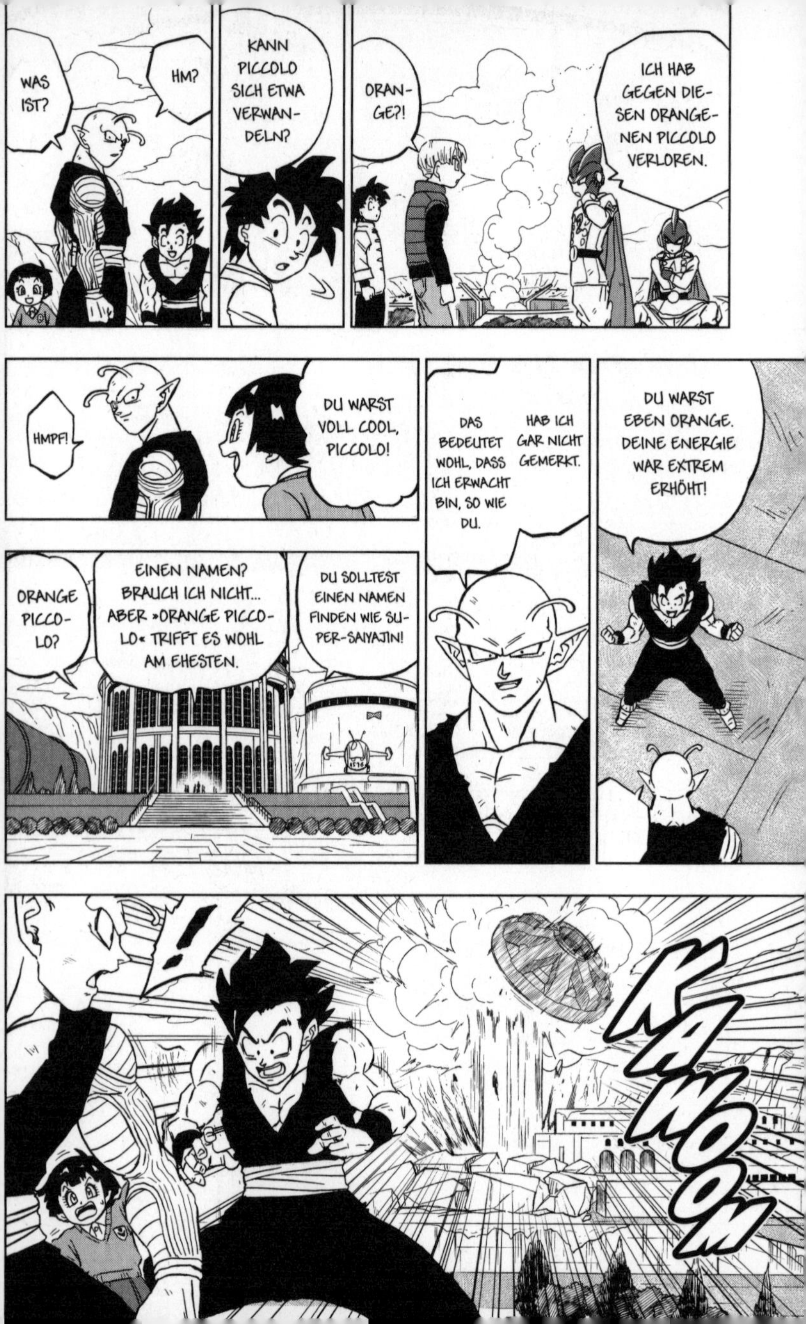

ICH HAB GEGEN DIE-SEN ORANGE-NEN PICCOLO VERLOREN.
ORAN-GE?!
KANN PICCOLO SICH ETWA VERWAN-DELN?
HM?
WAS IST?
DU WARST EBEN ORANGE. DEINE ENERGIE WAR EXTREM ERHÖHT!
HAB ICH GAR NICHT GEMERKT.
DAS BEDEUTET WOHL, DASS ICH ERWACHT BIN, SO WIE DU.
DU WARST VOLL COOL, PICCOLO!
HMPF!
DU SOLLTEST EINEN NAMEN FINDEN WIE SU-PER-SAIYAJIN!
EINEN NAMEN? BRAUCH ICH NICHT... ABER »ORANGE PICCO-LO« TRIFFT ES WOHL AM EHESTEN.
ORANGE PICCO-LO?
!
KAWOOM

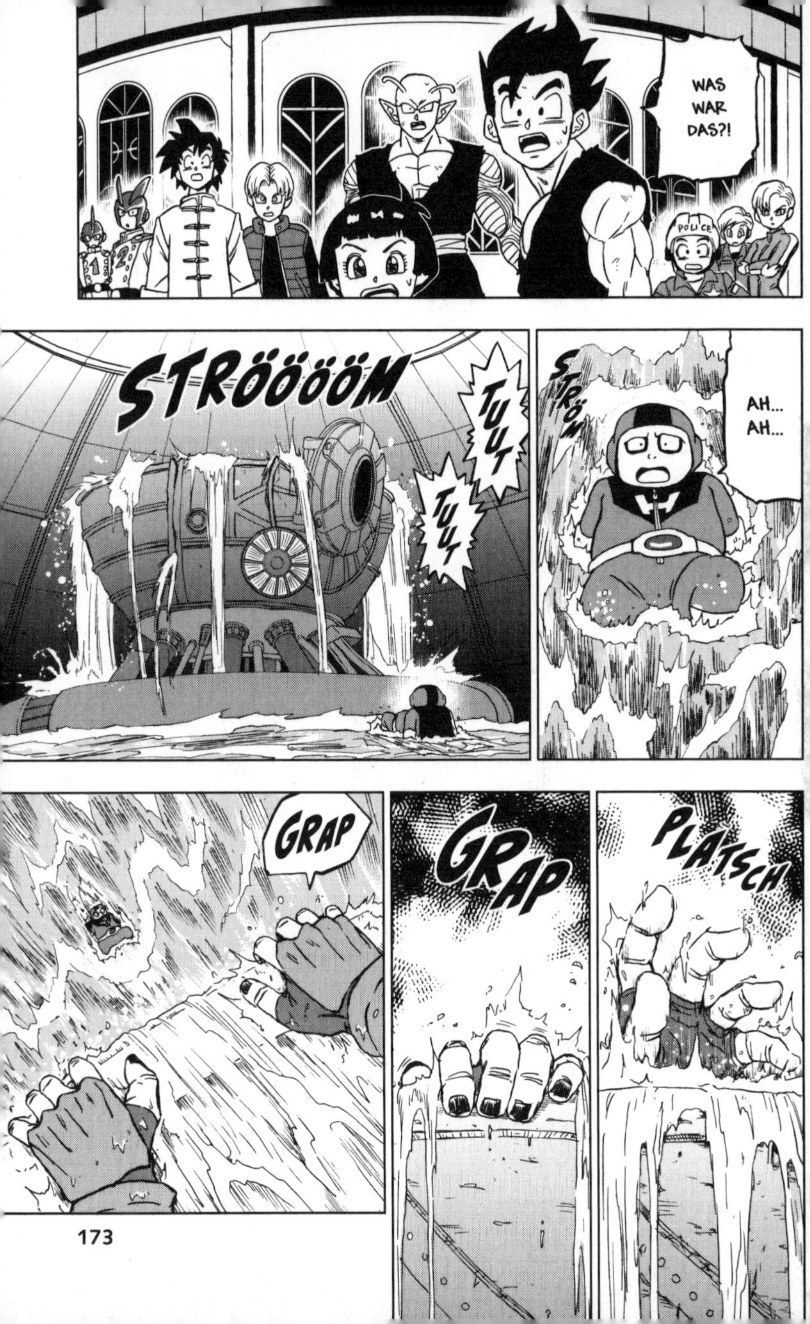
WAS WAR DAS?!
STRÖM
AH... AH...
STRÖÖÖÖM
TUUT
TUUT
PLATSCH
GRAP
GRAP

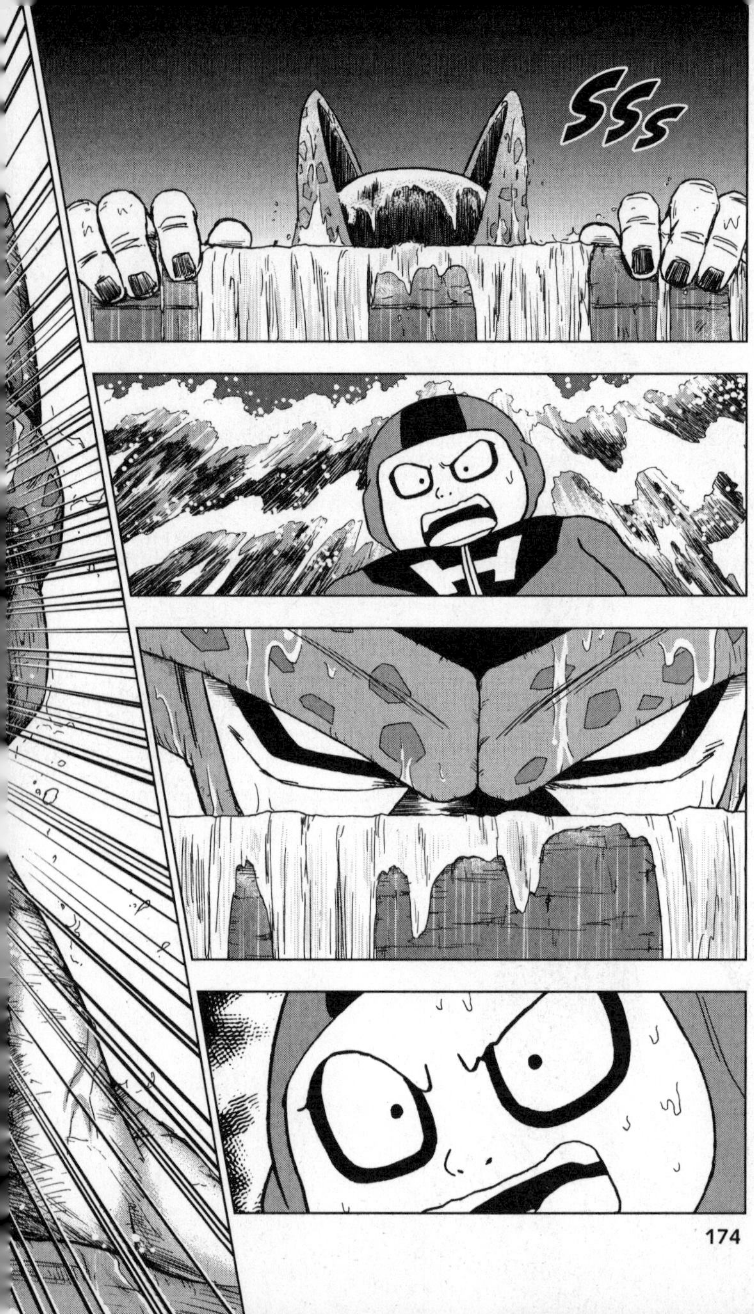
SSs

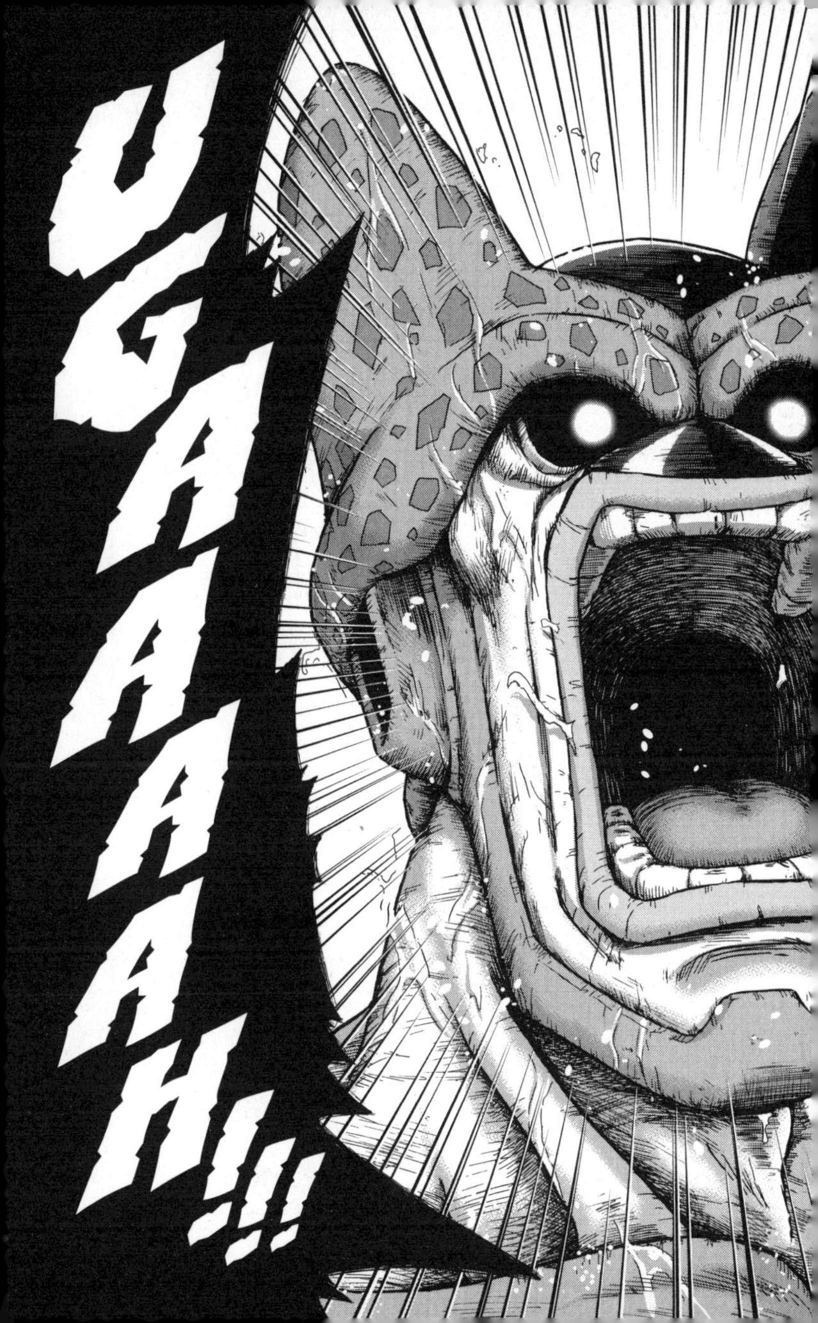
UGAAAAH!!!

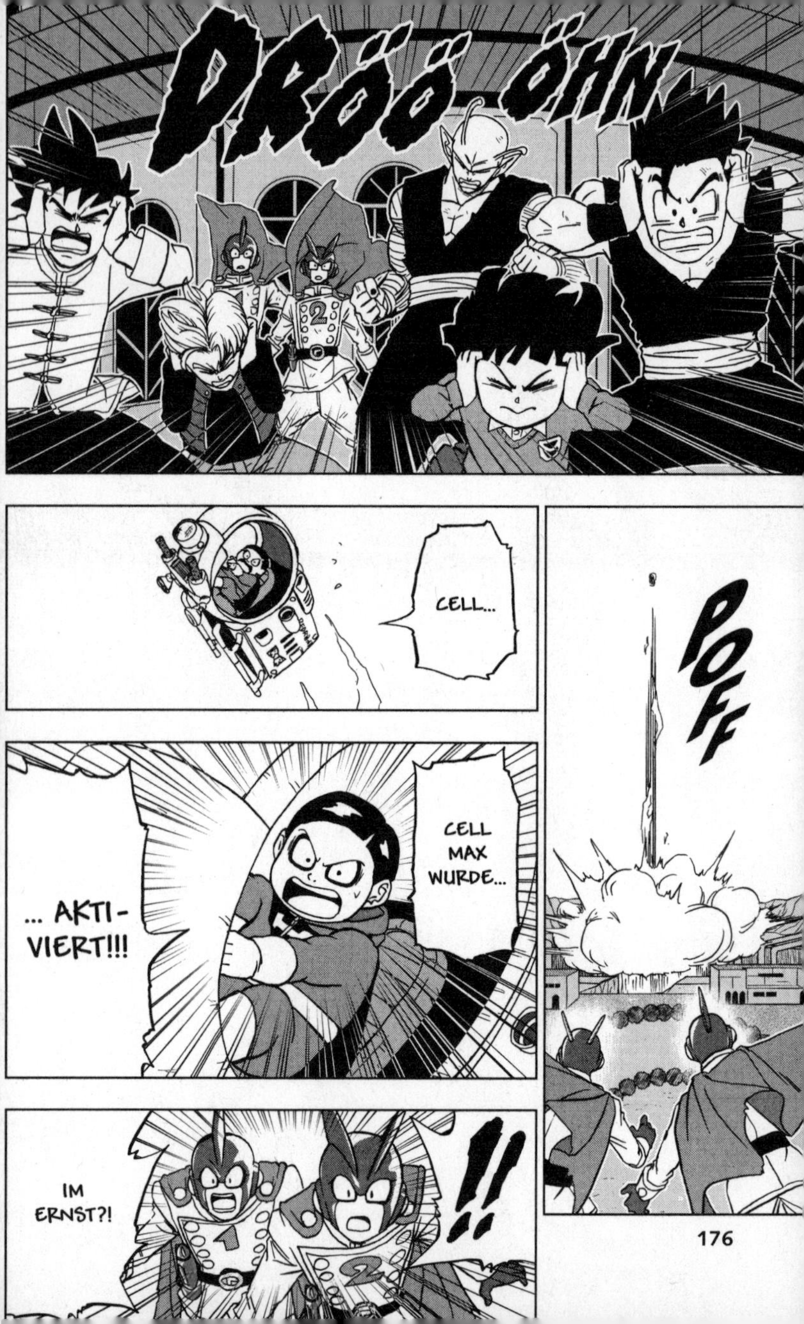
DRÖÖÖHN
POFF
CELL...
CELL MAX WURDE...
... AKTI-
VIERT!!!
IM ERNST?!
!!

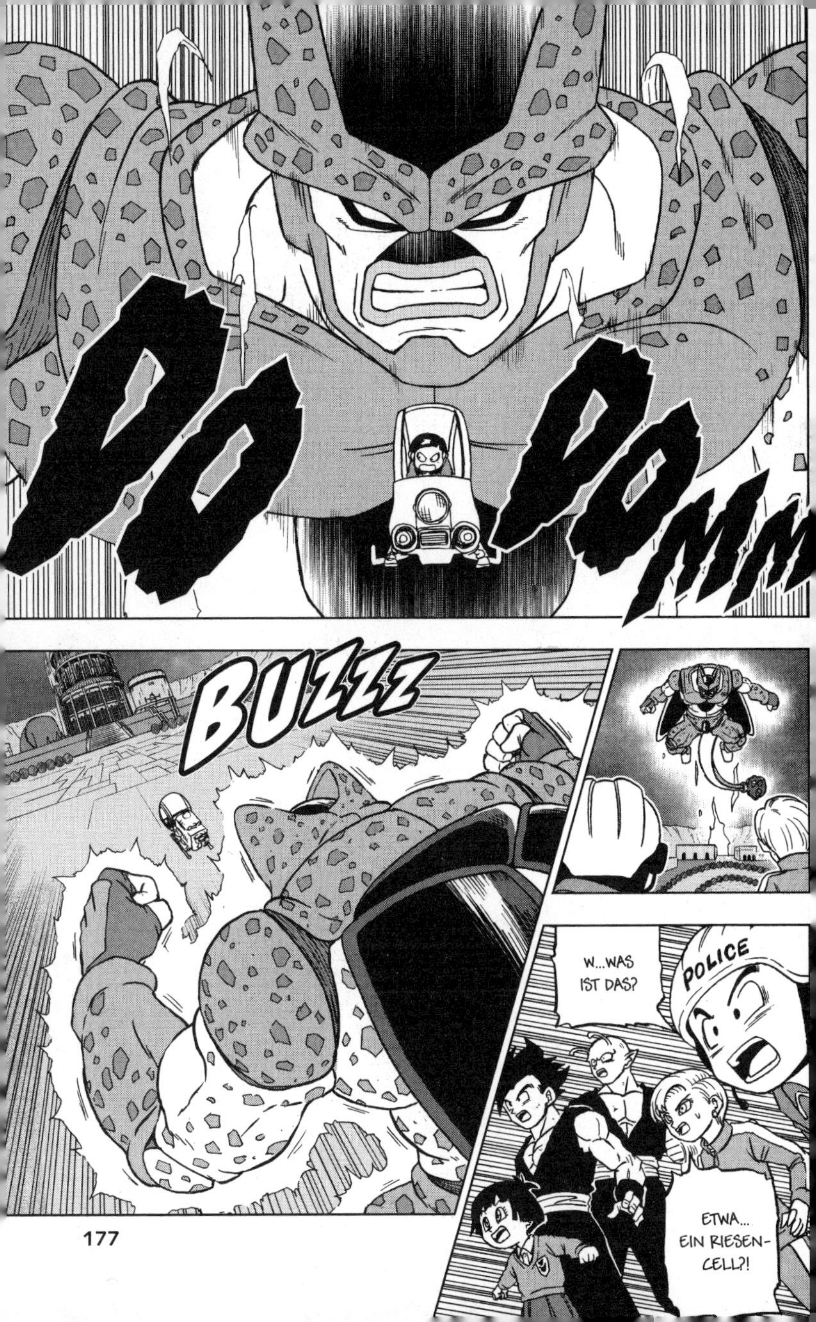
DO DOMM
BUZZZ
W...WAS IST DAS?
POLICE
ETWA... EIN RIESEN-CELL?!

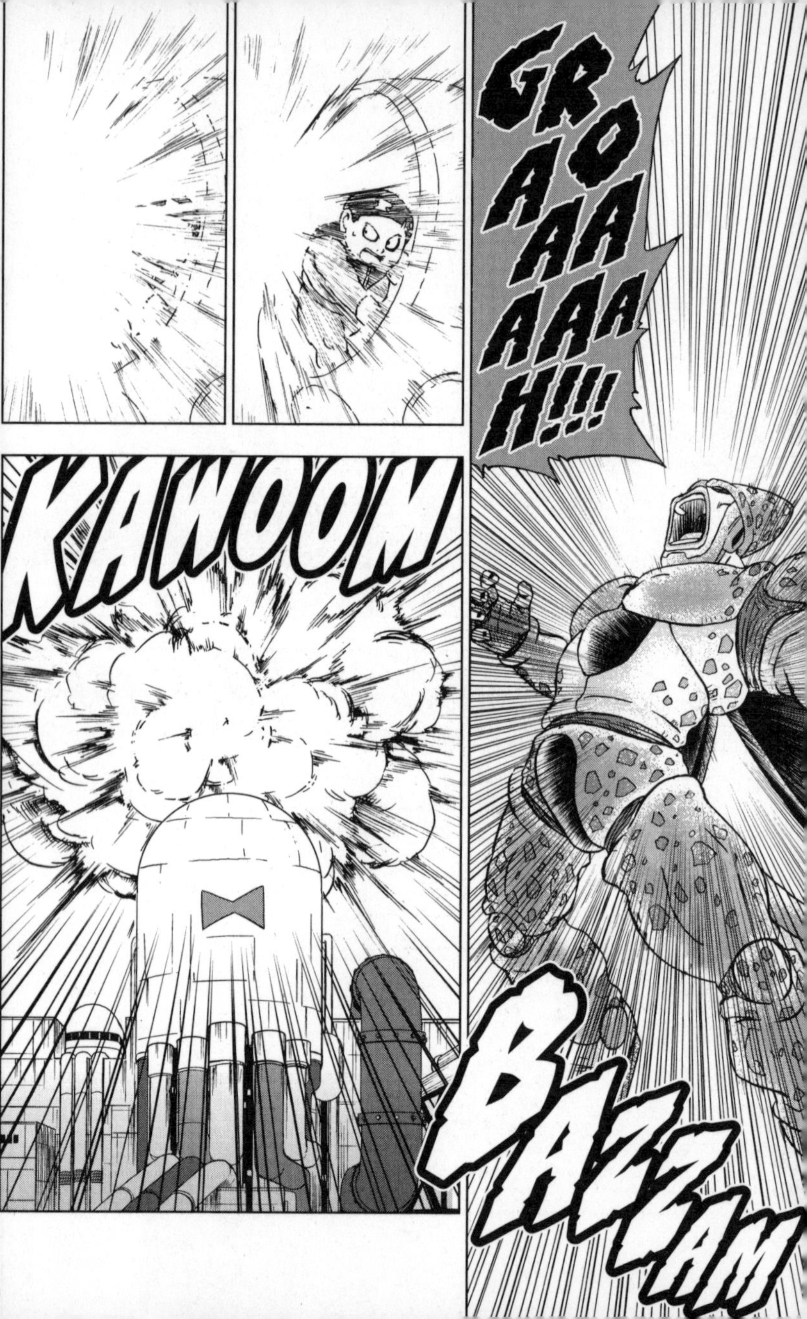
GROAAAAAAH!!!
BAZZAM
KAWOOM

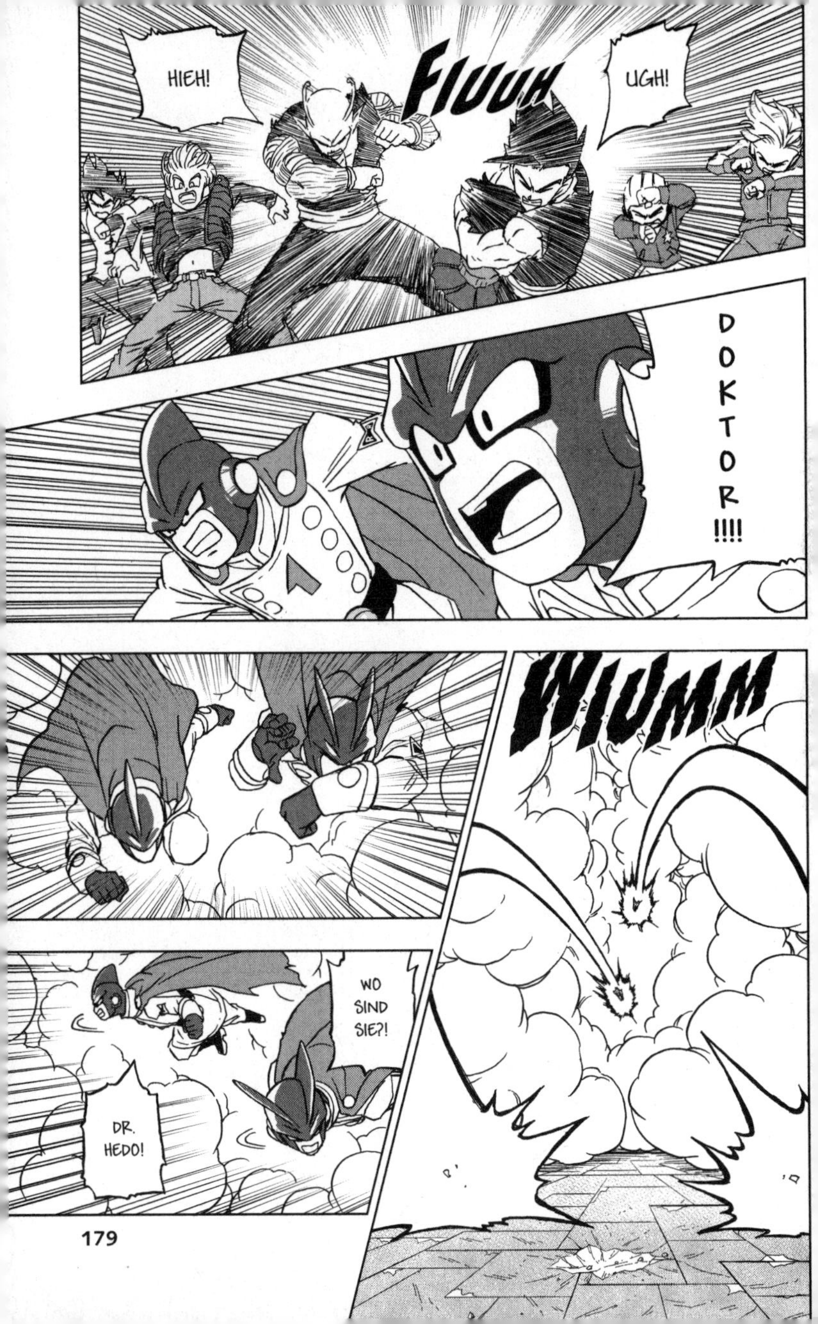
UGH!
FIUUH
HIEH!
DOKTOR!!!!
WIUMM
WO SIND SIE?!
DR. HEDO!

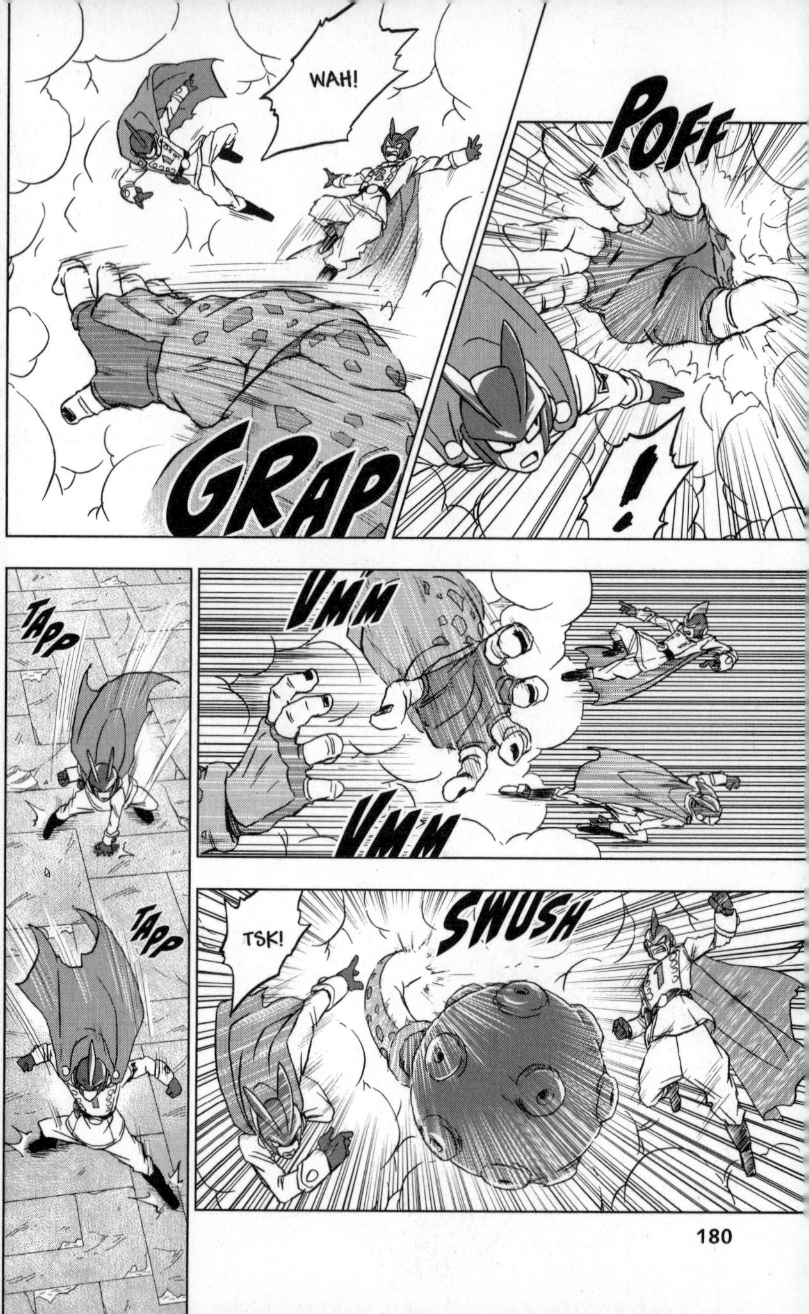
POFF
!
WAH!
GRAP
VMM
VMM
SWUSH
TSK!
TAPP
TAPP

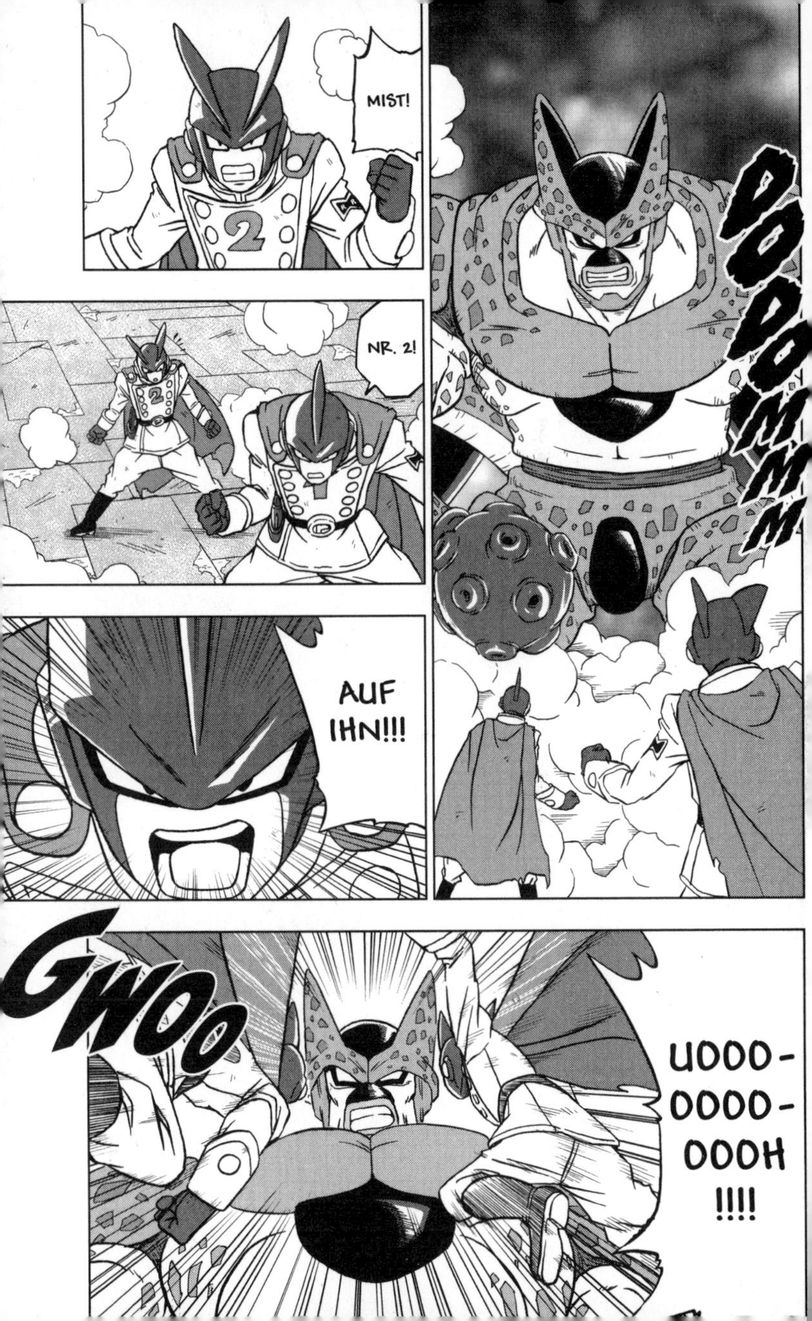
MIST!
NR. 2!
AUF IHN!!!
GWOO
UOOO-OOOO-OOOH!!!!

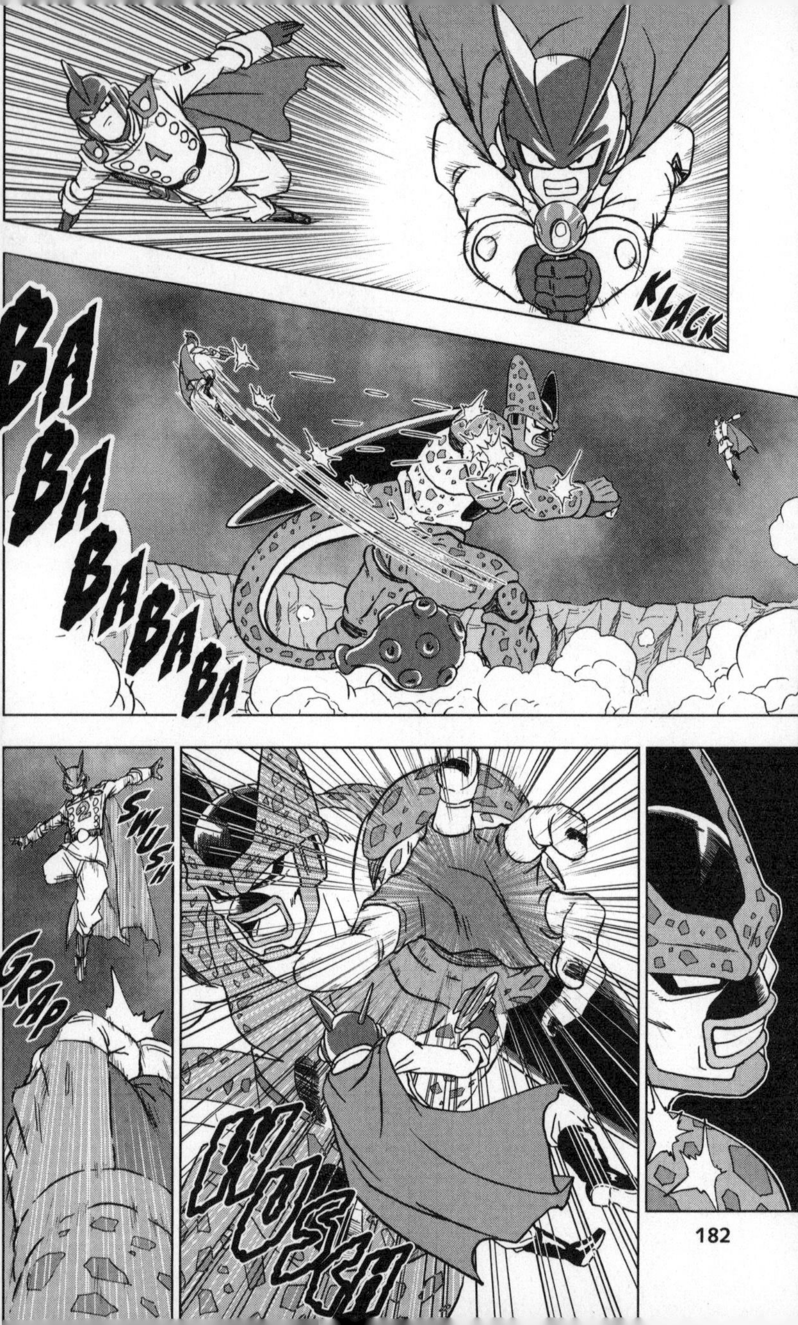
KLACK
BA
BA
BABABA
BA
WOSCH
SWUSH
GRAP

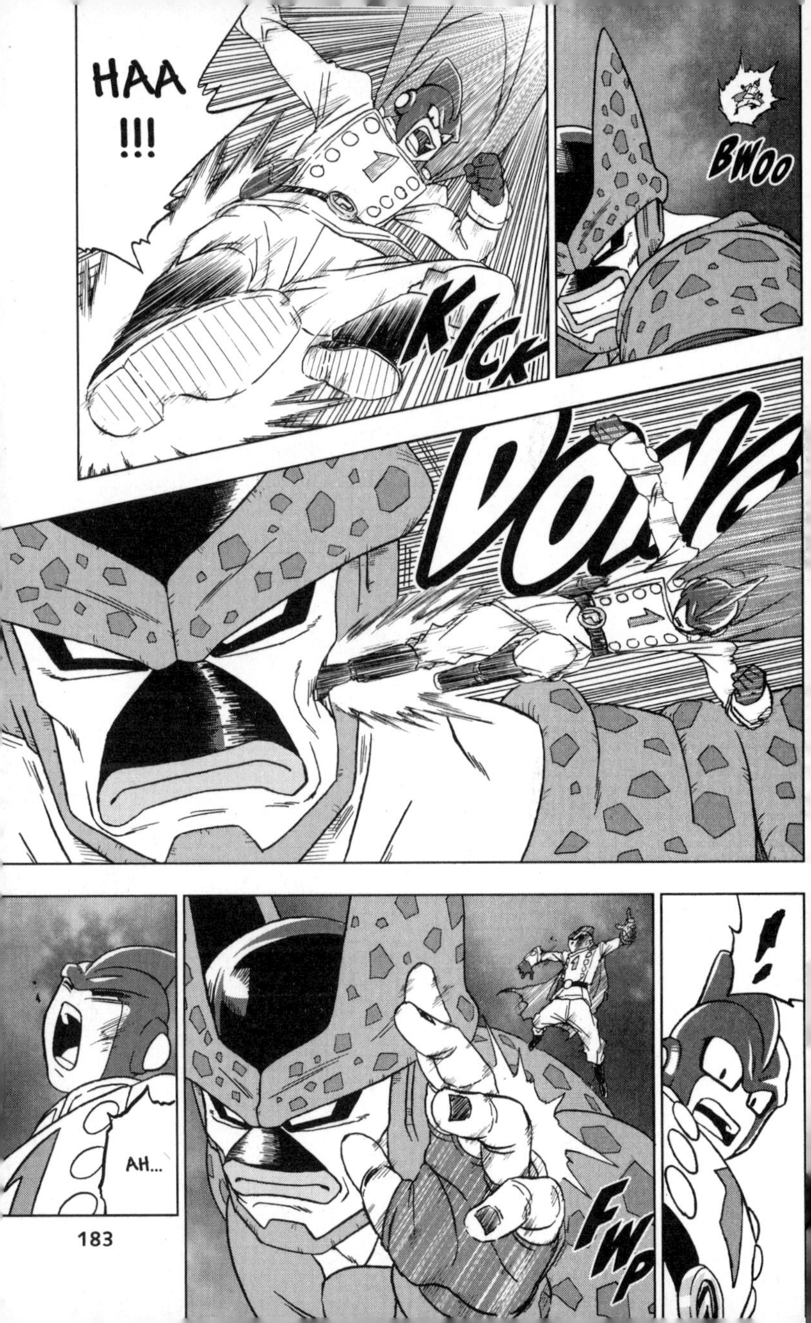
BWOO
HAA !!!
KICK
DOM
!
FWP
AH...

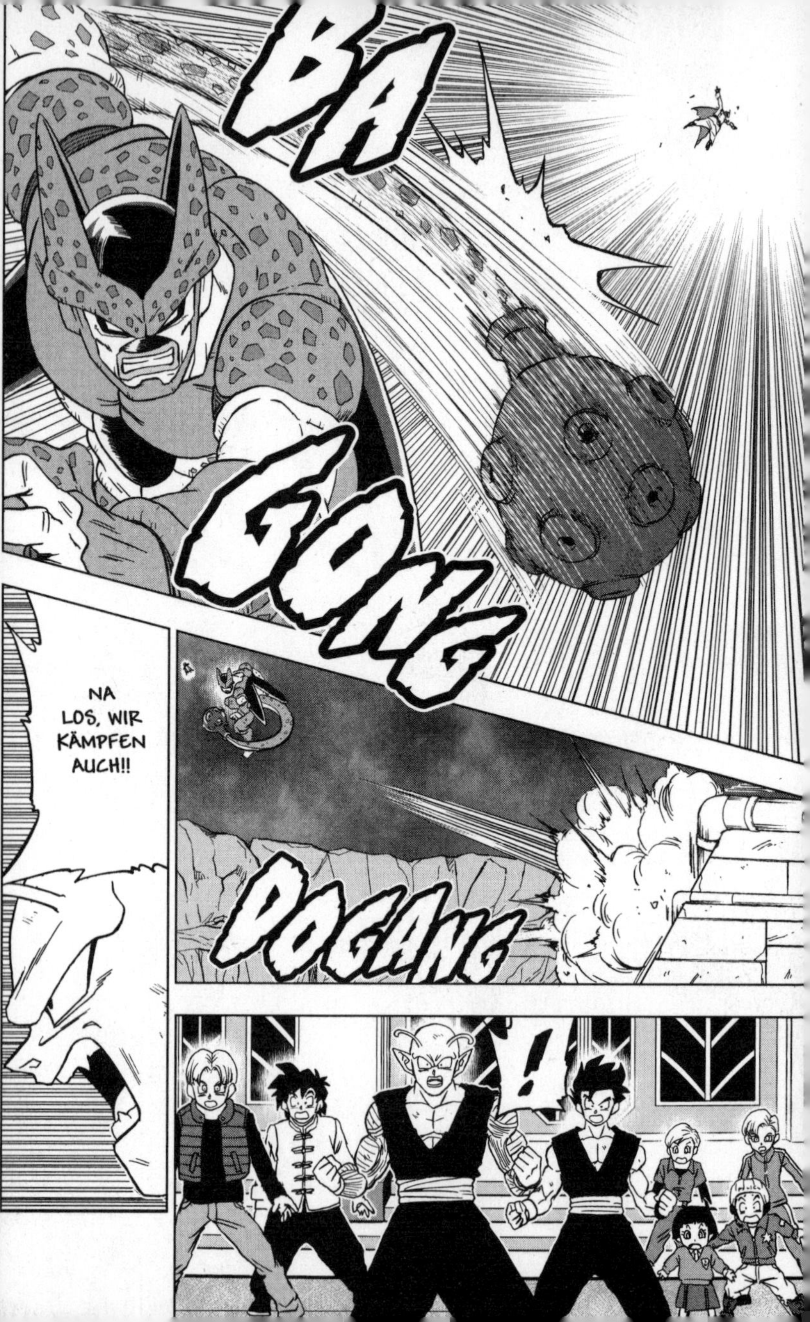
BA
GONG
NA LOS, WIR KÄMPFEN AUCH!!
DOGANG
!

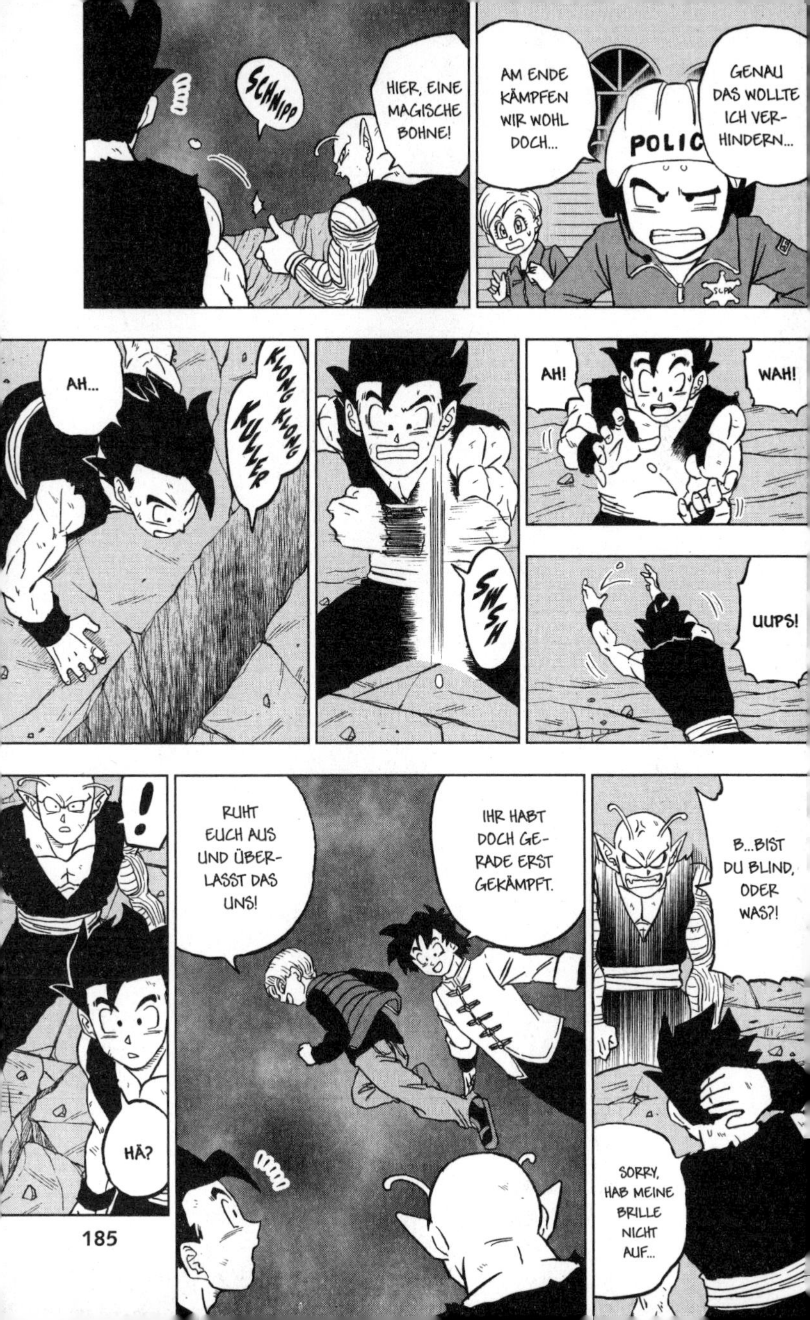
SCHNIPP
HIER, EINE MAGISCHE BOHNE!
AM ENDE KÄMPFEN WIR WOHL DOCH...
POLIC
GENAU DAS WOLLTE ICH VER-HINDERN...
AH...
KLONG KLONG KULLER
SWSH
AH!
WAH!
UUPS!
!
RUHT EUCH AUS UND ÜBER-LASST DAS UNS!
IHR HABT DOCH GE-RADE ERST GEKÄMPFT.
B...BIST DU BLIND, ODER WAS?!
HÄ?
SORRY, HAB MEINE BRILLE NICHT AUF...

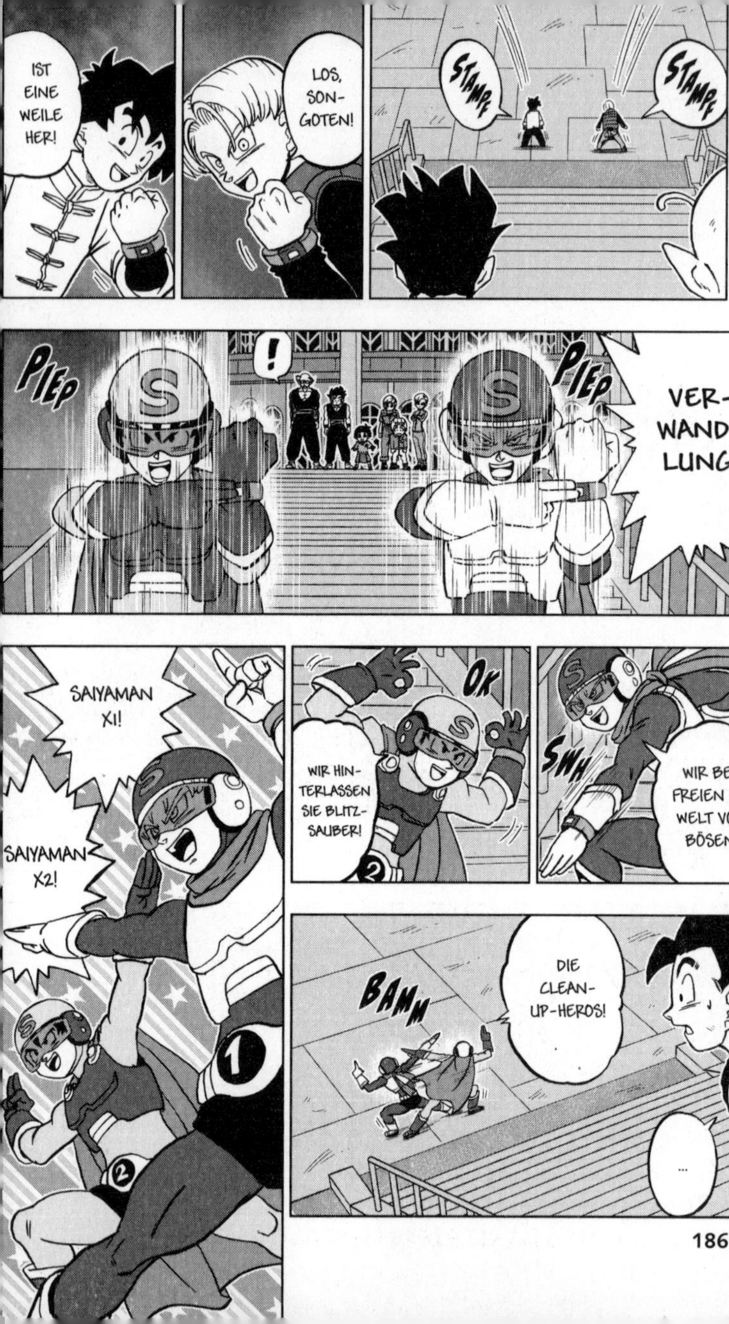

IST EINE WEILE HER!
LOS, SON-GOTEN!
STAMPF
STAMPF
PIEP
!
PIEP
VER-WAND-LUNG!
SAIYAMAN X1!
SAIYAMAN X2!
OK
WIR HIN-TERLASSEN SIE BLITZ-SAUBER!
SWH
WIR BE-FREIEN DIE WELT VOM BÖSEN!
BAMM
DIE CLEAN-UP-HEROS!
...

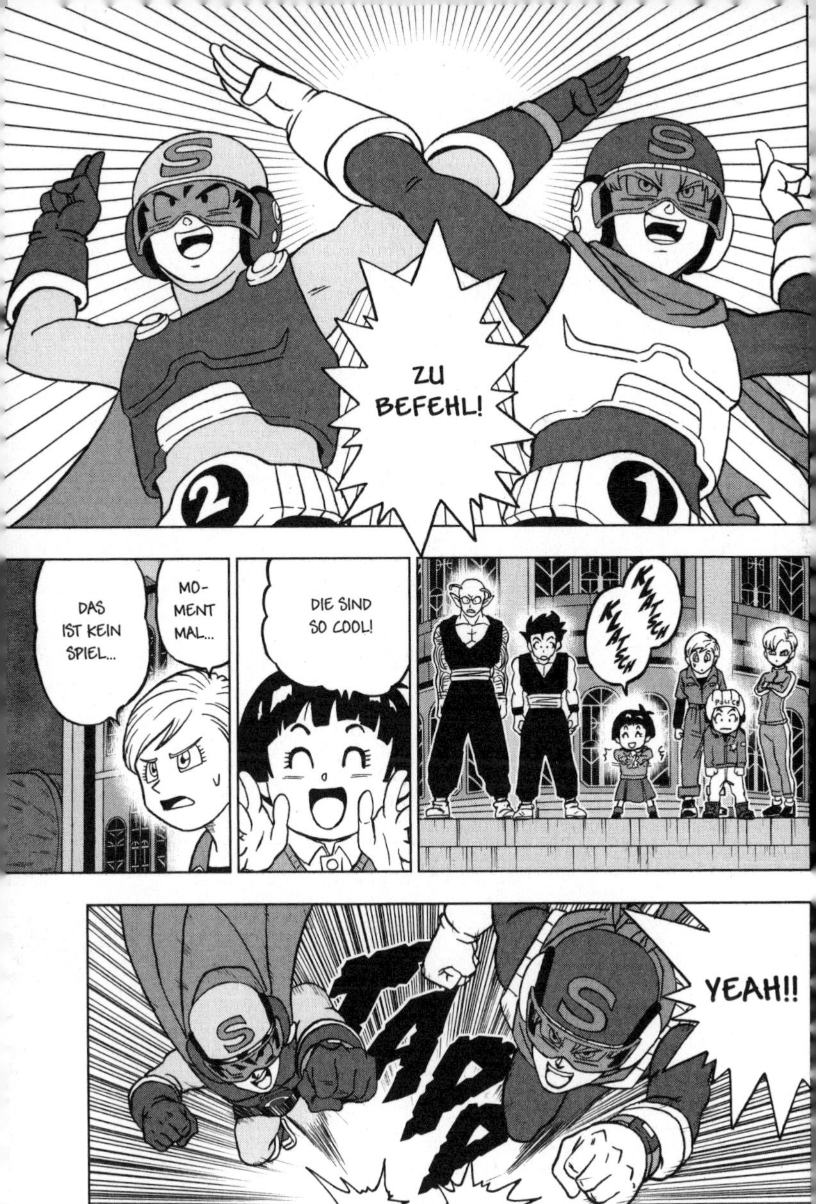

BAND 22 – DAS STÄRKSTE LEHRER-SCHÜLER-TEAM — ENDE

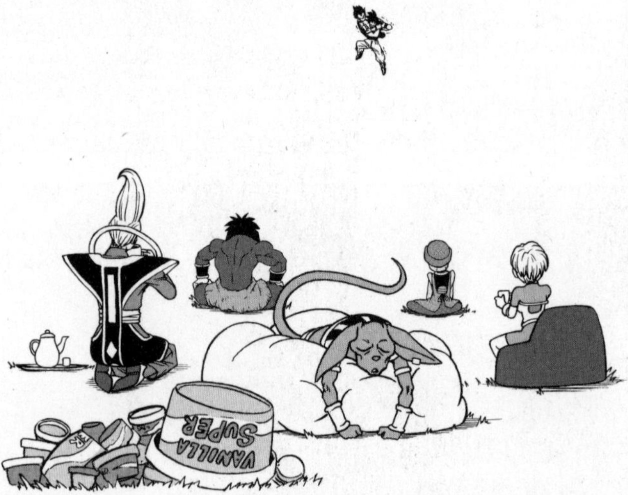
VANILLA SUPER

DIE GANZE WELT VON DRAGON BALL

BEI CARLSEN MANGA!

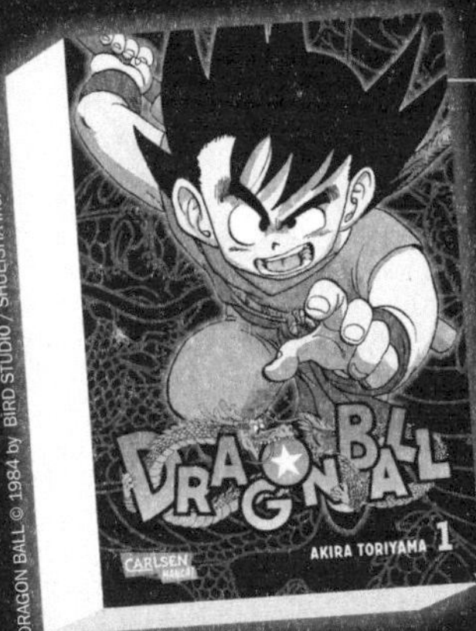

DRAGON BALL © 1984 by BIRD STUDIO / SHUEISHA Inc.

DRAGON BALL MASSIV

Extrastarke Sammelbände der Originalserie!

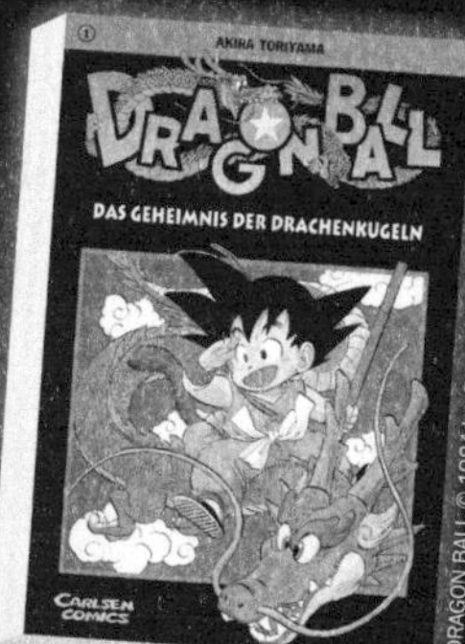

DRAGON BALL © 1984 by BIRD STUDIO / SHUEISHA Inc.

DRAGON BALL

Die Originalserie von Akira Toriyama!

BAND 1 FÜR 6,00 € (D) 6,20 € (A)

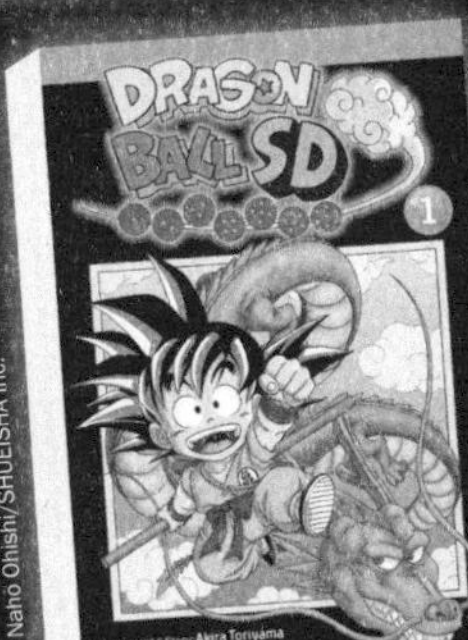

DRAGON BALL SD
© 2012 by BIRD STUDIO,
Naho Ohishi/SHUEISHA Inc.

DRAGON BALL SD

Komplett in Farbe!

DRAGON BALL SUPER

Brandneue Geschichten aus dem DRAGON BALL-Universum!

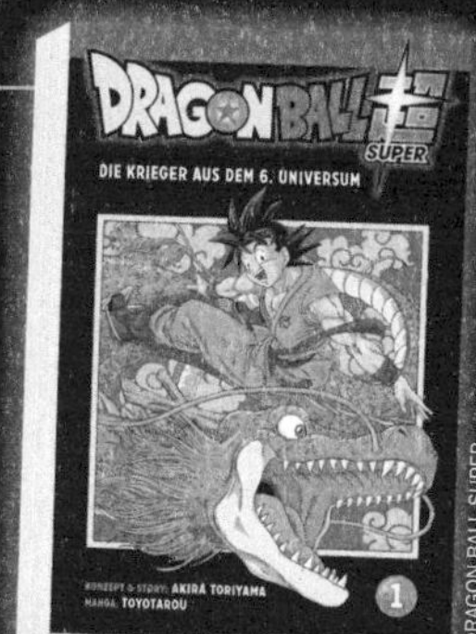

DRAGON BALL SUPER
© 2015 by BIRD STUDIO, Toyotarou/SHUEISHA Inc.

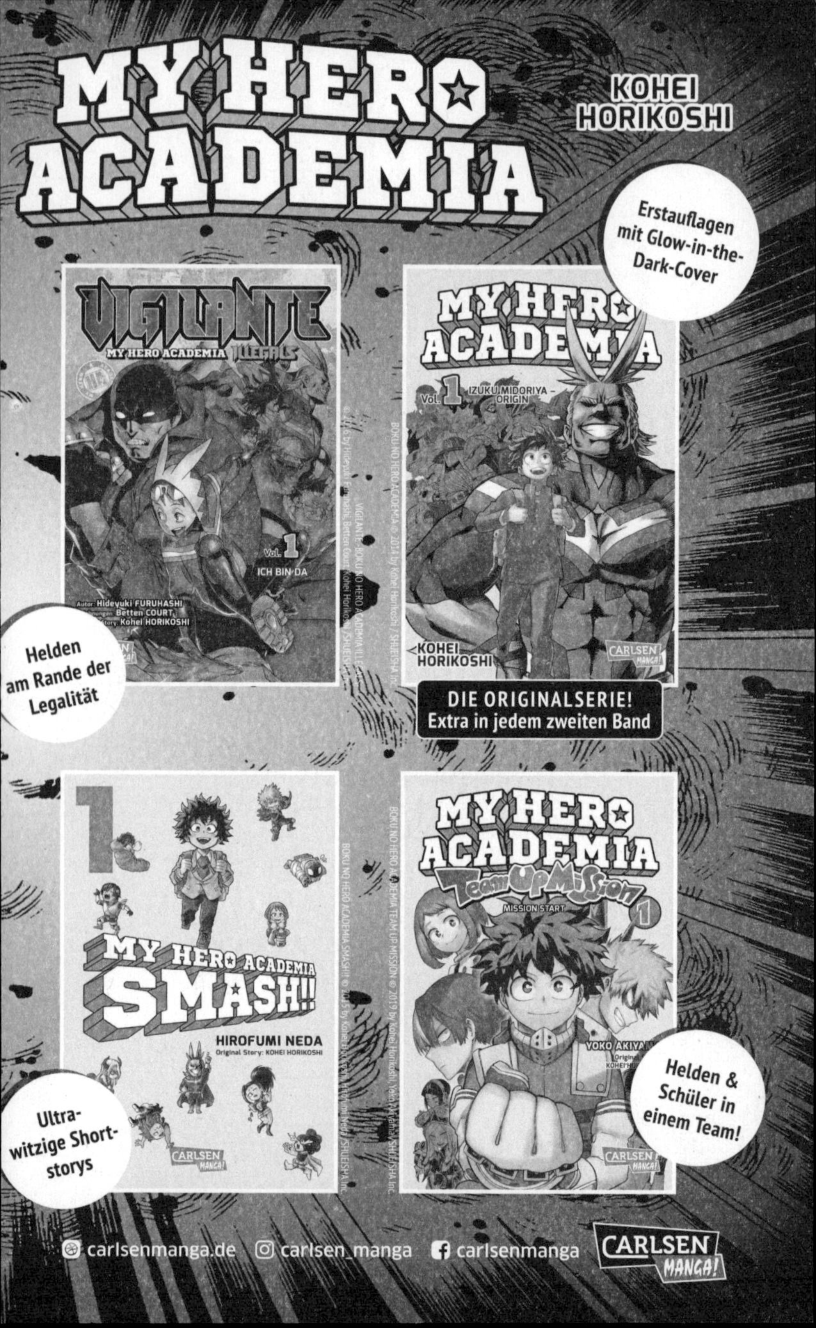
MY HERO ACADEMIA
KOHEI HORIKOSHI
Erstauflagen mit Glow-in-the-Dark-Cover
VIGILANTE
MY HERO ACADEMIA ILLEGALS
Vol. 1
ICH BIN DA
Hideyuki FURUHASHI
Betten COURT
Kohei HORIKOSHI
Helden am Rande der Legalität
MY HERO ACADEMIA
Vol. 1 IZUKU MIDORIYA – ORIGIN
KOHEI HORIKOSHI
CARLSEN MANGA!
DIE ORIGINALSERIE!
Extra in jedem zweiten Band
BOKU NO HERO ACADEMIA © 2014 by Kohei Horikoshi / SHUEISHA Inc.
MY HERO ACADEMIA SMASH!!
HIROFUMI NEDA
Original Story: KOHEI HORIKOSHI
Ultra-witzige Shortstorys
MY HERO ACADEMIA
Team Up Mission
MISSION START
1
YOKO AKIYAMA
Helden & Schüler in einem Team!
carlsenmanga.de
carlsen_manga
carlsenmanga
CARLSEN MANGA!

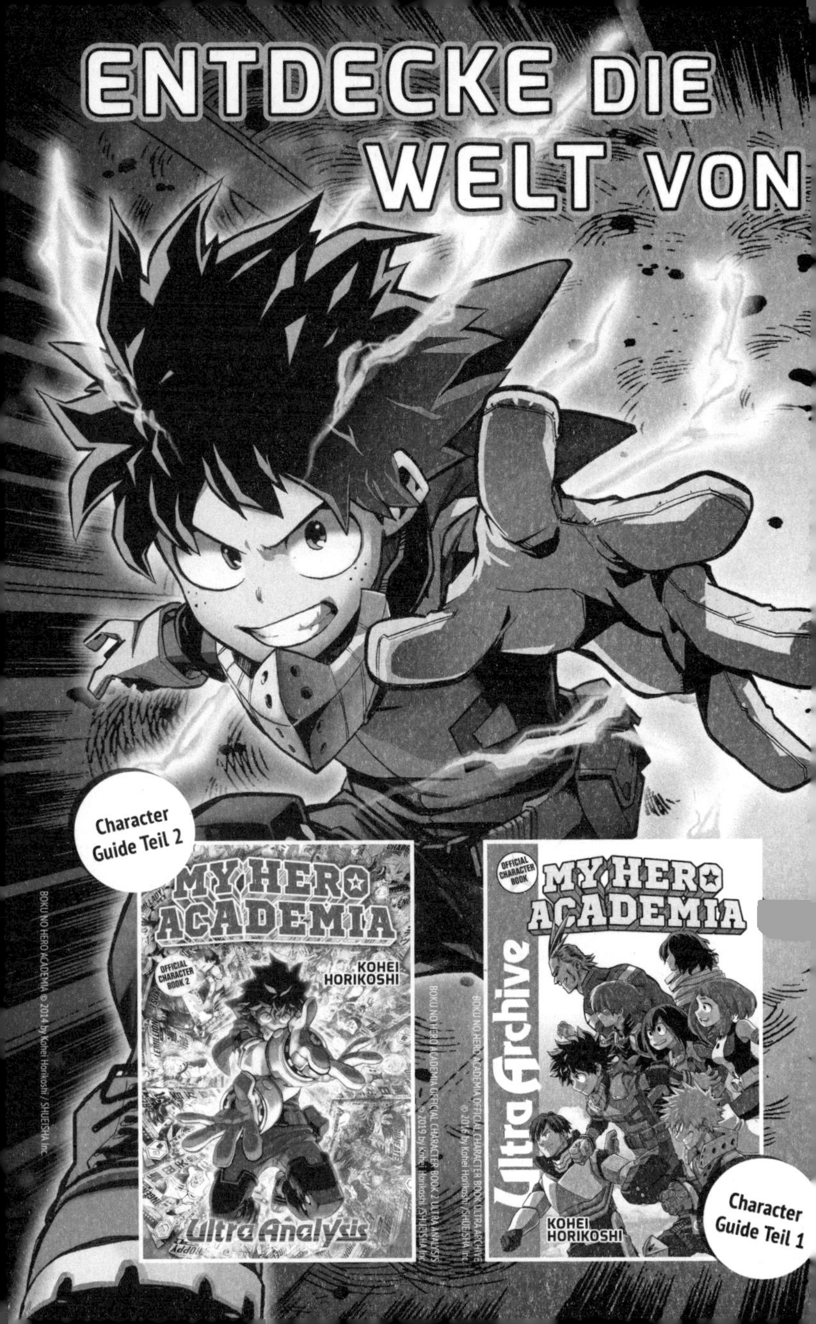
ENTDECKE DIE WELT VON
Character Guide Teil 2
MY HERO ACADEMIA
OFFICIAL CHARACTER BOOK 2
KOHEI HORIKOSHI
Ultra Analysis
OFFICIAL CHARACTER BOOK
MY HERO ACADEMIA
Ultra Archive
KOHEI HORIKOSHI
Character Guide Teil 1
BOKU NO HERO ACADEMIA © 2014 by Kohei Horikoshi / SHUEISHA Inc.
BOKU NO HERO ACADEMIA OFFICIAL CHARACTER BOOK 2 ULTRA ANALYSIS © 2019 by Kohei Horikoshi /SHUEISHA Inc.
BOKU NO HERO ACADEMIA OFFICIAL CHARACTER BOOK ULTRA ARCHIVE © 2016 by Kohei Horikoshi /SHUEISHA Inc.

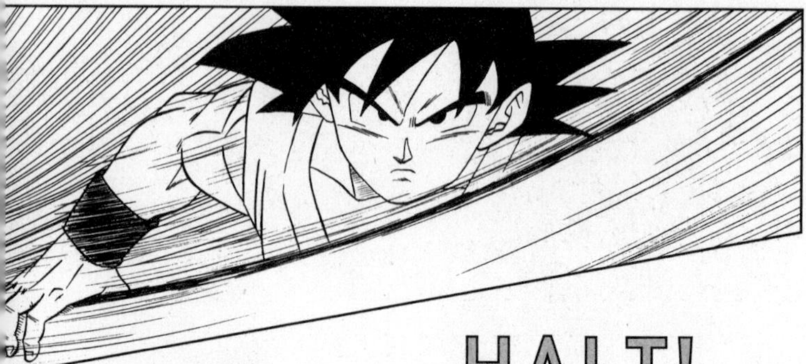

HALT!

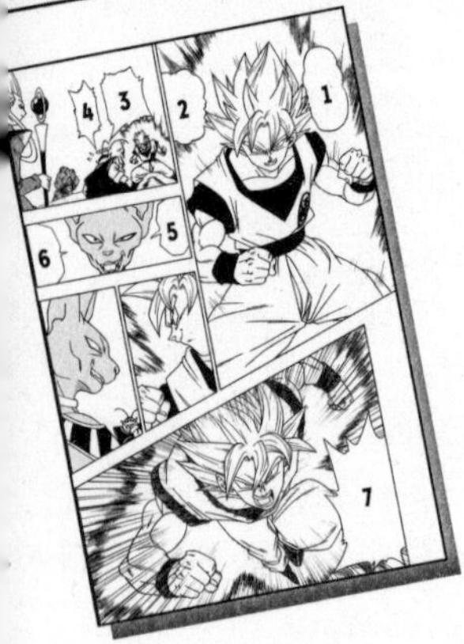

DRAGON BALL SUPER ist eine japanische Serie, und in Japan wird von hinten nach vorn und von rechts nach links gelesen. Man schlägt diesen Manga also hinten auf und blättert ihn nach vorn durch. Auch die Bilderfolgen und der Erzähl- bzw. Lesefluss funktionieren auf den Seiten von rechts oben nach links unten – wie in der kleinen Grafik hier gezeigt.

Habt eine Menge Spaß mit **DRAGON BALL SUPER**!

arlsen Manga! News – jeden Monat neu per E-Mail!
ww.carlsenmanga.de | www.carlsen.de
'ir behalten uns die Nutzung unserer Inhalte für Text- und Data-Mining
ı Sinne von § 44b UrhG ausdrücklich vor.

MIX
Papier | Fördert gute Waldnutzung
FSC® C083411
FSC www.fsc.org

ARLSEN MANGA | Deutsche Ausgabe/German Edition
2024 Carlsen Verlag GmbH, Völckersstraße 14–20, 22765 Hamburg
ıs dem Japanischen von Katrin Stamm
RAGON BALL SUPER © 2015 by BIRD STUDIO, Toyotarou
ll rights reserved.
rst published in Japan in 2015 by SHUEISHA Inc., Tokyo.
erman translation rights in Germany, Austria, Luxembourg
ıd German-speaking Switzerland
ranged by SHUEISHA Inc. through VME PLB SAS, France.
edaktion: Petra Lohmann | Textbearbeitung: Steffen Haubner
rafik: Sonnenfisch Production –Laura Bartels
roduktionsmanagement: Wiebke Düsedau
le deutschen Rechte vorbehalten | Bei Fragen zum Produkt: carlsen.de/kontakt
BN: 978-3-551-80153-1

PRODUZIERT MIT VERANTWORTUNG